조선시대
해양유민의 사회사

이 도서의 국립중앙도서관 출판시도서목록(CIP)은 서지정보유통지원시스템 홈페이지(http://seoji.nl.go.kr)와 국가자료
공동목록시스템(http://www.nl.go.kr/kolisnet)에서 이용하실 수 있습니다. (CIP제어번호 : CIP2013023406)

조선시대
해양유민의 사회사

15~17세기 섬을 떠난 제주사람들

| 이영권 지음 |

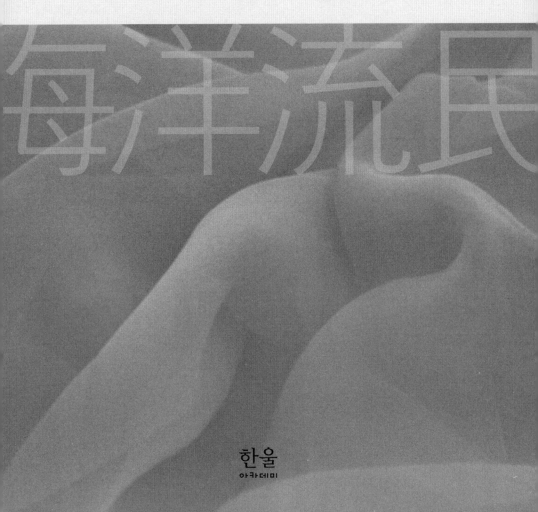

한울
아카데미

저의 가장 큰 정신적 스승이신
어머니 좌금화 베로니카 영전에 이 책을 바칩니다.

책을 내면서

박사학위 청구 논문을 썼습니다.

그 논문이 심사를 통과하고 학위를 받을 무렵 대통령 비서실장으로 내정된 아무개 씨의 박사학위 논문이 표절 시비에 휩싸였습니다. D일보 1면에 "복사 수준의 표절"이라고 보도되었는데도 이후 그 사람은 "논문 작성 방법이나 연구 윤리에 대한 이해가 부족해" 생긴 일이었다며 비서실장직 사퇴 없는, 그냥 말뿐인 황당한 사과를 했습니다.

어제오늘의 일은 아닙니다. 특히 권력지향적 인물들에게서 이런 사건이 자주 일어납니다. 권력과 돈이 있으면 얼마든지 박사학위를 받는 모양입니다. 박사학위는 헐값에 거래되는 상품이고, 학위논문은 인터넷 정보 홍수 속의 스팸 자료라는 느낌입니다. 이제 이런 일이 일상화되다 보니 박사학위 논문에 대한 일반인들의 시선도 예전만 못합니다. 불쾌한 일입니다.

그런데도 저는 박사학위 청구 논문을 썼습니다.

요즘은 박사 과잉 시대입니다. 험한 말로 발에 걸리는 게 박사라고도 합니다. 심지어 외국 가서 고생하며 공부하고 박사학위를 받고 돌아와도 일자리 얻기가 쉽지 않다고 합니다. 그러니 국내 박사야 말해서 뭐하겠습니까. 게다가 서울의 메이저 대학 박사도 아니고 지방대 박사는 더욱 차가운 시선을 받을 수밖에 없습니다. 이렇게 박사학위의 가치가 아주 낮아졌습니다. 덩달아 박사학위 논문도 품격이 떨어지기는 마찬가지입니다.

그런데도 저는 지방대학에서 박사학위 청구 논문을 썼습니다.

그렇다면 학위논문들은 누가 읽을까요. 읽는 사람이 없다고 합니다. 이제 누구나 다 아는 공공연한 비밀입니다. 논문을 쓴 본인과 지도교수 외에는 읽지 않습니다. 심지어 심사위원들도 읽지 않는 게 학위논문이라고 합니다. 목차만 한 번 쓱 보고 들어와 기존의 지식으로 감 잡고 몇 마디 하는 게 보편적인 모습이라고 합니다.

그래도 심사의 공정성, 객관성을 높이기 위해 심사위원은 다섯 명이나 됩니다. 하지만 숫자가 공정성과 객관성을 보장하는 것은 아닙니다. 독일에서 공부했던 벗을 통해 들은 이야기입니다. 독일에선 단둘이서 심사를 한다고 합니다. 지도교수와 전문가 한 명.

단 두 명만이 심사에 참가해도 한국보다 심사의 밀도가 높습니다. 심사 방식이 한국과 다르기 때문입니다. 심사의 전(全) 과정이 녹취되고 그 녹취록이 해당 논문과 함께 보관됩니다. 후속 연구자가 그 논문을 읽을 때는 자동적으로 그 녹취록까지 함께 읽게 됩니다. 그러니 심사위원들도 긴장하고 책임감 있게 발언하며 심사를 합니다. 역시 중요한 건 숫자가 아니었습니다.

그런데도 저는 한국에 있는 지방대학에서 박사학위 청구 논문을 썼고 다섯 명으로 구성된 심사위원회의 심사를 받았습니다.

두 명이 아니라 다섯 명이었지만 저의 논문은 심사를 통과했습니다. 독일이었다면 통과하지 못했을 수도 있겠다 싶습니다. 두 명임에도 불구하고.

나이 들어 공부하고 논문 제출한 점이 딱해 보여서 통과시켜 줬는지도 모르겠습니다. 그래서인가 주변의 시선도 곱지가 않습니다. 그 나이에 박사가 되어서 뭐하려 하느냐는 핀잔도 들었습니다. 물론 뭐할 생각은 없습니다. 때가 되니 그냥 썼을 뿐입니다. 이왕 시작한 공부, 그래도 마무리는 지어야지 싶었던 겁니다. 뭘 바라서 쓴 게 아닙니다. 제 삶의 한 과정이 지나갔을 뿐입니다.

대학을 졸업해 직장생활을 했고, 직장생활을 하다 공부가 하고 싶어 대학원에 진학했습니다. 물론 직장과 병행한 공부였습니다. 석사학위를 받고 다시 몇 년을 쉬었다가 박사과정에 들어가 마쳤습니다. 그리고 다시 몇 년을 헤매다가 논문을 쓴 것입니다.

이 책은 바로 그 논문을 수정·보완한 것입니다. 예전엔 몰랐습니다. 사람들이 왜 자신의 학위논문을 군이 책으로 다시 찍어내는지를. 낭비라 생각했습니다. 그리고 과시라고도 여겼습니다. 그런데 겪어 보니 그래야 할 필연적인 사연도 간혹 존재함을 알게 되었습니다.

다섯 명이 진행하는 논문 심사에는 때때로 학문 외적인 요소도 작용합니다. 논문 통과가 목적인 글 쓴 사람은 갑과 을의 관계에서 철저하게 을이 됩니다. 반론을 펼 수가 없습니다. 자신의 주장을 설파하기보다는 심사위원들의 요구를 얌전히 따르는 게 상책입니다. 그 과정에서 글은 뒤틀립니다. 때로는 마음에도 없는 글을 써야만 합니다. 심하게 말하면 영혼을 파는 것입니다.

그런데도 저는 박사학위 청구 논문을 제출했고, 심사위원의 요구를 따랐습니다.

그리고 심사를 통과했습니다. 하지만 이제는 상처 입은 영혼을 위로할 차례입니다. 비록 저의 글이 허접하고 수준이 낮다 할지라도 거기에는 저의 땀과 애정이 녹아 있습니다. 그런 만큼 뒤틀리기 이전의, 본래의 글을 꺼내고 싶습니다. 못생겨도 저의 민얼굴로 독자들을 만나고 싶습니다. 억지 성형한 얼굴은 본디 저의 얼굴이 아닙니다. 성형 없는 얼굴, 화장으로 떡칠하지 않은 저의 생얼로 다시 사람들 앞에 다가서고 싶습니다. 굳이 책으로 출간하는 이유는 바로 거기에 있습니다. 많이 찍어내지 않은 학위논문 대신, 지금 펴내는 책이 그동안 저에게 관심을 보여주신 많은 분들에 대한 보답이 될 것입니다.

본래 저의 관심은 중세사가 아니었습니다. 현대사입니다. 대학생활 이후 줄곧 사회문제에 참여하며 살아왔기에 현대사에 대한 관심은 당연한 일이었습니다. 그래서 석사 논문에서는 제주 4·3사건 전후의 유력자들을 테마로 다뤘습니다.

그런데 변화가 생겼습니다. 김대중·노무현 정부를 거치면서 현대사를 외면하고 싶었던 겁니다. 예전에 함께 고생했던 친구들이 권력의 단맛에 빠져드는 광경을 그 시절 저는 목격했습니다. 시민사회단체가 정부의 보조금을 받기 시작하더니 서서히 본령에서 이탈하는 모습을 보이기 시작했습니다. 그렇다고 해서 그들과 논쟁하고 싶지는 않았습니다. 절이 싫으면 중이 떠나라고 했잖습니까.

그렇게 저는 떠났습니다. 약간의 씁쓸한 환멸감을 가지고. 그 과정에서 덩달아 현대사 공부에 대한 애정까지 식어갔습니다. 현대사 관련 책들도 보기가 싫어졌습니다. 박사과정을 마친 건 그 무렵이었습니다. 하지만 학위논문을 쓸 수가 없었습니다. 현대사 공부를 했던 제가 현대사가 싫어졌으니.

그때 지도교수님께서 테마를 잡아주셨습니다. 그 테마로 쓴 게 이 책입니다. 지도교수님이 처음 이 테마를 던져주셨을 때, 저는 수긍하지 못했습니다. 현대사에 관심을 가졌던 저에게 조선시대는 어딘가 생동감 없이

다가왔기 때문입니다. 근데 핵심은 '조선시대 제주'가 아니었습니다. '조선시대 제주의 마이너리티(minority)'가 저를 잡아끌었던 것입니다.

그렇습니다. 현대사회에만 마이너리티가 있는 것은 아닙니다. 시대를 거슬러 올라가 그런 존재를 조명하고 그들의 삶을 역사의 무대 위에 복권시키는 것도 의미 있는 작업이라 생각했습니다.

이쯤에서 '필자의 게으름과 학문적 일천함'을 언급하며 겸손을 드러내야 합니다. 그러나 지금은 그러고 싶지 않습니다. 녹록지 않은 직장생활로 인한 시간의 절대적 부족과 체력 고갈에 따른 부실한 건강 속에서 시간을 쪼개가며 투여할 수 있는 나머지 에너지를 모두 쏟아부었습니다. 저는 달릴 만큼 달렸고 아쉬움을 남기진 않았습니다. 다만 생업이 주가 되고 공부는 부차적일 수밖에 없는 상황이 안타깝기는 했습니다.

공부에만 전념할 수 있는 조건이었다면 더 좋은 논문이 되었을지도 모르겠습니다. 그러나 그렇다고 해서 환경을 탓할 생각은 없습니다. 그냥 제가 서 있는 자리에서 하고 싶은 공부를 했고, 나름 최선의 열정으로 글을 만들었을 뿐입니다.

물론 전문 연구자들의 눈에는 수준 미달인 원고일 수도 있을 겁니다. 하지만 저로서는 기쁘게 독자들에게 이 책을 내보냅니다. 논문을 쓰면서도 최대한 대중성을 잃지 않으려고 노력했습니다. 논문이라고 해서 꼭 어렵고 딱딱하게 쓸 필요는 없다고 생각합니다. 그런 만큼 전문 연구자뿐만이 아니라 일반 독자들도 함께 이 책을 읽는다면 좋겠습니다. 일반 독자라면 서장의 이론적 배경 등은 부담 없이 건너뛰고 문제 제기만 본 뒤 곧바로 제2장부터 읽는 것도 좋을 겁니다.

어쨌든 저는 전문 연구자들만이 읽는 글은 쓰고 싶지 않습니다. '그들만의 리그'에 끼고 싶은 생각이 없기 때문입니다. 저는 늘 권력과 자본으로부터 자유로운 글쓰기, 대중과 함께하는 글쓰기, 사회 진보에 기여하는 글쓰기를 하려고 노력했습니다. 글쓰기에서 이 세 가지 원칙은 앞으로도 항상 견지하려고 합니다.

이제 감사의 마음을 표할 시간입니다. 저의 성격상 허례적인 인사는 하지 못합니다. 그런데도 정말이지 감사드려야 할 사람들이 많습니다. 우선 제가 가진 비판적 시선은 아버지에게서 배운 것입니다. 그리고 우직하게 일을 추진하는 힘은 어머니에게서 물려받았습니다. 새삼스런 이야기지만, 이 글에는 제 부모님의 삶이 가장 바닥에 녹아 있습니다. 이제 아흔이라는 연세를 바라보는 부모님께 이 책으로 때늦은 효도를 하고 싶습니다.

저로 하여금 집중력을 잃지 않게 도와준 옆사람 오금숙 그리고 함께하는 시간을 많이 갖지 못했음에도 늘 아빠를 지지해줬던 덕연과 정연에게 감사와 사랑의 인사를 전합니다.

학문의 길로 들어선 이후로는 그 누구보다 지도교수 조성윤 선생님을 잊지 못할 것입니다. 단지 논문 주제를 잡아주고, 논문 지도를 해줘서만이 아닙니다. 18년 전 처음 찾아뵌 이후로 학문뿐만 아니라 인생의 스승으로 자리를 지켜오신 분입니다. 사회 현안이 생길 때마다 지식인의 책무를 다하며 발언하고 우리와 함께해주셨습니다. 물론 그 이전에 바탕은 대학 때의 은사 강만길 교수님께서 깔아주셨습니다. 실천적 지성이 무엇인지는 강만길 교수님으로부터 처음 배웠습니다.

지도교수님께로 이끌어준 선배 박찬식 선생님은 또 한 명의 스승입니다. 제주 역사 전반에 걸쳐 박찬식 선생님에게서 받은 영향은 지대합니다. 또한 우직하게 연구하시는 선배 김일우 선생님도 저의 스승입니다. 고려시대 공부는 전적으로 김일우 선생님을 통해서 이뤄졌습니다. 석사, 박사과정에서 저를 확실하게 조련시켜주신 분은 제주대학교 사회학과 이상철 교수님입니다. 이상철 선생님은 저를 성장 단계에 맞게 훈련시켜주셨습니다.

대학 동기 최호근 교수는 세밀하게 저의 논문을 읽고 지적해주었습니다. 심지어는 오자, 탈자까지 잡아줄 정도였습니다. 역시 저의 벗, 오상학 교수는 제 논문의 부실한 부분을 많이 보완해주었습니다. 바다에 대한 관심은 주강현 교수님으로부터 영향을 많이 받았습니다. 그분의 풍부한 상상력과 부지런함은 언제나 따라 배워야 할 덕목입니다.

같이 대학원 공부를 했던 김혜전, 차명애, 김준표, 조미영, 고성만 선생님은 저에게 무한 에너지를 공급해주신 분들입니다. 특히 환갑을 넘기고도 학문적 열정을 쏟아붓던 '어메이징 레이디(amazing lady)' 김혜전 선생님의 모습은 저를 여러 차례 감동하게 했습니다. 홍기표 선배와 대학 동기 김오순은 저에게 학문적 영감을 많이 던져준 사람들입니다.

자료를 챙겨준 분들에게도 감사 인사를 전합니다. 대학에 몸담은 처지가 아니다 보니 자료 접근이 쉽지 않아 항상 어려움을 겪습니다. 이때 많이 도와준 벗들이 있습니다. 전(前) 제주도의회 자료실 문세홍 님, 한라도서관 한명희 선생님, 제주도청 김병훈과 김기완이 없었으면 저의 글쓰기 진도는 매우 더뎠을 것입니다.

저와 같이 학교 현장에서 역사 교육을 담당하는 전국역사교사모임 소속 벗들은 항상 저를 응원해주었습니다. 특히 그 모임의 제주회원들인 이호빈, 신병철, 오영훈, 문병진, 하명실, 송승호, 양수열, 라영숙, 좌진영, 한상희, 정영조, 강진숙, 강순랑, 김지은 선생님께는 많은 빚을 졌습니다. 본문 속의 그래픽을 깔끔하게 만들어준 서상욱 선생님과 큰 관심을 가지고 지켜봐준 박태훈 선생님에게도 감사의 인사를 전합니다.

건강을 챙겨준 벗들도 기억하고 싶습니다. 매주 토요일 함께 운동장을 내달리던 FC가보와 FC한의발 친구들, 새벽 물살을 가르던 숨비소리 벗들, 두 바퀴로 세상을 열던 탐라MTB 친구들이 없었다면, 지구전의 이 글쓰기가 중도에서 멈췄을 겁니다. 모두 고마운 분들입니다.

이제 아무런 미련 없이 독자들에게로 내어 보냅니다. 이 책을 읽은 누군가와 잔 기울이며 마이너리티의 삶에 대해 함께 이야기할 수 있으면 저로서는 그만입니다.

2013년 11월 변방 제주, 저의 작은 공부방에서
이영권

차례

|표 차례|

|그림 차례|

제1장

머리말

1. 문제 제기 및 연구 목적

국가주의 역사서술은 역사인식을 도식적으로 만든다. 모든 것을 중앙 정부의 관점에 맞춰 재단하고 규정짓는다. 기존의 중세사 서술이 중앙 중심, 농업경제 중심, 육지 중심으로 이뤄진 것도 그 때문이다.

반면 변방에도 사람이 살았다. 삶이 있는 만큼 역사가 존재한다. 하지만 이를 중앙 중심적 역사 틀로만 바라볼 경우 오류를 빚을 수도 있다. 제주의 중세사가 이를 잘 보여준다. 제주의 중세사는 농업경제가 아니라 상업교역경제, 육지가 아니라 바다를 중심 무대로 기술해야 할 부분이 많다.

앨프리드 세이어 머핸(Alfred Thayer Mahan)은 "역사가는 대체로 바다의 사정에 어둡다. 왜냐하면 그들은 바다의 영향에 관해 특별한 관심이나 지식도 가지고 있지 않기 때문이다. 따라서 그들은 해상력(maritime strength)이 중요한 문제에 대해 결정적이고 심오한 영향을 주었다는 사실을 가볍게 보아 넘겨 왔다"(머핸, 1999: 5)라며 해양으로의 관심 전환을 촉구했다.

주강현도 "바닷가 변방에 대해 새로운 가치를 부여하는 것 역시 '생각의 반란'이 필요한 일"(주강현, 2005: 5)이라며 발상의 전환을 주문했다.

이 책은 바로 그런 바다 사람들에 주목한다. 제주도는 고대 탐라시대부터 활발한 해상활동을 벌였던 지역이다(진영일, 2008: 25). 해양 국가는 취약한 토지생산을 보충하기 위해 바다를 통한 대외교역과 유통에 관심을 두게 된다(박종기, 2008: 32). 제주도 역시 그랬다. "탐라는 지질이 척박하고 백성들이 가난하여, 해산물 채취와 배 타는 것으로 생계를 도모하고 있습니다"[1]라는 『고려사(高麗史)』의 기록에서 보듯이 취약한 토지 생산성 때문에 일찍부터 교역에 나설 수밖에 없었다.

고려 후기 원나라 지배기 이후에는 주된 교역물이 말(馬)로 바뀌었다. 하지만 말(馬)교역을 경제기반으로 삼았던 여말선초(麗末鮮初) 제주인들은 조선 건국 후 정부에 의해 말교역이 통제당하자 난관을 겪게 된다. 그래서 또 다른 삶의 활로를 찾아 바다로 진출했다. 소위 '포작인(鮑作人)' 혹은 '두무악(頭無岳)' 등으로 불렸던 해양유민(海洋流民)들이 바로 이들이다.

이 책에서는 이들을 조선시대 '제주유민(流民)'이라 칭하고 논지를 전개할 것이다. 이 책에서 말하는 제주유민이라 함은 15세기부터 17세기 중엽에 이르기까지의 출륙제주도민(出陸濟州島民)으로서 원주지인 제주도를 불법적으로 이탈하여 전라도, 경상도 연해지역을 중심으로 한반도 및 일부 중국의 연해지역에 거주하던 제주도민들을 말한다.

15세기부터 17세기를 주 연구 대상 시기로 삼은 이유는 유독 이 시기에 많은 제주인이 제주도를 떠나 남해안 등 한반도 해안 지방에서 유랑했기 때문이다. 이것은 『조선왕조실록(朝鮮王朝實錄)』에 이와 관련된 기사가

---

1) 『고려사』권8, 세가, 문종 12년(1058년) 8월 乙巳, "耽羅 地瘠民貧 惟以海産 乘木道 經紀謀生".

그 시기에만 집중되는 것을 통해 알 수 있다.

이 책은 이들의 출륙에서부터 남해안 등지에서의 생활 그리고 소멸까지를 주로 다룬다. 물론 그 배경으로 여말선초 제주사회의 변동을 먼저 검토한다. 그러나 그것은 어디까지나 배경 검토일 뿐 주된 관심은 15~17세기 출륙제주인이다.

그런 까닭에 주된 연구 대상은 제주를 떠난 사람들로서 어쩌면 시간 경과에 따라 제주도와는 관련이 없어져 갔던 사람들이다. 즉 출륙인 당사자뿐만이 아니라 그들의 2세, 3세, 4세, 5세 등 그들의 출륙 자체를 기억하지 못할 정도로 현지화된 사람들이 연구 대상이 된다. 그리고 일부이긴 하겠지만 그들이 남해안 등 현지에서 만나 합류한 한반도 사람들도 포함된다. 200년 가까이 이어졌던 유민 현상이라서 당연히 현지인들과의 결합이 이루어졌을 것이다.

물론 이들의 현지화 과정은 쉽지가 않았다. 오랜 시간 동안 현지인들의 배타적 시선 속에 그들만의 집단을 이루며 살았다. 그러나 18세기에 들어오면서는 차츰 현지인들과의 구별이 사라져갔던 것으로 보인다.

그러기에 이 책의 대상은 초기의 출륙제주인부터 시간의 경과에 따라 현지화한 한반도 여러 해안의 해인(海人)들인 것이다.

이들은 중앙의 역사·육지 중심 역사에서는 조명을 받지 못했던 존재들이다. 이들에 대한 연구를 통해 소외당하고 무시되었던 변방의 역사, 해양의 역사를 드러냄으로써 중세 조선사회를 다양한 모습으로 복원하고 그 내용을 풍부하게 채우고자 한다.

이들은 비록 타의에 의해 섬을 떠났지만 섬 안에 갇혀 체념하며 살아갔던 사람들과는 달랐다. 자신들을 떠밀었던 상황에 맞서 섬 밖 바다로 나가 새로운 삶을 개척했던 중세 제주의 바닷사람들이었다.

이들에 대한 연구를 진행함에, 우선 제1장에서는 기존의 연구들을 검토할 것이다. 연구 성과를 계승하면서도 기존 연구들이 가진 한계를 극복하고자 한다. 중세 민중의 지난한 삶을 이야기할 때 상투적으로 통용되는 과도한 수취, 자연재해 등의 논의가 가진 한계를 지적하며 아울러 사료 활용의 문제점도 제기하려 한다. 그리고 이론적 배경과 연구 방법, 활용 자료도 소개할 것이다.

제2장에서는 본격 주제를 다루기 위한 전사(前史)로서 14세기 여말선초 제주사회의 변동을 고찰한다. 특히 조선 건국 후 중앙집권체제 강화 과정에서 발생한 제주의 경제구조 변화를 살핀다. 조선 중앙정부가 제주를 장악하는 과정에서 제주의 경제기반이 어떻게 변화했는지 그리고 그것이 결국 제주인들에게 어떤 영향을 미치게 되는지를 찾는 것이다.

제3장부터는 본격적으로 제주유민을 살핀다. 우선 여기서는 이들의 명칭부터 고찰한다. 명칭은 크게 두모악계 명칭과 포작계 명칭으로 나뉜다. 이들의 본래 의미는 다르지만 여기서는 모두 출륙제주유민을 지칭하는 것으로 파악하고 논지를 전개했다.

그리고 제주유민 발생의 배경을 추적하고 유민 발생과 소멸의 시점을 찾는다. 특히 유민 발생의 원인으로 자연재해, 과도한 수탈 등 선행연구에서 제시하는 요인에 머물지 않고 제주의 경제구조를 분석함으로써 기존 견해를 넘어서고자 한다.

제4장에서는 제주유민의 삶의 모습을 추적한다. 어떤 사람들로 구성되어 있었는지, 어느 지역까지 퍼져나가 살았는지 또한 얼마나 많은 사람이 제주도를 떠났는지 그리고 무엇을 하며 먹고살았는지에 대한 고찰이다. 이를 통해 제주유민의 총체적 모습을 그려본다.

제5장에서는 그동안 일부 일본 학자들이 중심이 되어 제기했던 문제, 즉 제주유민과 수적(水賊), 왜구와의 관계를 고찰한다. 이들 집단 사이에 생태적 유사성이 있긴 했지만 당시 조선 정부에서는 이들을 별개의 존재

로 파악했다. 즉 각각 다른 집단으로 존재하면서 때로는 교류 협력하거나 연대하고 때로는 경쟁 갈등하는 관계라 할 수 있다. 그러기에 이들이 동일 집단으로서 사실상 왜구였다는 일본 학자들의 주장은 잘못된 것임을 밝힌다.

제6장에서는 임진왜란 당시 제주유민의 삶을 추적한다. 물론 여기서 말하는 제주유민은 이미 현지화한 제주유민이다. 임진왜란이 발발했던 16세기 후반에도 현지화한 제주유민의 유랑 현상은 계속 이어졌고, 이들의 주 활동 무대가 한반도 남해안이었으며, 또한 이들이 가진 물길 정보, 배 운항 능력 등이 수군의 주목을 끌었으므로 자연스레 이들은 전쟁의 한복판으로 들어가게 되었다. 이순신 관련 사료에는 이들의 활동 모습이 적지 않게 등장한다. 이순신 앞에서 이순신 함대를 이끌던 뱃길 안내인은 이들 제주유민들이었다. 이런 모습은 제주유민의 삶의 모습 중 특별히 주목을 끄는 대목이다. 이순신이 남긴 장계나 일기 중에는 이런 모습을 보여주는 대목이 나온다.

그리고 제7장에서는 그동안 살핀 제주유민의 모습을 통해 이들의 성격을 규정짓고자 한다. 기존의 연구는 사료에 등장하는 이들의 모습을 나열하는 데 그친 감이 있다. 여기서는 나열 수준을 넘어 성격을 규명함으로써 이들의 모습을 더욱 총체적으로 인식하게 하려는 의도이다.

마지막 제8장은 마무리 장이다. 전체 내용을 요약하고 이 책의 한계와 향후 과제를 밝힌다.

결국 이 작업을 통해 중세 조선의 다양한 색채와 면모를 발굴하려 한다. 농업 중심 사회라는 획일적 인식을 넘어 해양의 역사, 변방의 역사를 복원하여 마이너리티에게도 주인공의 자리를 찾아주려는 의도다. 이것은 역사에서의 패권주의를 걷어내는, 역사 서술의 민주화 작업이기도 하다. 역사 속에서 소외당했던 이들을 불러내어 제자리를 찾게 하고 그를 통해 역사인식의 다양성을 확보하는 것, 이것이 이 책의 목적이다.

2. 기존 연구 검토

유민에 관한 연구는 지속적으로 이어져 오고 있으나 중요성에 비하면 연구가 많은 편은 아니다.[2] 유민에 관한 기존 연구 역시 대부분 중앙 중심적이다. 토지와 농업을 기반으로 하는 중세사회라 전제하고 토지를 이탈한 농민만을 주로 다루고 있다. 그리하여 "유망은 농민들이 자신들의 근거지에서 살 수 없게 되었을 때 그곳을 자의적으로 이탈하여 다른 곳으로 옮겨 가는 행위이며, 이들 유망민을 일컬어 유민이라 한다"(변주승, 1995: 69)라고 정의 내리거나, "유망은 우선 토지와 농민지배를 물적 토대로 국가체제를 유지하던 전근대사회에서 농민이 국가의 파악 대상에서 벗어나는 행위"(정형지, 1996: 185)라고 설명할 정도이다.

지역적 특수성에 따른 해양유민은 일반적으로 연구의 대상이 아니었다. 이렇게 선행연구들은 대부분 토지와 농업을 기반으로 사고하여 유민현상을 분석하고 있다. 비교적 가까운 시기에 이뤄진 연구로는 먼저 오창훈(1984)의 연구를 들 수 있다. 그는 고려 말 유망의 원인을 가렴주구(苛斂誅求), 토지겸병, 왜의 침탈로 규정하고 이 때문에 발생한 유민들이 국외는 선양(瀋陽), 랴오양(遼陽)으로 그리고 국내는 권문세족의 농장으로 흡수되고 있음을 살폈다. 조선시대에 와서는 자연재해, 축성(築城) 동원 노

---

2) 유민에 대해서는 다음의 연구들을 들 수 있다.
   양원석, 1956; 신정희, 1981; 오창훈, 1984; 배항섭, 1986; 변주승, 1992, 1995; 정형지, 1996; 박성주, 2002; 장혜린, 2006.

역, 평안도는 사행(使行)의 부담 등으로 원인을 다양하게 추적했다.

배항섭(1986)은 19세기 사회경제적 배경 속에서 유민 현상을 고찰했는데, 생산력 발전, 상품화폐 경제의 발달, 지주층에 의한 토지집중 및 국가권력에 의한 수탈 강화가 유기적으로 작동하면서 유민 현상을 초래한 것으로 분석했다. 특히 국가권력에 의한 폭력적 수탈 요인이 가장 절대적이었음을, 그에 따라 단기 유민이 아닌 부유(浮游)계층이 형성되었음을 살폈다.

변주승(1992) 역시 19세기 유민 발생이 본질적으로 국가와 지주층의 대민 수탈에서 비롯되었음을 밝혔다. 18세기 유민 현상을 다룬 글(변주승, 1995)에서는 이전의 유민처럼 토지에 재(再)긴박되지 않고 완전히 유리(流離)되는 현상을 살폈다. 이는 18세기 조선사회의 생산력 발전에 따른 것으로 봉건적 제질서의 해체, 자본주의의 맹아적 발전 과정 속에 나타난 현상이라고 판단했다.

정형지(1996) 역시 19세기 유민의 발생을 국가와 지주층의 대민 수탈이라는 본질적 요인에서 시작된 농민 몰락으로 분석했다. 농업생산력 발달로 절감된 노동력은 과다하게 유출되었고 그것이 새로운 상공업, 수공업, 광산업 등의 고용노동으로 완전 흡수가 되지 못했음을 밝혔다.

박성주(2002)은 앞의 연구들과는 접근방식을 달리했다. 사회경제적 측면 외에 국제관계적 측면을 주요하게 살핌으로써 동북아 정세 변화에 따른 조·명(朝·明) 간 유민 발생과 그 송환을 다뤘다. 앞의 연구들과는 달리 토지와 농업의 문제가 아닌 다른 요인으로 인해서 발생한 유민을 보여준 사례이다.

장혜련(2006)은 유민의 발생 배경을 정치적 배경과 사회경제적 배경으로 나눠 살폈다. 정치적 배경으로는 조선 중앙정부와 제주 토호(土豪)의 이중적 수탈, 빈번한 왜구의 침탈에 따른 군역 강화를 꼽았다. 사회경제적 배경에서는 자연재해와 지나친 수취를 유민 발생의 원인으로 설명했다. 분석 대상이 제주유민이었던 점과 이들이 출륙해양유민이었음은 앞의 연구들과 확연히 다르며 이 책과 연구 대상이 사실상 유사하다.

연구 테마를 딱히 '유민'이라 명시하지는 않았지만, 논문 속에서 조선시대 제주유민을 다룬 글들도 몇 편이 있다.[3]

한영국(1981)은 제주유민의 명칭을 소개하고 발생 원인을 찾았다. 조선왕조가 중앙집권적 지배 체제를 확립하면서 중앙정부의 통치력을 강화했고 그에 따라 과중한 부역을 지움으로써 과도하게 수탈했다는 분석이다. 이후 그 유민들이 정착하는 과정을 울산부 호적을 통해 차분히 추적했다.

다카하시 기미아키(1989)는 국가 단위가 아닌, 동아시아해역이라는 지역 단위 역사 무대를 설정하고 제주유민의 활동 범위를 일본 북큐슈까지로 확장시켰다. 그는 유민의 발생 원인보다는 이들의 생활양태에 관심을 가졌다. 『성종실록』에 집중적으로 등장하는 '이선위가(以船爲家)' 즉 배를 집으로 삼아 바다에서 생활하는 사람들을 살핀 것인데, 이들의 삶의 모습을 통해 제주유민과 왜구의 교류 가능성 혹은 결합을 주장했다.

박찬식(2004)의 연구는 테마가 제주유민이 아니라 해녀이다. 그럼에도 제주유민에 대한 고찰이 상당한 분량을 차지한다. 『조선왕조실록』에 등장하는 포작인, 이들은 사실상 피역(避役) 제주유민이다. 본래 전복 진상은 포작인의 몫이었는데 이들은 과도한 수탈을 견디지 못하고 출륙유랑을 택했다. 그 결과 17세기에 와서는 전복 진상을 담당할 사람이 없어졌

---

3) 조선시대 출륙제주유민을 살필 수 있는 연구로는 다음의 논문들이 있다.
한영국, 1981; 다카하시 기미아키, 1989; 박찬식, 2004; 조성윤, 2005; 장혜련, 2006; 허남린, 2007; 김나영, 2008.

다. 이에 어쩔 수 없이 여성인 해녀들에게 전복 진상 역을 넘겼다. 이를 밝히는 과정에서 제주유민인 포작인을 다뤘다. 그 역시 과다한 진상과 노역 징발을 유민 발생의 원인으로 꼽았다. 거기에 더하여 왜구 침범에 대비하기 위한 군역 과다를 유민 발생의 한 요인으로 지적했다.

조성윤(2005)은 조선 전 시기에 걸쳐 제주 인구의 변동을 살폈다. 그 과정에서 포작인들의 출륙에도 주목했다. 그는 사료 속의 인구 관련 기사를 동원, 분석하여 당시 출륙제주유민의 규모를 대략 2~3만 명 정도로 추정했다. 유민 발생 원인에 대해서는 경작지 부족, 척박한 농업 사정, 주기적으로 닥치는 흉년, 지나친 부역과 진상, 지방 토호와 지방관의 횡포 등으로 간략히 언급했다. 특별한 관심을 불러일으켰던 점은 임진왜란 해전사(海戰史)에서 제주의 출륙유민들이 중요한 역할을 수행했을 것이라는 언급이었다. 그의 조언은 이 책에 큰 시사점을 제공해주었다.

허남린(2007)은 제주도의 역사적 위상을 변경성(periphery, 페리퍼리)과 개척성(frontier, 프론티어)이라는 두 개의 정형화된 모티브로 검토했다. 그 과정에서 개척성의 한 주역으로 유리(流離) 포작인을 살폈다. 그는 제주도의 구조적 한계를 돌파하여 삶의 영역을 확장한 사람들로 유리 포작인을 설정했다.

김나영(2008)은 포작인의 명칭에 대해 상술하고 포작인의 양태에 주목했다. 조선 전기 피역 출륙하여 유민이 된 포작과 조선 후기 제주지역에 남아 피역하지도 못하고 갖은 고역을 담당해야만 했던 포작을 구분하지 않고 한꺼번에 분석했다. 출륙 포작이 발생하게 된 요인에 대해서는 앞의 연구자들과 비슷한 진단을 내렸다. 열악한 자연환경, 중앙집권체제 확립에 따른 수탈 강화가 그것이다.

이상에서 검토한 선행연구들은 각 테마마다의 독특한 내용이 있으면서도 상당 부분 공통점을 가지고 있다. 우선 사료에 충실하여 출륙제주유민의 실상을 보여주고 있다. 그리고 이들의 출륙 배경을 분석하는 데 있어서도 대부분 유사한 진단을 내리고 있다. 이들 선행연구의 길 안내는 이 책에 많은 도움이 되었다. 다만 두 가지 점에서 아쉬움이 남는다.

우선 유민 발생의 원인을 규명함에 있어서 동원한 근거 사료의 적절성 문제이다. 해양유민의 발생은 15세기부터 시작되었다. 그러나 기존 연구자들이 활용한 자료는 16세기 후반 이후의 제주 상황을 보여주는 자료들이다.[4] 사료 부족이라는 한계는 이해하지만 자칫 원인이 결과보다 뒤에 등장하는 형태가 될 수도 있겠다. 그런 문제점을 의식하여 이 책은 시계열적 분석을 시도했다. 15세기 제주유민 현상의 원인은 15세기 이전에서 찾아야 한다. 원인은 결과보다 앞에 있어야 하기 때문이다. 그러므로 이 문제의 활용 사료는 15세기 이전의 사회 모습을 전하는 사료들로 구성했다.

다음으로 유민 발생의 원인 문제이다. 선행연구들에서 제시한 요인들은 전(前)근대사회 내내 존재했던 요소들이다. 토지 척박, 자연재해, 수탈 등은 중세시대에 항상 존재했다. 그런데도 대규모 유민 현상은 15~17세기에만 집중되었다. 그렇기에 선행연구에서 제시한 요인만으로는 15~17세기의 유민 현상을 설명하는 데에 한계가 있다. 이에 여기서는 경제구조 분석으로 이 문제에 접근했다. 제주 경제의 기반을 먼저 찾고, 그것이 붕괴하는 과정을 추적한 것이다. 경제기반이 무너진 상황에서 출륙유랑은 당연한 결과였다.

---

4) 제주 해양유민 발생의 원인을 규명하기 위해 기존 연구에서 활용된 자료는 17세기 자료인 『남사록(南槎錄)』(김상헌, 1602), 『탐라지(耽羅志)』(이원진, 1653), 『남사일록(南槎日錄)』(이증, 1679), 18세기 사료인 『남환박물(南宦博物)』(이형상, 1703), 『제주대정정의읍지(濟州大靜旌義邑誌)』, 19세기 전반 자료인 『탐라사례(耽羅事例)』, 19세기 중반 자료인 『탐라사례(耽營事例)』 등이다.

3. 이론적 배경 및 연구 방법

사회현상을 분석함에 구조와 행위는 언제나 길항관계에 있다. 연구자에 따라 혹자는 구조를 강조하고 다른 이는 행위를 강조한다. 하지만 그것 중 어느 하나가 절대적일 수는 없다. 연구자에 따라 강조점만 다를 뿐, 사회현상은 구조나 행위 중 어느 하나에 의해 절대적으로 결정되지는 않는다. 양자 간의 관계 해명에 오랫동안 천착했던 앤서니 기든스(Anthony Giddens) 역시 "우리 모두의 행위는 우리가 자라났고 현재도 살고 있는 사회의 구조적 특징에 의해 영향을 받으며, 그와 동시에 우리는 행위를 함으로써 구조적 특징을 재창조하고 어느 정도까지는 바꾸어 나간다"(기든스, 1992: 44)라고 했다.

그런데 지중해 역사를 연구한 아날학파의 페르낭 브로델(Fernand Braudel)은 그중에서도 특히 구조를 강조한 것으로 널리 알려져 있다. 그는 개별 사건보다는 구조를 중시했고, 구조 가운데서도 특히 지리적 구조에 주목했다.

이 책은 브로델 역사학의 기본 골격인 '3층 구조'를 이론적 배경으로 삼는다. 지리적 구조를 중시했던 그의 모델이 중세 제주 상황을 설명하는 데에 유용한 점이 많기 때문이다. 제주도는 브로델의 연구 대상이었던 지중해 세계와 유사하게 바다라는 지리적 환경을 가지고 있다. 또한 제주도는 화산섬이라서 토양이 매우 척박하다. 그로 인해 근대사회가 도래하기 전까지는 자연적·지리적 구조의 제약이 강했다. 이러한 지리적 조건의 유사성에 주목해 이 책에서는 그의 지리적 시간 개념을 활용하고자 한다.

물론 인간의 능동적 행위 혹은 개별 사건이 역사에서 차지하는 비중이 없다는 말은 아니다. 이 책의 주 관심 대상인 조선시대 출륙제주유민 역시 개인적 결단 없이 섬을 떠났던 것은 아닐 것이다. 하지만 개인적 결단

이전에 그리고 개별 출륙 사건 이전에 그들을 출륙유랑하게 만든 구조가 있다. 그 구조를 탐색하는 것이 또한 이 책의 중요한 구성 부분을 이룬다.

브로델은 자신의 박사학위 논문 「필립 2세 시대의 지중해와 지중해 세계」[5] 서문에서 3층 구조의 역사 틀을 다음과 같이 설명했다.

이 책은 세 부분으로 나뉘는데 각각은 그 자체로 일반적인 설명을 가진 논문이다.

제1부는 거의 움직이지 않는 역사, 즉 주위 환경과의 관계 속에 있는 인간의 역사를 다룬다. 모든 변화가 느리며 계속 반복되고 끊임없이 다시 시작하는 주기(週期)들로 이루어진 역사이다. 거의 시간 밖에 위치하며 생명이 없는 사물들과 접하고 있는 이러한 역사를 나는 도외시하고 싶지 않았으며 또한 이와 관련한 많은 책의 서두에 불필요하게 위치한 역사학에 대한 지리학적 서론이라는 전통적인 관행에도 만족하지 않았다. 이러한 움직이지 않는 역사 위에 다른 레벨에서 구별되는 또 다른 역사가 있다. 그것은 완만한 리듬을 가진 역사이다. 만일 그의 완전한 의미를 벗어나지 않는 표현을 사용한다면 '사회사(social history)', 집단들과 집단 형성의 역사라고 말할 수 있을 것이다. 내 책의 제2부에서 제기한 문제는 해저(海底)의 물 흐름이 지중해 세계에서의 삶 전체를 어떻게 자극하고 있는가 하는 것이다. 이것이 바로 내가 경제 시스템들, 국가들, 사회들, 문명들을 연속적으로 연구하면서, 궁극적으로 역사에 대한 나의 인식을 더욱 분명하게 하기 위해 이러한 심층의 힘들이 전쟁이라고

---

5) 이 책에서는 프랑스어 원서가 아닌 Harper Collins Publishers에서 1992년에 펴낸 영역본 『The Mediterranean』과 2004년에 출간된 일본어본 浜名優美 譯, 『地中海』, 東京: 藤原書店를 참고했다.

하는 복합적인 영역에서 어떻게 움직이는가를 보여주려고 시도한 것이다. 왜냐하면 우리가 알다시피 전쟁은 순전히 개인만이 책임지는 영역이 아니기 때문이다.

마지막 제3부는 전통적인 역사에 관심을 기울이게 한다. 전통적 역사라는 것은 인간 차원이 아닌 개인 차원의 역사인데 이것은 폴 라콩브와 프랑수아 시미앙이 비판한 사건사(事件史)를 말한다. 즉 표면의 출렁거림, 강한 움직임을 주는 조수(潮水)에 의한 파도와 같은 것을 다룬다. 짧고, 빠르며 신경질적인 진동의 역사, 극도로 민감하여 조그마한 자극에도 측정기계 전체에 비상이 걸리는 역사이다. 그러나 가장 정열적이며 인간 이해관계에 가장 풍부하게 관여하며 또한 가장 위험한 역사이다. 우리는 이러한 역사를 신뢰하지 않도록 배워야 한다. 이러한 역사는 당시 사람들이 우리 삶처럼 자신의 삶의 리듬에 따라 느끼고 묘사하고 체험했던 그대로 아직도 불타는 정열의 역사이다(Braudel, 1949: xiv).

브로델은 이처럼 그의 논문 서문에서 '3층 구조'의 역사에 대해 간략히 설명한 후, 3층 구조의 틀을 가지고 각각 제1부 '환경의 몫', 제2부 '집단의 운명과 전반적인 움직임', 제3부 '사건들, 정치, 사람들'로 나누어 서술했다. 물론 그가 가장 중시했던 것은 제1부 '환경의 몫'이다. 자칫 지리적 결정론으로까지 오해될 수 있을 정도로 그는 지리적 환경이 인간의 삶에 미치는 영향을 가장 중시했다.

인간은 자연환경의 영향을 받는다. 또한 자연환경의 영향은 오랜 세월이 지나도 변함이 거의 없다. 그래서 오랫동안 거의 변함없이 반복적인 생활을 한다. 브로델은 이것을 '장기지속적'이라고 표현했다. 그의 또 다른 표현을 빌린다면 '지리적 시간'인 것이다.

중세 제주도를 살펴볼 때 이는 많은 시사점을 던져준다. 바다라는 지리적 환경은 불변의 요인이다. 더하여 화산회토(火山灰土)라는 척박한 토양 역시 근대 화학비료가 시비되기 전까지는 어쩔 수 없는 자연적 환경이었다. 이러한 상황에서 제주인들의 삶은 거의 변함없는 반복적인 생활로 나타날 수밖에 없었다. 우선 농사로는 먹고살지 못했다. 그러니 당연히 교역을 해야 했다. 그 교역은 지속적인 해양교역이었다. 바다가 둘러싼 섬이라는 지리적 조건에 따른 선택이었다. 브로델이 강조점을 두었던 것처럼 중세 제주인들의 기본적인 삶은 이 틀을 벗어나기 어려웠다.

브로델은 제2부를 시작하면서 "이와 같은 장기지속으로부터 제2부는 더욱 개별화된 리듬을 지닌 역사, 즉 집단의 역사, 집단의 운명 그리고 일반적 경향의 역사로 우리를 다가서게 한다. 이것은 곧 사회사이다"(Braudel, 1949: 259)라고 하여 장기지속보다는 조금 유동성이 있는 역사에도 눈을 돌렸다. 이것을 그는 앞의 '지리적 시간'에 대비해 '사회적 시간'이라고 했다. 장기지속의 시간이 '거의 움직이지 않는 구조'라면 이것은 '서서히 움직이는 국면'이라고 말할 수 있겠다. 이것을 브로델은 '콩종튀르(conjon-cture)'라 명명했다. 이 콩종튀르는 그의 책 제2부의 결론 제목으로 쓰일 만큼 중요한 용어로서 국내에서는 주로 '국면', '추세' 등으로 번역하여 쓰고 있다(김응종, 1991: 96).

하지만 브로델이 그렇게 중요시한 개념임에도 불구하고 명쾌하게 정의된 것은 없다. 그런 만큼 콩종튀르는 단일한 게 아니다. 주기에 따라 여러가지 경제적인 움직임이 있다. 이에 대해 브로델은 '장기적 추세(secular trend)', '중기지속의 경제적 콩종튀르', '단기적 콩종튀르', '계절적 움직임' 등을 언급했다(Braudel, 1949: 652). 그중에 장기적 추세로서 1450년부터 1650년까지의 200년 동안을 하나의 통일성으로 파악하고 대규모 인구 증가를 고찰했다(Braudel, 1949: 654). 그만큼 '인구 증감'이라는 요소는 브로델의 설명체계에서 매우 중요했다.

브로델이 중시한 콩종튀르로서의 인구 증감은 출륙제주유민을 다루는 이 책에서도 충분히 차용할 만하다. 15~17세기 200여 년 동안 제주도에서는 대규모 출륙유랑이 이어지면서 엄청난 규모의 인구 감소가 발생했다. 거의 변하지 않는 장기지속의 해양환경을 밑바탕에 깔고, 콩종튀르 즉 국면적 상황으로 출륙유랑현상을 분석할 수 있는 것이다. 또한 원 지배기 이후 목마 경제의 번성에 따른 제주도의 인구 증가 현상도 콩종튀르 즉 국면적 현상이었다.

브로델은 이렇게 구조와 콩종튀르를 가지고 지중해 세계의 본질은 충분히 파악되었다고 보았다. 하지만 전체사라는 목적에 맞게 제3부에서는 개별 사건을 추가했다. '표면의 출렁거림' 혹은 '파도'에 비유한 이 시간은 '정치적 시간'이며 '단기지속의 시간'이다. 구조를 중시했던 만큼 브로델은 마지막 제3부에 사건사를 추가했으면서도 그 중요성을 높게 보지는 않았다. 사건을 '먼지'에 비유했고 그런 역사를 경계하자고 말했을 정도이다. 그러나 결론에서 그는 "그렇다고 해서 내가 이러한 빛나는 표면의 먼지들이 아무런 가치가 없다거나, 전체사적인 재건축이 이러한 미시사로부터 시작될 수 없다고 주장하는 것은 아니다"(Braudel, 1949: 662)라며 나름의 의미를 부여하긴 했다.

그러나 최종적으로 그는 "나는 기질적으로 '구조주의자'이고 사건에 의해서는 거의 자극을 받지 않으며, 동일한 기호를 가진 사건들의 집합인 콩종튀르에 의해서는 절반 정도만 자극을 받는다"(Braudel, 1949: 664)라고 말했다.

사건사는 그 자체의 속성상 거대한 움직임을 설명하지 못하기 때문이다. 이 책에서도 브로델의 이런 관점을 따른다. 중요한 사건으로 '우마적 사건'이나 '출륙금지령'을 언급하고는 있지만, 이것 역시 국면적 흐름 속에서 파악한다. 우마적 사건은 말교역 금지라는 국면적 상황에서 발생한 사건이며, 출륙금지령 역시 인조 7년(1629년)에 돌출적으로 나온 일회성 사건이 아니었다. 바탕에는 그 이전부터 지속적으로 강조해왔던 출륙 통제의 국면이 깔려 있었다.

이렇게 브로델의 3층 구조의 역사 틀은 중세 제주의 유민 현상을 설명하는 데 유용하다. 따라서 이 책의 바탕에는 브로델의 모델을 깔고 서술을 이어갈 것이다. 그에 앞서 다시 한 번 브로델의 모델을 간략하게 정리한다. 브로델은 자신의 모델을 바다에 비유하기도 했는데, 가장 밑바닥에 지리적 시간이 흐르고 중간에는 사회적 시간이 그리고 표면에는 파도치듯 급변하는 정치적 시간이 흐른다. 이를 구조 - 콩종튀르(국면) - 사건으로 설명하기도 하고 때로는 장기지속 - 중기지속 - 단기지속으로 서술하기도 한다.

물론 가장 기본적인 구속력은 장기지속의 지리적 시간에 주어진다. 제주인은 섬이라는 조건과 척박한 토양이라는 자연 지리적 조건으로 인해 장기지속적으로 해양교역의 역사를 보여줬다. 유민 현상도 같은 맥락에서 진행되었다. 육지의 농경 유민이 화전민으로 변화했던 것과는 달리, 제주에서는 해양교역의 장기지속성에 영향을 받아 해양유민의 모습으로 나타났다. 당시 제주도가 농업 중심의 경제구조로 되어 있었다면 대규모 출륙유랑 현상은 나타나지 않았을지도 모른다.

물론 유민 현상은 중기지속의 콩종튀르적 현상이었다. 하지만 바탕에는 바다라는 지리적 구조가 깔려 있었다. 개별 사건은 구조와 콩종튀르 위에 자리한다. 표면의 일렁거리는 파도처럼 격렬하게, 우마적 사건 등 다양한 사건이 발생한다. 하지만 이러한 사건들 역시 구조와 콩종튀르의 강한 구속력 안에서 발생한 사건이었다.

연구 방법으로는 문헌연구를 택했다. 조선시대의 공식 역사 기록인 『조선왕조실록』을 우선 검토했다. 국가의 정사(正史)인 만큼 기록 뒤에 숨은

권력관계만 놓치지 않는다면 비교적 긴 시간을 일관된 관점 아래서 살필 수 있다. 특히 한 시점만을 보여주는 단편적 지지(地誌)류와 달리 상당히 긴 시간 동안 기록한 사료이므로 시기별 변화를 고찰할 수 있다는 장점이 있다.

장기간을 다룬 장점에 맞게 기록 검토와 인용은 시계열적으로 했다. 기존 연구에서는 시간의 선후 관계를 무시하고 기록 인용을 하는 경우가 많았다. 맥락과 무관하게 편의에 따라 분절적으로 기사를 인용하는 경우였다. 또한 세심한 시기 구분 없이 하나의 조선시대라고 해서 뭉뚱그려 분석 서술한 경우도 있었다.

이 책에서는 이 점을 지양했다. 15세기부터 시작된 출륙유랑을 고찰하기 위해서 그 배경이 되는 앞의 시기부터 살피는 시계열적 분석을 시도한 것도 그 때문이다. 그런 만큼 시간의 선후 관계를 충분히 고려하며 기록상의 작은 변화에도 주의를 기울였다. 그 과정에서 일관된 흐름 속에서의 변화를 찾을 수 있었고 그 변화를 비교 분석함으로써 논지를 강화할 수 있었다.

또한 시계열적 분석은 생업 수단의 변화도 짚어볼 수 있게 해줬다. 생업 수단의 변화는 경제구조의 변화를 살피는 데에 없어서는 안 될 요소이다. 즉, 사료의 시계열적 분석으로 경제구조의 변화까지 추적할 수 있었다는 의미이다.

그리고 유사 사안의 기록 빈도와 기록 시점도 중요한 고려 대상이 되었다. 빈도를 시기별로 파악하여 비교함으로써 변화를 찾을 수 있었고 그 변화의 의미도 추정할 수 있었다. 예를 들어 기근 관련 기사가 집중적으로 등장하던 시기, 말교역 금지 기사가 집중적으로 등장하는 시기 등은 이 책이 예민하게 주의를 기울인 대목이다. 이는 『조선왕조실록』이 장기간을 일관되게 기록한 사료여서 가능한 일이었다.

주로 활용한 『조선왕조실록』은 국사편찬위원회가 관리하는 인터넷상의 조선왕조실록 사이트(http://sillok.history.go.kr/)의 자료이다. 그러나 오역이 간간히 등장하기 때문에 원문과 대조하며 활용했다. 그 다음 활용한 자료는 충무공 이순신이 남긴 기록이다. 그가 남긴 일기와 장계가 관련 자료와 함께 정조 19년(1795년)에 『이충무공전서(李忠武公全書)』로 묶여 출간되었다. 이 자료 역시 원문과 대조하며 활용했다. 그 외 『고려사(高麗史)』, 『고려사절요(高麗史節要)』 등의 사료와 몇 편의 조선시대 개인 문집을 활용했다. 이 역시 검토 방법은 시기 순으로 일정한 흐름을 파악하는 시계열적 검토이다.

제2장

여말선초 제주사회의 변동

1. 고려 말 제주 목마 경제의 번성과 인구 증가

고려시대 제주지역의 경제구조와 인구 규모를 알 수 있는 사료는 많지 않다. 많지 않은 사료 중에 다음의 『고려사』 기록은 당시 제주지역의 경제구조를 파악하는 데에 중요한 단서를 제공한다.

> 탐라는 지질이 척박하고 백성들이 가난하여, 해산물 채취와 배 타는 것
> 으로 생계를 도모하고 있습니다.[1]

주된 생업 수단이 어로작업과 배를 이용한 교역뿐이었다는 설명이다. 여기서 교역물품은 당연히 해산물이 주를 이뤘을 것이다. 달리 생산되는

---

[1] 『고려사』권8, 세가, 문종 12년(1058년) 8월 乙巳, "耽羅 地瘠民貧 惟以海産 乘木道 經紀謀生".

게 별로 없었기 때문이다. 한반도의 보편적 중세 경제사에서 보이는 것과는 달리 제주는 농업이 주된 생업 수단이 되지 못했다. 척박한 토지가 그 이유였다.

열악한 경제구조 때문에 인구도 그리 많은 편이 못 되었다. 고려시대 제주 인구에 대한 기록으로는 삼별초 정벌 직후인 1273년 12월의 것이 처음이다. 원나라의 지시에 의해 제주민에게 식량을 공급했는데 그때 등장하는 인구수가 1만 223명이었다.[2] 물론 이 숫자는 평소보다 축소된 숫자로 여겨진다. 여·몽 연합군에 의한 삼별초 진압으로 제주가 유린당해 제주민들이 많이 살해당했고 또한 포로로 잡혀간 사람들도 많았을 것이다. 이 때문에 본래의 숫자는 이보다 많은 몇만 명은 되었을 것으로 추정한다 (김창현, 2010: 218).

그러나 삼별초 진압 뒤 몽골 세력이 제주를 지배하면서부터 상황은 크게 달라졌다. 원(元)은 제주를 직할령으로 삼은 지 3년 뒤인 충렬왕 2년(1276년)에 처음으로 160필의 말을 제주에 가져와 놓아기르기 시작했다.[3] 그 후 제주도가 목마의 적지임이 입증되자 충렬왕 26년(1300년)에는 원의 황태후가 구마(廐馬)를 제주도에 방목하기 시작했다.[4] 이러한 추세는 계속되어 규모를 더욱 확대시켰고 결국 동·서 아막(阿幕)이라 칭하는 목장을 설립하고[5] 원의 14개 국립목장 중 하나로 성장시켰다.[6] "말이 크게 번

---

2) 『고려사』권27, 세가, 원종 15년(1274년) 2월 甲子, "濟州百姓一萬二百二十三人 悉行 供給".

3) 『고려사』권28, 세가, 충렬왕 2년(1276년) 8월 丁亥.

4) 『고려사』권57, 지 11권, 탐라현.

5) 『대동지지(大東地志)』권12, 제주, 목장조, 세주.

6) 『원사(元史)』권100, 志48, 병(兵), 마징(馬政).

식해 산야에 가득했다"[7]라는 기록은 이러한 상황을 잘 묘사해주고 있다.

이는 고려시대 제주의 경제구조와 사회구조에 커다란 변동이 있었음을 말해주고 있다. 해산물 채취와 해산물교역 중심의 고려 전기 경제구조에서 원 지배기 이후 목마와 말교역 중심의 경제구조로 바뀌었던 것이다. 경제구조의 변화는 경제규모에도 영향을 끼쳤다. 제주의 해산물 상품은 근대 자본주의 경제체제로 건너오기 전까지는 광범위한 시장성을 갖지 못했다. 수요에 제한이 있었기 때문이다. 반면 말의 경우는 달랐다. 광범위한 수요가 존재하면서 또한 가격도 고가였다.

원 지배 시기 제주에서는 평균 2~3만 마리의 말이 항상 사육되고 있었던 것으로 보인다. 공민왕 23년(1374년)에 명의 사신이 고려에 말을 요구하면서 원이 탐라에서 키운 말이 2~3만 필 가량 된다[8]고 한 데서 그 숫자를 추산할 수 있다.

이렇게 사육된 말은 자연스럽게 외부로 반출되었을 것이다.[9] 하지만

---

7) 김석익,『탐라기년(耽羅紀年)』권1(1918), 충렬왕 26년(1300년).

8)『고려사』권44, 세가, 공민왕 23년(1374년) 4월 戊申.

9) 김창현은 같은 글, 328쪽에서 탐라에 말을 방목하고 번식하는 데 힘을 쓴 반면 별로 빼가지 않았을 것이라고 했는데, 이는 납득하기 어렵다. 원이 국립목장을 설치한 목적과도 맞지 않으며 말의 번식 능력과 100년에 가까운 목장 경영 기간을 고려한다면, 제주목장에서의 사육과 반출은 일상적인 일이었을 것으로 생각된다. 말의 번식 생리를 보면 말의 성성숙기(puberty)는 암말의 경우 15~24개월령, 수말의 경우는 23~36개월령이며, 분만 후 7~21일에 발정이 재기되고 발정 후 4~5일에 배란되어 임신이 된다(장덕지, 2007: 304~305 참조). 그리고 태종 때의 기록을 보면 암말 10마리당 1년에 상등마는 7~8마리, 중등마는 5~6마리, 하등마는 3~4마리의 새끼를 낳는 것으로 되어 있다『태종실록』태종6년(1406년), 7월 9일]. 즉, 말은 2살이 넘어가면 평균 2년에 1마리의 새끼를 낳는 것으로 계산할 수 있다. 이는 사람의 생식력보다는 활발한 것으로 인구 증가보다 말 번식이 앞섬을 알 수 있다. 하지만 목초의 한계가 있기 때문에 일정 정도의 말 숫자가 넘어 포화가 되면 자연스레 외부로 반출할 수밖

원 지배 시기 말교역에 대한 구체적 기록은 등장하지 않는다. 아마도 그것은 말교역이 일상적인 일이었기 때문에 그랬다고 여겨진다. 원이 제주에 국립목장을 설치한 목적이 말 사육과 반출일 것이고, 그런 활동이 일상적으로 이뤄졌기에 군이 따로 기록할 필요가 없었을 것이다.

반면 상황이 바뀌어 원이 쫓겨가고 명(明)이 압박하게 되면서부터는 기록이 존재한다. 이것은 일상적 상황이 아니라 특수한 상황이었기 때문이다. 원의 말 반출은 말의 번식 숫자에 맞춰 자연스럽게 이뤄졌을 것이다. 하지만 명의 말 반출은 그들의 정치적 목적에 따라 무리하게 진행되었기에 특별히 기록에 남았을 것이라는 생각이다. 원·명 교체기에서의 명은 그동안 원의 영향력 아래 있던 고려를 확실하게 장악하기 위해 갖은 압박을 해왔다.

명나라 태조 주원장은 고려에 "이제 우리도 여기서 포필(布匹), 비단·주단(綢緞) 등의 물건을 가지고 거기 탐라 지방으로 가서 마필을 구매하려 함에[10]"라며 구매 의사를 보였고, 몇 달 뒤에는 "내가 말 5,000필을 사겠는데[11]"라고 하여 구체적인 마필 숫자를 밝혔다. 그리고는 곧바로 우왕 12년 12월에 고가노(高家奴)와 서질(徐質)을 파견하여 3,000필의 말을 구매하고 말 1필당 대면포 8필, 단자 2필씩을 지불했다.[12] 그리고는 다시 5,000필을 구매해갔다.[13] 공양왕 때에는 말 1만 필의 교역을 요구했다.[14]

에 없었다. 이 때문에 원 지배 시기 제주의 목마 상황이 안정되어 있었을 당시에는 2~3만 마리의 말이 항상 사육되고 있었음은 충분히 짐작할 수 있겠다.

10) 『고려사』권136, 열전, 우왕 12년(1386년) 7월, "也拿些箇布匹絹子段子等物 往那 耽羅地面 買馬呵".

11) 『고려사』권136, 열전, 우왕 12년(1386년) 11월, "我要和買馬五千匹".

12) 『고려사』권136, 열전, 우왕 12년(1386년) 12월.

13) 『고려사』권136, 열전, 우왕 13년(1387년) 5월·6월.

이에 이성계는 말 1만 필을 보냈고 그중 통과된 9,880필의 말 값을 받았다.[15]

명나라에 말을 보내기 시작한 고려 공민왕 21년(1372년)부터 조선 문종 즉위년(1451년)까지 79년 동안 명에 보낸 말이 약 10만 필에 달했는데, 그중 6만~7만 필을 제주에서 담당했다(남도영, 2003: 142). 범위를 줄여 고려 우왕 13년(1387년)부터 조선 세종 32년(1450년)까지 63년 동안만 보면 7만 3,945필의 말이 교역되었다(김순자, 1999: 126~143). 그중 고려 말(末), 교역량은 1만 7,920필, 조선 초 교역량은 5만 6,025필로서, 적지 않은 말이 외부로 반출되고 있음을 보게 된다(김순자, 1999: 126~143).

물론 명과의 교역은 강요에 의한 것이었고 정치적인 것이었다(김순자, 2007: 272). 그런 만큼 고려, 조선의 부담이 컸고 난관을 겪어야만 했다. 하지만 이를 달리 해석할 수도 있다. 강요 여부를 떠나 말에 대한 국제적 수요가 그만큼 많았고, 교역량 또한 적지 않았음을 보여주는 데이터라고 할 수 있다. 이런 상황을 원 지배기의 제주 목장에 비춰 본다면 단순히 부담만은 아니었을 것이다. 명과는 달리 수요와 공급의 균형이 비교적 자연스러웠을 원 지배기의 제주 목장은 상당한 양의 말교역을 통해 경제적 번영을 누렸을 것으로 짐작된다.

한편 원나라가 가져온 제주의 목마 경제는 제주사회의 경제력과 인구 규모를 이전과 다르게 성장시켜 놓았다. 그 직접적 반영이 행정구역의 분화 확대이다(김일우, 2000: 334). 충렬왕 26년(1300년)에 이르러 제주의 행정 단위는 제주목을 중심에 놓고 동·서 방향의 15개 현으로 분화, 확대 개편되었다. 경제 성장과 인구 증가를 반영한 개편으로 보인다.

---

14) 『고려사』 권46, 세가, 공양왕 3년(1391년) 4월.
15) 『태조실록』 권3, 태조 2년(1393년) 6월 6일 庚辰.

인구 증가는 비약적인 수준이었다. 그만큼 원나라 목마 경제가 가져온 경제적 부 창출이 상당했다는 이야기이다. 당시 원나라는 세계 제국이었기에 이에 편승한 제주의 목마 경제 역시 덩달아 성장하는 것은 당연했다. 로컬(local) 경제에서 글로벌(global) 경제로 변하면서 나타난 현상이라 하겠다. 그 부를 키우기 위해서, 그리고 그 부를 따라 원나라 사람들이 많이 제주로 유입되었다. 그리고 그들은 점차 제주인에 동화·흡수되어갔다. 그리하여 공민왕 23년(1374년)경에는 100년 전에 비해 인구가 최소 3배 이상으로 증가했다.[16)]

이처럼 고려 후기 말교역 경제구조로의 변화는 제주에 상당한 정도의 부와 인구 증가를 가져올 수밖에 없었다.

2. 말을 둘러싼 원, 명, 고려, 탐라의 복합적 갈등

경제적 부가 몰리는 곳에 정치권력이 작동하는 것은 당연한 이치이다. 고려 말 제주의 목마 경제가 번영을 구가하고 있을 때, 동북아시아의 정치 정세는 격변하고 있었다. 1368년 원제국은 한족(漢族)이 세운 명에 패배한 뒤 몽골 본토로 쫓겨 갔다. 이로써 사실상 원의 중국 지배는 끝이 났으며, 고려 역시 원의 영향력에서 벗어나기 시작했다. 그러나 원을 대신하여 고려를 압박한 것은 신흥 강국 명이었다.

공민왕 23년(1374년) 명의 사신이 "앞서 원이 말 2~3만 필을 탐라에 남겨두어 방목했으니, 번식이 많이 되었을 것이다. …… 고려왕으로 하여금

---

16) 이때의 인구를 김일우, 같은 책, 277쪽에서는 3만 명으로 추산했다. 그러나 이 책은 5만 명 이상으로 추정한다. 이에 대해서는 뒤에 제4장 3절에서 다시 언급한다.

좋은 말 2,000필을 가려 뽑아 보내오게 하라"[17]라는 황제의 명령을 고려에 전했다. 새롭게 동북아의 패권자로 등장한 명이 제주 땅에 형성된 경제적 부에 적극적인 관심을 보였던 것이다.

그리하여 고려의 관리 한방언(韓邦彦)이 말을 취하기 위해 제주로 갔다. 그러나 제주의 목호들은 자신의 세조 황제가 풀어 놓아기른 말을 명에 바칠 수 없다며 단지 300필만을 내주었다. 이에 명의 사신은 공민왕을 강하게 압박했고 공민왕은 어쩔 수 없이 제주의 목호 세력 평정을 결정하게 되었다. 이것이 널리 알려진 소위 '목호의 난(牧胡—亂)' 사건이다. 고려 정부군은 제주의 목호를 토벌하고 명이 전에 요구했던 2,000필에서의 부족분 1,700필의 제주 말을 거두어갔다.

우리는 여기서 '목호의 난'의 시작과 끝이 말임을 보게 된다. 말이라는 경제력을 둘러싼 정치 세력 간의 다툼인 것이다. 어쨌거나 이 사건으로 제주의 경제구조는 많은 변화를 예고하게 되었다. 세계 제국 원과 목호의 쇠퇴는 제주의 말교역 경제 범위를 축소시킬 가능성이 컸다. 글로벌 경제에서 다시 로컬 경제로의 퇴행인 셈이다. 게다가 새로운 권력이 그전까지의 활발하던 말교역을 통제할 경우, 제주의 경제기반은 뿌리부터 흔들릴 가능성이 커졌다.

새로운 권력 고려 정부는 목호의 난 진압 직후 곧바로 제주 말 경제를 장악하려 시도했다. 하지만 이것은 제주민의 반발을 불러일으켰다. 제주 경제의 주도권을 넘겨줄 수 없었던 제주민의 저항이었던 셈이다. 목호의 난 진압 직후 일어난 소위 '차현유의 난'[18]이 이를 잘 보여준다.

---

17) 『고려사』권44, 세가, 공민왕 23년(1374년) 4월 戊申.

18) '차현유의 난' 발생 시점을 『고려사』 기록에 따라 목호의 난 1년 뒤인 우왕 원년(1375년) 11월로 생각하나, 이와는 다른 견해도 있다. 목호의 난 평정 뒤 13일 지난

제주인 차현유(車玄有) 등이 관아를 불태우고 안무사 임완(林完), 목사 박윤청(朴允靑), 마축사(馬畜使) 김계생(金桂生) 등을 살해하여 반란을 일으켰다.[19]

여기서 주목할 점은 반란 측이 살해한 고려 관리 중에 마축사가 있다는 점이다. 이는 이 싸움도 결국 말을 둘러싼 갈등에서 비롯된 것이었음을 짐작케 한다. 그리고 난을 주도한 차현유라는 인물에 대해서도 주목할 필요가 있다. 차현유의 '차(車)'씨 성은 13세기 전반부터 제주에 들어와 거주했던 내성(來姓)[20]으로서 이미 유력한 토착세력으로 자리 잡은 집안의 성씨이기도 했다.[21] 즉, 차현유는 몽골의 목호 세력도 아니며 단순한 도적 혹은 반란 세력도 아니었다는 말이다.

물론 차현유의 반란은 그보다 더 강한 토호 세력이던 주인(州人) 문신보(文臣輔), 성주(星主) 고실개(高實開), 진무(鎭撫) 임언(林彦), 천호(千戶) 고덕우(高德羽) 등에 의해 진압되고 말았다.[22] 토호 세력 내부에서도 이미 고려 정부와 결탁해 현실적 이익을 취한 집단이 있었던 것이다. 반면 거

1374년 10월 6일부터 시작되었다는 주장이다. 자세한 내용은 고창석, 1986: 51 참조.

19) 『고려사』권133, 열전, 우왕 원년(1375년) 11월조.

20) 내성은 고려시대 어느 때인가 이주하여 고려 후기 '고서(古籍)'에서 이미 유력한 토착 세력으로 파악되는 성씨이다(강은경, 1998: 59; 이수건, 1984: 97~101 참조).

21) 16세기 전반 편찬된 『신증동국여지승람(新增東國輿地勝覽)』 제주목 성씨조에는 '차'씨 성이 제주의 내성 중 하나로 나온다. 『신증동국여지승람』 제주목 성씨조에 실린 성씨들은 제주의 모든 성씨를 망라한 것이 아니라 제주의 지배집단 성씨만을 소개한 것이다(김창현, 2010: 217 참조). 따라서 차현유의 차씨 집안도 당시 제주의 유력 세력임을 알 수 있다.

22) 『고려사』권133, 열전, 우왕 원년(1375년) 11월조.

기서 소외되어 말 경제권 박탈의 위기에 처했던 차씨 등의 토호들은 이에 저항했던 것으로 보인다.[23]

제주의 유력한 토착 세력이 고려 정부에 대해 반기를 들었던 것은 그만큼 절박했던 사정이 있었기 때문이다. 제주지역에서 그들이 누리던 부의 토대가 무너질 상황이 닥쳐왔다는 의미이다. 제주 경제구조의 대대적인 재편, 이것은 그동안 대원제국의 경제 권역을 바탕으로 이뤄졌던 말(馬) 자유교역이 차단되었음을 뜻한다. 대신에 제주민 앞에 새롭게 놓인 경제 상황은 고려 정부의 말 유통 통제에 따른 말 관리권 상실, 교역의 축소로 짐작된다.

목호의 난 직후에 일어난 차현유의 난은 즉각적이었고 강렬한 것이었으나 점차 시간이 지나면서 저항은 축소되고 순치되고 있었다. 고려 정부 역시 강경책만을 사용하지는 않았다. 제주지역의 끊이지 않는 불복종에 온건책으로 접근하기도 했다. 친고려적[24]인 토호 세력을 회유했던 것이다.

───────

23) 『성주고씨가전(星主高氏家傳)』에는 이때 차현유가 난을 일으키자 부천호(副千戶) 고신걸(高臣傑)이 왕자 문충걸(文忠傑)과 의논해 나라에 토평하기를 요청하니, 차현유 당이 고·문 두 가(家)를 3일 동안 포위하고 6축(畜)을 모조리 죽였는데, 고·문 두 가 세력이 가까스로 벗어나 그들을 토벌했다고 되어 있다. 이것은 중앙정부와의 결탁 과정에서 벌어진 제주지역 토호 세력 간의 갈등도 차현유의 난에 녹아 있음을 보여준다. 고신걸의 손자 고득종(高得宗)은 훗날 조선 세종 때 차현유를 '마적(馬賊)'으로 라벨링(Labelling)하며 역사 속에서 배제해나간다『세종실록』16년(1434년) 8월 28일 참조]. 차현유 사건과 낙인 이론(Labelling Theory)에 대해서는 제3장 제4절에서 다시 자세히 다룬다.

24) 차현유의 난을 진압하고 이후 고려 조정에 적극 결탁한 탐라의 성주(星主) 고씨 가도 한때는 몽골의 목호 세력에 가담하여 반(反)고려적 입장을 취하기도 했었다. 『고려사절요』권27, 공민왕 11년(1362년) 8월조에는 목호 고독불화(古禿不花), 석질리 필사(石迭里必思) 등이 성주 고복수(高福壽)를 앞세워 고려에 대해 반란을 일으켜 만호 박도손(朴道孫)을 죽였다는 기사가 나온다. 이처럼 한때 반고려적이던 토호

전의부정(典醫副正) 이행(李行)과 대호군(大護軍) 진여의(陳汝義)를 탐라에 보내었다. 조정이 탐라마(耽羅馬)를 취하려 하였으나, 이 섬이 여러 차례 반(叛)하므로 하는 수 없이 이행(李行) 등을 보내어 자제(子弟)를 초유(招誘)한 것이다. 이듬해(우왕 13년, 1387년) 4월이 되어 이행 등이 드디어 성주 고신걸(高臣傑)의 아들 고봉례(高鳳禮)를 데리고 돌아오니, 탐라의 귀순이 이에서 비롯되었다.[25]

차현유의 난이 진압된 뒤 10년이 지나도록 고려 정부는 제주의 말(馬) 경제를 완전히 장악하지는 못했던 모양이다. 위 기사는 고려 정부가 제주의 말을 취하려 했으나 제주지역 말 관련 유력자들이 여러 차례 저항하며 반(叛)했음을 말하고 있다.

이에 고려 정부가 쓴 방책은 토호 회유책이었다. 제주지역 친고려적 토호인 성주 고신걸 집안을 고려 정부의 지배 체제 안으로 흡수했다. 그 첫 조치가 성주 고신걸의 아들 고봉례를 고려 정부로 불러올려 그에게 관직을 내렸던 것이다. 이렇게 하여 제주지역의 토호 세력은 말 경제권을 고려 정부에 넘기고 대신 고려 정부로부터 관직을 하사받기에 이르렀다. 이는 제주 경제의 근간을 뒤흔들 수 있는 위험한 방책일 수도 있었으나, 힘의 열세 속에 있는 제주 토호의 입장에서는 중앙정부의 비호를 받으며 지역 내에서의 기득권을 보장받는 최선의 선택이었을 수도 있다.

고려 정부로 들어간 고봉례의 직함도 살펴볼 필요가 있다. 그의 관직은 처음엔 군기소윤(軍器少尹)이었다. 그러다가 이내 제주축마겸 제주안무별

고씨 집안이 정세의 변화에 따라 중앙정부와 결탁하며 친고려, 친조선적 토호로 변화했음을 볼 수 있다.

25) 『고려사』권136, 열전, 우왕 12년(1386년) 7월조.

감(濟州畜馬兼濟州安撫別監)으로 승진되었다.[26] 이 역시 제주 말 관리와 관련된 직책으로 중앙정부의 의도가 드러나는 대목이다.

여기서 또 하나 주목할 점은 고봉례의 승진 시점이다. 그가 승진한 창왕 즉위년(1388년) 9월은 이미 이성계가 같은 해 5월에 위화도에서 회군하여 우왕을 폐하고 사실상 권력을 장악했던 시기이다. 이것은 다음에 들어서는 조선 정부도 제주의 목마 경제에 지대한 관심을 두게 된다는 것을 암시한다.

3. 조선 정부의 제주 장악

1) 조선 정부의 제주 정치 장악

조선은 고려와는 달리 중앙집권적 국가였다. 종래 향읍의 실질적인 지배자 위치에 있던 향리를 점차 지방관서의 행정 사역인으로 격하시킴으로써 중앙집권적 양반 지배 체제를 강화했다(이수건, 2003: 125). 제주도에서도 상황은 유사했다. 조선 정부는 건국 직후부터 제주도까지도 완전히 장악하여 중앙집권체제를 다지려고 했다.

그러나 제주지역의 상황은 조금 달랐다. 제주도는 조선 초기만 해도 여전히 성주·왕자[27] 등의 토호 세력이 관직 이름을 바꿔가며 잔존했던 토관제(土官制) 적용 지역이었다. 즉 초기까지만 해도 제주도의 토착 지배층을 중앙정부가 완전히 장악하지는 못했다는 의미이다. 이들은 중앙 정치

---

26) 『고려사』 권137, 열전, 창왕 즉위년(1388년) 9월조.
27) 성주·왕자에 대해서는 다음의 글을 참고할 수 있다(문경현, 2010; 김창현, 2010).

권력에 상당한 정도로 포섭되면서도 여전히 제주도 민중에게 독자적 영향력을 크게 행사하고 있었다(조성윤, 1992: 55).

하지만 제주도 역시 중앙집권화의 경향은 피할 수 없었다. 조선 정부는 제주지방의 토호 세력을 억압과 회유로 누르면서 중앙 지배를 확대해갔다. 먼저 취한 조치는 유교적 교화였다. 태조는 건국 직후 그의 즉위교서에서 이미 외방 향교의 설치를 강조했고[28] 즉위한 해(1392년)에 제주에 학교부터 세웠다.[29] 이것은 지방 향교로서는 가장 일찍 설립된 예였다(양진건, 2001: 76). 그리고 곧바로 태조 3년(1394년)에는 학교에 교수관(敎授官)을 두고 10세 이상의 토관 자제들을 교육시키기 시작했다.

> 도평의사사에서 상언(上言)하였다. "제주에는 일찍이 학교를 설치하지 아니하고, 그 자제들이 나라에 들어와 벼슬하지 아니한 까닭으로, 글자를 알지 못하고 법제(法制)도 알지 못하여, 각소(各所)의 천호(千戶)들이 대개가 모두 어리석고 방사(放肆)하여 폐해를 끼치오니, 원하옵건대, 지금부터는 교수관을 두고 토관(土官)의 자제 10세 이상을 모두 입학(入學)시켜, 그 재간을 양성하여 국가의 시험에 응시하게 하고, 또 서울에 와서 시위(侍衛)하고 종사(從仕)하는 사람은 천호(千戶)·백호(百戶)가 되게 하여 차부(箚付)를 주게 하소서." 임금이 그대로 따랐다.[30]

---

28) 『태조실록』권1, 태조 1년 7월 28일 丁未.

29) 『신증동국여지승람』권38, 제주목 학교안(學校案), "在城中 金處禮碑 我太祖元年壬申學校成".

30) 『태조실록』권5, 태조 3년(1394년) 3월 27일 丙寅, "都評議使司上言: 濟州未嘗置學校, 其子弟不入仕於國, 故不識字不知法制, 各所千戶, 率皆愚肆作弊. 乞自今置教授官, 土官子弟十歲以上, 皆令入學, 養成其材, 許赴國試, 又以赴京侍衛從仕者, 許爲千戶百戶, 以給箚付. 上從之".

위 기사는 『조선왕조실록』에서 제주도 관련으로는 사실상 첫 기록이다. 그 첫 기록의 내용이 교수관 설치이다. 학교의 설립과 함께 이뤄진 이러한 조치는 근본적으로 선초(鮮初)의 대(對)제주도 정책과 관련한 일종의 회유책이다. 또한 동시에 제주도를 교화가 가장 시급한 지역으로 인식한 중앙의 입장이 개진된 결과이다(양진건, 2001: 76).

유교적 교화로 지방의 정신세계부터 장악하겠다는 의도가 보인다. 물리적 강제 이전에 타협과 동의를 확보하여 지적이고 도덕적인 지도력을 확보하겠다는 의도이다. 안토니오 그람시(1987)의 헤게모니 장악에서 볼 수 있는 방법이다. 헤게모니, 즉 동의에 의한 지적이고 도덕적인 지도력을 확보하기 위해서는 종속계급에 대한 교육이 무엇보다 중요하다(Martinelli, 1968). 조선 정부가 제주를 장악하기 위해 시행했던 첫 조치가 학교 설립과 교수관 설치였던 것은 우연이 아니다. 토관의 자제들을 입학시켜 교육하고 조선 정부의 지배 정당성을 확보하겠다는 의도였다.

거기다가 토관 자제 중에서도 서울에 와서 시위하고 종사한 사람만 토관의 말단직인 천호·백호직을 받을 수 있게 했다. 중앙정부에 불러올려 교화시킨 뒤에라야 제주지방에 돌아와서 토호가 될 수 있게 했던 것이다. 중앙정부 시스템에 의한 체제내화 작업의 일환이다.

물론 토관의 자제 이전에 토관의 존재 자체가 지방 유력층에 대한 포섭책이기도 했다(이재룡, 1966: 126). 제주지역의 토관은 이미 고려시대에 만들어진 것으로 보인다.[31] 중앙권력이 지방의 원활한 통치를 위해 그 지방 유력층에게 일정한 지위와 특권을 보장해주면서 유기적 협조를 이끌

---

31) 토관 설치 시점을 이재룡은 위의 글에서 탐라총관부의 환속 이후로 추정하고 있으며, 김동전은 제주가 원의 지배에서 고려로 환속된 충렬왕 20년(1294년) 이후 목사를 파견하기 시작할 때부터라고 추정하고 있다(김동전, 1991: 13).

어내던 장치이다. 그랬기 때문에 토관의 권력도 작지만은 않았다. 그리하여 때로는 중앙에서 파견된 지방관과 갈등을 빚기도 했다. 다음의 사료들은 이를 잘 보여준다.

조선 초 정이오(鄭以吾)는 제주에 부임하는 박덕공(朴德恭)에게, '제주의 풍속이 야만적이고 거리가 멀 뿐만 아니라 성주와 왕자 및 토호의 강자가 평민을 다투어 차지하고 사역을 시키어 그것을 인록(人祿)이라 하면서 민을 마음대로 학대하여 욕심을 채우니 다스리기가 어렵다 한다'라고 충고했다.32)

신이 제주에 도임했을 때 고소하는 자가 구름 몰리듯 하였는데, 모두 토호들이 불법적으로 양민을 점유하는 일들이었습니다. 물으면 모두 말하기를, '이 지방이 멀리 바다 밖에 있어서 수령의 기강이 해이하고, 토호들이 방자한 행동으로 제 마음대로 양민을 점유하여 봉족(奉足)이라 일컫고는 부리기를 노예와 같이 하므로, 양민의 아들로서 나이가 겨우 8, 9세만 되면 벌써 점유를 당하여 아비로서 자식이라 할 수가 없게 되고, 비록 관청에 호소한들 권세 있는 부호의 농간대로 안 되는 일이 없으니, 원통하고 억울함을 어떻게 해야 풀 수가 있겠습니까'.33)

─────

32) 『신증동국여지승람』권38, 제주목 풍속(風俗).
33) 『세종실록』권36, 세종 9년(1427년) 6월 10일 丁卯, "臣到濟州, 告訴者如雲, 皆土豪影占良民事也. 問之則皆曰: 此地邈在海外, 守令紀綱陵夷, 土豪恣行, 自占良民, 稱爲奉足, 使之如奴隸, 故良民之子, 年才八九, 已爲所占, 而父不得爲之子, 雖訴於官, 未有不爲權豪所弄, 冤抑何由得伸".

이에 중앙권력은 끊임없이 토관의 힘을 약화시키려 했다. 조선 건국 이후 중앙정부는 이 같은 시책을 꾸준히 진행했다. 그 첫 조치가 앞서 보았던 학교 설치와 교수관 파견이었다.

그다음 취했던 조치는 태조 6년(1397년) 원의 직제였던 만호(萬戶)를 혁파하고 '목사(牧使) 겸 첨절제사(僉節制使)'를 뒀던 일이다.[34] 원 지배기의 분위기를 일소하고 새로운 정부의 새로운 직제 아래 지방 장악을 꾀했던 조치이다. 그리고 3년 뒤인 정종 2년(1400년)에 판관으로 하여금 교수관을 겸하게 했다.[35] 유교적 교화를 통한 지방 장악에 더욱 힘을 쓰는 모습이다.

이와 같은 조치 속에 보이지 않는 압박이 계속 작용했던 것으로 보인다. 다시 2년 뒤인 태종 2년(1402년) 제주 토호의 최고 권력자인 성주 고봉례와 왕자 문충세(文忠世)가 '성주·왕자의 호칭이 분수에 넘치는 것 같다'라고 하며 고치기를 청했다. 이에 성주를 도주관 좌도지관(都州官左都知管)으로 삼고, 왕자를 도주관 우도지관(都州官右都知管)으로 삼았다.[36] 헤게모니적 지배가 관철된 것이었는지, 성주·왕자가 스스로의 호칭이 분수에 넘치는 것이라 하며 중앙정부에 호칭 변경을 요청했다. 물론 이것은 명분보다 실리를 취한 지방 토호 세력의 유연한 대응일 수도 있다. 하지만 형식의 변화 속에서도 제주 토호의 세력 약화는 조금씩 진행되었다.

조선 중앙정부는 여기서 그치지 않았다. 행정구역의 대대적 개편을 통해 다시금 지방 장악을 시도했다. 성주·왕자 칭호가 사라지고 나서 14년 뒤인 태종 16년(1416년)의 일이다.

---

34) 이원진, 『탐라지(耽羅志)』제주(濟州), 건치연혁(建置沿革) 조(條).

35) 같은 책.

36) 같은 책.

제주도 안무사(濟州都安撫使) 오식(吳湜)과 전 판관(判官) 장합(張合) 등
이 그 땅의 사의(事宜)를 올렸다. 계문(啓聞)은 이러하였다. "제주에 군
(郡)을 설치하던 초기에 한라산(漢拏山)의 4면(四面)이 모두 17현(縣)이
었습니다. …… 원컨대, 이제부터 본읍에는 동도(東道)의 신촌현(新村
縣) · 함덕현(咸德縣) · 김녕현(金寧縣)과 서도(西道)의 귀일현(貴日縣) · 고
내현(高內縣) · 애월현(厓月縣) · 곽지현(郭支縣) · 귀덕현(歸德縣) · 명월
현(明月縣)을 소속시키고, 동도(東道)의 현감(縣監)은 정의현(旌義縣)으
로서 본읍을 삼아 토산현(兎山縣) · 호아현(狐兒縣) · 홍로현(洪爐縣) 등 3
현(三縣)을 소속시키고, 서도(西道)의 현감(縣監)은 대정현(大靜縣)으로
서 본을 삼아 예래현(猊來縣) · 차귀현(遮歸縣) 등 2현(縣)을 소속시키되
…… ." 임금이 그대로 따랐다.[37]

원이 지배하던 고려시대 이후 제주지방은 동 · 서도현 체제로 유지되어
왔다. 이것을 이때 대대적인 행정구역 개편으로 정리했던 것이다. 그리하
여 종래 17개 현을 모두 폐합하고 제주목과 정의현, 대정현으로 나눈 1목
(牧) 2현(縣)의 3읍(邑) 체제를 형성했다. 이 개편에 따라 제주목에는 정3품
당상관(當上官) 목사가, 그리고 대정현과 정의현에는 종6품 현감이 파견
되었다. 이들은 각기 수령으로서 독립적인 권력을 가지고 전라도 관찰사
의 지시를 받아야 했으나, 바다 건너에 있는 특수지역이라는 이유로 인해

---

37) 『태종실록』권31, 태종 16년(1416년) 5월 6일 丙申, "濟州都安撫使吳湜, 前判官張合
等上其土事宜. 啓曰: 濟州置郡之初, 漢拏山四面凡十七縣 …… 願自今本邑則屬以
東道新村縣 · 咸德縣 · 金寧縣 · 西道貴日縣 · 高內縣 · 厓月縣 · 郭支縣 · 歸德縣 · 明月
縣. 東道縣監以旌義縣爲本邑, 屬以兎山縣 · 狐兒縣 · 洪爐縣等三縣; 西道縣監以大
靜縣爲本邑, 屬以猊來縣, 遮歸縣等二縣 ……. 從之".

제주 목사가 정의현감과 대정현감을 감독하는 특별한 편성을 이루게 되었다. 그에 따라 역할이 커진 제주 목사의 경우 그 격을 높여 정3품에서도 당상관인 통정대부(通政大夫) 이상이 파견되는 게 관행이 되고 있었다(김 동전, 1991: 49). 이것은 그만큼 수령의 권한이 강해졌다는 의미가 된다.

이렇게 군현제 정비를 통해 중앙정부는 강화된 수령의 권한으로 지방 행정을 장악해나갔다. 이러한 현상은 특히 세종 때에 두드러졌다. 세종은 여러 차례에 걸쳐 제주 토관의 영향력을 조금씩 약화시켜 나갔다.

제주의 지형이 동서로 120여 리요, 남북으로 60여 리인데, 정의(旌義)와 대정(大靜)이 동과 서의 두 모퉁이에 있고, 목사가 중앙에 있으니, 비록 토관(土官)이 없더라도 다스리기 어려울 것이 없는데, 따로 도진무(都鎭 撫)와 동서도사(東西都司)와 좌·우 도주관(左右都州官)을 설치하여 모두 관인(官印)을 받아가지고 수령과 대등이 되게 하고, 또 둑소(纛所) 10 을 두어서 각처에 있는 토관의 인원수가 70여 인에 달하는데, 각기 아전 과 군졸을 거느리고서 권리를 펴고 세력을 빙자하여, 혹은 수령에게 아 부하고 혹은 민생을 긁어먹는데, 관은 많고 백성은 적어서 폐만 있고 이 익됨은 없습니다. 그런데 좌·우 도주관만은 혹 성주·왕자라 일컫는 예 로부터의 풍습이 있으니, 종전대로 두어도 좋겠으나, 나머지는 다 혁파 하고 다른 고을의 예에 따라 각기 사는 고을에 분속시키고 모두 관인(官 印)을 회수할 것이며, 도진무는 안무사가 적당하게 골라 정하되, 진무 (鎭撫)의 수를 감하여 많아야 5, 6인에 불과하게 하여, 토호들의 백성을 침해하는 폐단을 억제할 것. …… 그대로 따랐다.[38]

---

38) 『세종실록』 권36, 세종 9년(1427년) 6월 10일 丁卯, "濟州之地, 東西百二十餘里, 南 北六十餘里. 旌義, 大靜, 居東西二隅, 牧官在其中, 雖無土官, 豈難治哉 而別置都鎭

위 기사를 보면 세종 9년(1427년)에 와서 토관을 대폭 정리함을 알 수 있다. 그동안 토관은 관인을 가지고 수령과 대등하게 활동했으며 각기 아전과 군졸을 거느릴 정도였다. 그런데 이때에 와서 도주관만 빼고 혁파하며 도진무는 안무사가 정하되 5~6명으로 줄였던 것이다.

그리고 2년 뒤인 세종 11년(1429년)에는 토관에게 지급되던 봉족의 수를 급격히 줄였다.[39] 39명의 봉족을 받던 도지관은 이때 10명만을 받게 되었고, 동·서사수와 도진무는 과거 30명의 봉족을 받다가 8명만 받게 되었다. 도천호는 24명에서 8명으로 줄여 받았고, 상진무는 21명에서 6명으로 줄여 받았다. 그 감소 비율을 보면 대략 과거의 1/4의 봉족만을 받게 된 셈이었다. 그만큼 토관의 영향력은 줄어들고 중앙권력은 강해졌음을 보게 된다.

가장 결정적인 조치는 성주·왕자의 유습이라고 해서 남겼던 도주관 좌·우도지관의 혁파였다. 세종 27년(1445년) 중앙정부는 도주관 좌·우도 지관을 혁파하고 그 관인을 회수해버렸다.

> 의정부에서 병조의 정문에 의거하여 아뢰기를, "제주는 비록 해외(海外)에 있으나 이미 군현(郡縣)을 삼았고, 목사가 그 고을 안을 지키니, 모든 일을 마땅히 다른 예에 의하여 경재소(京在所)에서 오로지 맡아 규리(糾理)할 것이온데, 그 주(州)의 족성(族姓)이 좌·우도지관이라 일컫고 인

撫, 東西都司, 左右都州官, 皆受印信, 與守令竝立. 又置十蘈所, 各處土官之額, 至於七十餘人, 各率衙前吏卒, 席權藉勢, 或附守令, 或剝民生, 官多民小, 有弊無益. 然左右都州官, 則或稱星主王子之遺風, 仍舊猶可也, 餘皆革除, 依他郡例, 分隷所居各官, 竝收印信. 都鎭撫, 則按撫使隨宜擇定, 減鎭撫之數, 多不過五六人, 以抑豪悍侵民之弊. …… 從之".

39) 『세종실록』 권45, 세종 11년(1429년) 7월 28일 壬申.

신(印信)을 만들어서 양민(良民)을 사역하는 데 이르오니, 예(例)에 어긋남이 있을 뿐만 아니라, 백성들이 실로 폐를 받으니, 청하건대, 도지관을 혁파하고 그 인신을 거두어 그 봉족(奉足)을 반으로 줄이고, 고을 안의 모든 일도 다른 예에 의하여, 경재소에서 천호·백호 등의 직무를 고찰(考察)하여 연변(沿邊) 각 고을의 통례(通例)는 예전대로 두옵되, 봉족은 역시 반으로 줄이며, 궐원(闕員)을 보충하지 말게 하소서" 하니, 그대로 따랐다.[40]

　당시 제주사회의 최고 토관은 성주·왕자의 직을 이어온 좌·우도지관이었다. 그런데 세종 27년(1445년)에 와서 그 자리마저 혁파해버렸던 것이다. 이로써 조선 중앙정부의 제주지방 장악은 사실상 완전히 마무리되었던 것으로 보인다.[41]

---

40) 『세종실록』권108, 세종 27년(1445년) 6월 19일 辛酉, "議政府據兵曹呈啓: 濟州雖在海外, 然已爲郡縣治牧守, 其鄕中諸事, 固當依他例, 京在所專掌糾理, 而其州族姓稱爲左右都知管, 至造印信, 役使良民, 非徒有違於例, 民實受弊 請革都知管, 收其印信, 減其奉足之半, 鄕中諸事, 依他例京在所考察 千戸百戸等職, 沿邊各官通例, 請仍其舊 奉足亦減其半, 有闕勿補 從之".

41) 김동전은 같은 글에서 17세기에 이르러서야 중앙권력이 완전히 제주를 장악했고 그 전까지는 오히려 토관의 권력이 지방관보다 우세했다고 주장했다. 중·하층부의 토관이 남아 있다는 점을 근거로 삼았다. 그러나 토관 세력이 남아 있다고 하더라도 지방관 권력보다 우세했다는 것은 과장으로 보인다. 아무리 독자성이 강했던 제주지역이라고 하더라도 조선 중기까지 중앙권력의 힘이 토호보다 미약하게 미쳤다는 것은 납득하기 어렵다. 앞의 사료에서도 토호들이 지방관에게 '아부'한다는 내용이 나온다. 이는 토호 세력이 지방관의 묵인 방조 속에 지방민에 대한 착취가 이어졌음을 뜻하는 것이지, 지방관보다 우월하거나 대등한 권력을 지녔다는 것은 아니다. 그러기에 17세기 이전까지 토호 세력이 중앙에서 파견한 지방관보다 권력이 강했다는 주장은 설득력이 떨어진다.

세종 대의 제주지방 완전 장악은 이 시기부터 서서히 발생하고 있던 제주민의 출륙유랑과 대규모 우마적 사건과도 무관하지 않아 보인다. 중앙권력의 강압이 제주민의 처지를 악화시켰고 이것이 출륙유랑과 우마적 사건을 낳았을 가능성이 크다. 이에 대해서는 제3장 3, 4, 5절에서 다시 살핀다.

2) 조선 정부의 제주 경제 장악

정치와 경제는 밀접히 연결되어 있다. 조선 건국 후 중앙정부가 제주도를 정치적으로 장악하려고 했던 궁극적 목적도 어쩌면 경제력 장악에 있었는지도 모른다. 그런데 제주지역은 경제 면에서 한반도의 여타 지역과 상황이 많이 달랐다. 특히 토지생산력이 극도로 미약했다.

반면 조선왕조의 물적 토대는 토지와 농민이었다. 그리고 그 토지제도의 근간이 된 것은 고려 말에 마련된 과전법이었다.[42] 여기서 양전(量田)은 새로운 토지제도를 시행하기 위한 전제가 된다. 그런 만큼 양전은 중앙집권의 지표였다. 하지만 고려 말 과전법 시행의 바탕이 된 기사양전(己巳量田) 때에 전국의 모든 토지를 측량할 수 있었던 것은 아니다. 북방의 동·서계 지방과 서·남쪽 연해지역은 이때 양전에서 제외가 되었다(김태영, 2003). 기록에 등장하지 않은 것으로 미루어 제주지역 역시 기사양전에서는 빠졌던 것 같다.

이에 조선 건국 이후 태종 5년(1405년)에는 다시 남부 6도를 양전했고, 태종 13년(1413년)에는 동·서계 지역의 토지도 측량했다. 전국적 상황에 맞춰 제주지역도 이때 양전을 실시했다. 명분은 제주지역 역시 왕토(王土)

---

42) 조선 초기 과전법에 대해서는 다음의 책을 참고할 수 있다(김태영, 1983; 이경식, 1986).

임에도 전제(田制)가 서 있지 않은 까닭에 토호의 수탈이 극심하다[43]는 논리였다.

하지만 이때의 양전은 제대로 시행되지 못했던 모양이다. 6년 뒤인 세종 1년(1419년)에 다시 양전 문제가 거론되었다. "토지가 척박하고 백성은 조밀하여, 농사와 누에치기를 힘쓰지 않고, 수륙(水陸)의 소산으로써 장사하여 생계로 삼고 있으므로, 밭의 조세를 받을 것이 없다"[44]라며 반대 의견이 강하게 개진되었음에도, 전라도 관찰사는 "제주는 옛적에 탐라국(耽羅國)이라 일컬어, 신라국과 함께 건국하였으니, 어찌 세납 받는 법이 없이 능히 나라를 다스렸을 것입니까"[45]라며 양전의 필요성을 주장했다. 논쟁 끝에 결국 그 의견이 받아들여져 양전 결정이 이뤄졌다. 그리고는 같은 해 9월 6일 양전은 시작되었다.[46] 이로써 과전법 성립 28년 만에 전국적으로 동일한 토지제도가 시행되기에 이르렀다.

그러나 중앙정부의 획일적 잣대는 곧바로 문제를 일으켰다. 척박한 제주의 토지가 그것을 감당하지 못했던 것이다. 그래서 7년 뒤인 세종 8년(1426년) "제주의 전조(田租)는 육지의 전지(田地) 예보다 반을 감하여 수납하라"[47]라는 명령이 떨어졌다. 그리고 이 규정은 후에 『경국대전(經國大典)』에도 그대로 적용되어 명문화되었다.[48] 이러한 국가의 특별배려는

---

43) 『태종실록』권26, 태종 13년(1413년) 7월 12일 己丑, "量濟州田 濟州雖海島, 莫非王土, 不立田制, 故土豪妄稱父祖田, 廣占膏腴".

44) 『세종실록』권4, 세종 1년(1419년) 7월 13일 丙辰, "濟州土瘠民稠, 不事農桑, 以水陸所産, 商販爲生, 故不可以收田租".

45) 같은 책.

46) 『세종실록』권5, 세종 1년(1419년) 9월 6일 戊申, "量田于濟州".

47) 『세종실록』권33, 세종 8년(1426년) 7월 8일 己亥, "濟州田租, 於陸地田地例, 減半收之".

제주의 자연조건에서 기인했다. 즉 지표 거의가 돌로 덮여 있어 심경(深耕)과 김매기가 어려웠고 토성(土性)이 찰지지 못해 파종 후에는 우마(牛馬)를 가지고 답전(踏田)을 해야 하는 등 어려움이 있었기 때문이다(권인혁·김동전, 1998: 181).

그러고도 다시 세종 19년(1437년)에 전세를 경감하는 조치가 내려졌다. "제주의 토지는 등급을 나누지 아니하고" 수세한다는 결정이었다. 그 결과 "옛날 10분의 1을 받는 법과 비슷해지며", "조선 개국 초기의 수세하던 수량보다 많이 경감"되었다.[49]

세종 21년(1439년)에도 "제주에는 공법(貢法)을 쓰지 말고 구례(舊例)에 의하여 손실답험(損失踏驗)의 법을 쓰자"는 건의가 올라갔고 결국 그렇게 결정되었다.[50]

그런 과정을 겪다가 마침내 성종 24년(1493년)에는 양전 포기의 조치가 내려진다. 역시 문제는 토질이었다. "본주(本州)는 사석(沙石)에 흙이 쌓여서 토맥(土脈)이 부허(浮虛)하여 매년 풍년과 흉년이 많이 다르므로, 공법을 행할 수 없으니, 양전을 하지 말기를 청합니다"[51]라는 요구를 왕이 수용했던 것이다.[52]

조선 건국과 함께 경제 면에서도 강력한 중앙집권을 기획했던 정부는

---

48) 『경국대전』권2, 호전(戶典), 수세(收稅).

49) 『세종실록』권78, 세종 19년(1437년) 7월 9일 丁酉, "濟州之田, 無分等第 …… 如此則比古者什一之法與國初收稅之數, 蓋又太輕矣".

50) 『세종실록』권86, 세종 21년(1439년)8월 15일 辛卯, "請於濟州勿用貢法, 依舊例用損實踏驗之法 從之".

51) 『성종실록』권283, 성종 24년(1493년) 10월 6일 丁卯, "本州沙石戴土, 土脈浮虛, 每年豐歉頓殊, 不可行貢法, 請勿量田".

52) 『성종실록』권283, 성종 24년(1493년) 10월 6일 丁卯, "勿量田".

결국 제주에서의 전략을 수정할 수밖에 없었다. 더 이상 제주지역에서의
양전은 큰 의미가 없었기 때문이다. 운송비 대비 수확량을 고려한다면 제
주지역의 전세를 서울까지 옮길 이유가 없었다. 지방정부의 경비로 충당
하면 그만이었다. 다시 말해 본도(本島)에의 잉류(仍留)로 그쳤던 것이다.[53]

전세 수취 규정의 마련, 시행, 수정 등의 기사는 주로 세종 대에 집중적
으로 등장한다. 건국 후 제주지역 경제 장악을 위한 정부의 시도가 집중
되었던 시기임을 의미한다. 그러나 결과는 계속적인 후퇴였다. 척박한 제
주의 토질 때문이었다. 어쨌거나 여기서 주목할 점은 세종 연간이라는 점
이다. 정치 면에서도 세종 대에 제주지역이 중앙정부에 완전히 장악됨을
보았다. 경제는 정치와 맞물려 돌아감이 당연하다. 세종 대에 토지 제도
와 관련해서 빈번하게 등장하는 기사 역시 같은 맥락에서 나온 것이었다.

그러나 여러 시행착오 끝에 내린 결론은 사실상 전세의 포기였다. 수취
하지 않았던 것은 아니지만 지방정부의 비용 마련 정도로 끝났을 뿐이다.
그렇게 중앙정부의 제주 전세에 대한 관심은 멀어져 갔다.

다음으로 조·용·조(租·庸·調) 세법의 두 번째 구성 요소인 신역(身役)
도 세종 대에 체계화했다. "도내에 있는 군정(軍丁)들이 군적(軍籍)이 다
없어서, 빙거(憑據)하여 상고하기가 어려우니, 농한기를 이용하여 군적을
작성하도록 청합니다"라고 전라도 병마도절제사가 제주도 안무사의 말
에 의거하여 보고하니 그렇게 결정이 되었다.[54] 역시 세종 대의 일이다.
이때부터 군역 수탈이 제도화되었다는 의미이다.

하지만 조선 정부가 무엇보다 관심을 보인 분야는 공납(貢納)과 진상(進

---

53) 『만기요람(萬機要覽)』재용편(財用篇) 수세(收稅), "全屬本島 添作元會".
54) 『세종실록』권13, 세종 3년(1421년) 8월 5일 乙未, "羅道兵馬都節制使據濟州都按撫
使呈啓: 道內軍丁 竝無軍籍 難以憑考 請以農隙成軍籍, 從之".

上)이었다. 공납은 조·용·조 세법을 이루는 하나의 구성요소이다. 지방의 특산물을 왕조의 민인(民人)이 납부하는 것이다. 반면 진상은 본래 민인의 세금이 아니었다. 진상은 지방관이 임금에게 바치던 예물일 뿐이었다. 하지만 명칭과 형식에서만 차이가 있었을 뿐, 민인의 입장에서는 큰 차이가 없었다. 진상 역시 지방관이 지방의 민인에게서 징수하여 왕에게 올려 보내는 방식을 취했다. 그러니 사실상 공납과 구별하는 게 민인의 입장에서는 별다른 의미가 없었다.

제주지역의 진상·공물로는 말, 해산물, 귤, 약재가 핵심이었다. 그중에서도 첫째는 말이었다. 『조선왕조실록』에는 조선 건국 직후부터 말 관련 기사가 빈번히 등장한다. 그것은 중앙정부의 주된 관심이 말에 있었음을 보여주는 것이다. 말 관련 기사가 『태조실록』 태조 3년(1394년) 7월부터 나온다. 『조선왕조실록』 제주 관련 기사 중에 세 번째 기사가 그것이다.55) 그만큼 중앙정부의 관심이 말에 집중되어 있었음을 말해준다.

제주인 고봉례 등이 말 100필을 바치니, 쌀 100섬을 하사하였다.56)

고려 말부터 중앙정부와 연계를 했던 고봉례가 나온다. 그는 이미 정세의 변화를 읽었다. 제주 토호의 힘으로 중앙권력과 맞서는 것은 이제 불가했다. 변화된 상황을 인정하고 빠르게 중앙정부와 결탁하는 것이 합리적인 선택이었다. 그래서 먼저 자진하여 말 100필을 바쳤다. 그러자 중앙

---

55) 첫 기사는 교수관 파견, 두 번째 기사는 관리 파견 내용, 세 번째 기사가 바로 말 관련 내용이다.

56) 『태조실록』권6, 태조 3년(1394년) 7월 7일 甲辰, "濟州人高鳳禮等來獻馬百匹, 賜米百斛".

정부는 토호 회유책으로 쌀 100섬을 하사했다. 이것은 서로 간에 정치적 권력관계를 다지는 행위이기도 했지만, 경제적인 교환의 의미도 있었다. 제주는 말을 팔아 생계를 유지해야만 했기 때문에 중앙정부도 말에 대한 대가를 식량으로 지급했다.

물론 그것이 제주민 전체의 경제를 책임지는 조치는 아니었다. 어디까지나 토호 회유책일 뿐이었다. 그래서 중앙정부는 더하여 고봉례에게 관직을 내려줬다.

> 고봉례로 우군 동지총제(右軍同知摠制)를 삼았다.[57]

이렇게 하여 제주지역의 반발을 무마하고 체제내화 시킨 뒤, 제주지역 장악에 자신감이 생긴 조선 정부는 바로 다음 해인 태종 8년(1408년)부터 제주의 말을 체계적으로 통제하고 수탈하기 시작했다. 말의 수취를 공식적으로 제도화했던 것이다.[58]

> 처음으로 제주의 공부(貢賦)를 정하였다. 의정부에서 아뢰기를, "제주
> 가 바다를 격(隔)해 있어 민호(民戶)의 공부를 지금까지 정하지 못하였
> 으니, 대호(大戶)·중호(中戶)·소호(小戶)를 분간(分揀)하여 그 토산(土
> 産)인 마필(馬匹)로 하되, 대호는 대마(大馬) 1필(匹), 중호는 중마(中馬)
> 1필, 소호는 5호(戶)가 아울러 중마 1필을 내게 하여, 암수(雌雄)를 물론

---

57) 『태종실록』권13, 태종 7년(1407년) 5월 8일 辛酉, "高鳳禮右軍同知摠制".
58) 물론 이보다 빠른 시기인 태조 7년(1398년) "해마다 말 100마리와 소 100마리를 바치게 했다"라는 기사가 나오긴 한다. 그리고 또 지역 토호가 말린 말고기 포와 좋은 말들을 바친 경우가 종종 있다. 그러나 제도로써 공부를 정한 것은 이때가 처음이다.

하고 탈 만한 마필을 가려서 공부하게 하고, 기축년 봄부터 모두 육지에 내보내게 하소서".[59]

첫 공부 규정의 내용이 역시 말이다. 토지와 군역에 비해 제도화한 것이 시간적으로도 빠르다. 토지와 군역에 대한 규정은 세종 대에 와서야 체계화되었음을 앞에서 보았다. 그런데 말 공납과 관련된 규정은 태종 8년에 이미 완성되었다.

제주의 공납 품목으로는 말 이외에도 전복을 비롯한 해산물과 각종 제사에 쓰이는 귤류, 그리고 약재류가 있었다. 그러나 그중에서도 말이 핵심이었음은 공납의 순서 매김에서도 알 수 있다. 가장 먼저 공납 규정에 올라갔던 품목이 말이다. 이것은 역시 말 경제 장악이 제주지역 통치의 핵심이자 목적임을 보여준다.

그에 따라 공물의 운송체계도 확립해놓았다. 최소한 세종 7년(1425년) 이전에는 마련되었던 것으로 보인다. 병조에서 아뢰기를 "제주에 공물(貢物)을 운반하는 배가 매년 3척이 내왕하는데, 한 척마다 영선 천호(領船千戶) 한 사람, 압령 천호(押領千戶) 한 사람, 두목(頭目) 한 사람, 사관(射官) 네 사람이고, 격군(格軍)은 큰 배에 43명, 중간 배에 37명, 작은 배에 34명입니다"라며 그들에게 공을 치하하고 상 줄 것을 청하는 기사[60]가 이를

59) 『태종실록』권16, 태종 8년(1408년) 9월 12일 丁巳, "初定濟州貢賦. 議政府啓: 濟州隔海, 民戶貢賦, 至今未定. 乞大中小戶分揀, 以其土産馬匹, 大戶大馬一匹, 中戶中馬一匹, 小戶五幷中馬一匹. 勿論雌雄, 擇其可騎馬匹爲賦, 自己丑年春節, 並令出陸".

60) 『세종실록』권29, 세종 7년(1425년) 7월 15일 壬午, "兵曹啓: '濟州貢船每年三隻來往, 每一隻領船千戶一, 押領千戶一, 頭目一, 射官四, 格軍大船四十三名, 中船三十七名, 小船三十四名, 寄命水上, 涉海往還, 亦可論功 請貢'".

말해준다.

이상에서 살핀 것과 같이 건국 후 조선 정부는 토지세보다는 공납과 진상을 통해 제주 경제를 장악했다. 그중에서도 특히 관심을 가졌던 대상은 말이었다. 말은 제주민에게 생존권을 담보하는 재산이었고, 조선 정부에서도 가장 욕심을 냈던 물품이었다.

그런 만큼 정부는 말에 대한 통제를 강화했다.[61] 태종 7년(1407년) 이전에 모든 말을 관에 신고하여 장적(帳籍)을 만들게 했을 정도였다.[62] 이제 말은 개인의 사적 재산 이전에 국가의 통제 대상이 되었던 것이다. 관에 신고하지 않고서는 개인의 말을 사고팔 수도 없었다. 이와 같은 조치는 과거 말을 키우고 바다를 건너가 말을 팔아 식량을 구해 오던 제주인에게는 생존을 위협하는 문제로 다가오게 되었다.

4. 조선 전기 제주 경제의 변동

1) 조선 전기 제주 경제구조의 변화

기존의 조선 전기 경제사는 토지제도와 수취체제 연구가 주류를 이뤘다. 토지와 농민을 기반으로 중세 권력이 유지되었기 때문이다. 하지만

---

61) 조선 정부가 이처럼 제주 말에 대해 과도한 집착을 보인 데에는 명의 압박도 중요한 요인이었던 듯하다. 제1장 1절에서 살핀 것처럼 명은 조선에 대해 강압적으로 말교역을 요구했다. 그 교역량을 확보하기 위해서라도 말에 대한 통제를 강화할 수밖에 없었을 것이다. 조선 초 명과의 교역으로 방출한 말은 5만 6,025필이었다.

62) 『태종실록』 권14, 태종 7년(1407년) 8월 11일 壬辰, "東西北面牛馬成籍, 已有著令".

앞서 보았던 것처럼 제주지역은 많이 다르다. 낮은 토지 생산성 때문에 농업은 부차적이었다.

농업이 부차적이었던 만큼 토지제도에 관한 연구도 드물다. 주된 생업이 아니었기에 관심의 대상이 되지 못한 것은 당연하다. 그나마 축적된 것이 수취와 관련된 연구이며 그중에서도 진상·공물 연구가 주종을 이룬다.[63]

농업이 주된 경제 토대가 아니었다면 다른 방편으로 생계를 도모했을 것이다. 농업이 아닌 해상교역이 그 역할을 담당했다고 흔히 언급된다. 하지만 구체적 연구는 많지 않고 선언적으로 말해지는 수준이다. 해상왕국 탐라가 쇠퇴한 것도 유교문화의 유입(송성대, 1997: 274) 즉, 조선의 농본주의 정책 때문이라고 말해지기도 한다. 하지만 구체적인 분석은 드물다.

그럼에도 농업의 위상이 부차적이었다는 주장은 어느 정도 설득력이 있다. 중앙집권을 강화했던 조선 정부가 제주의 척박한 토질을 인식하고는 양전을 포기했던 것만 봐도 알 수 있다. 그만큼 제주 경제에서 농업의 비중은 육지와 달리 높지 않았음이 확실해 보인다.

농업이 주가 아니었다면 조선시대 제주의 주된 산업기반이 무엇이었는지, 즉 제주인들 대다수가 어떤 수단으로 먹고살았는지를 밝히는 것은 중요하다. 또한 그것을 정태적으로 규정하지 않고 시간의 흐름에 따라 주된 산업이 어떻게 변했는지를 살피는 것도 큰 의미가 있다. 더불어 산업기반의 변화를 초래한 원인이 무엇이었는지 그리고 그 영향은 어떻게 나

---

63) 제주지역의 수취체제, 진상을 다룬 연구물로는 다음의 논문들을 참고할 수 있다. 하지만 조선 전기를 다룬 연구는 드물고 대부분 조선 후기를 대상으로 한 연구물들이다. 박찬식, 1996, 2000; 권인혁·김동전, 1998; 나가모리 미쯔노부(長森美信), 2003; 양진석, 2004.

타났는지를 고찰하는 것 역시 이 시대 제주의 경제 상황을 이해하는 데 큰 도움이 될 것이다.

이를 밝히기 위해 『조선왕조실록』에서 제주의 생업을 설명하는 기사를 대부분 뽑아냈다. 그리고 그것을 시기 순으로 나열하여 생업 수단의 변화를 살폈다.

하지만 그 전에 먼저 고대 탐라국 시기의 생업 수단부터 추적할 필요가 있다. 전근대사회 경제구조의 변화는 근대사회만큼 크지 않았기 때문에 가급적 오래전 시간부터 살펴보는 게 의미가 있다. 탐라국은 기원 전후에 출현한 것으로 추정한다. 탐라국의 생업에 관한 내용은 다음의 기록에서 엿볼 수 있다.

> 배를 타고 왕래하며 중한(中韓)에서 무역한다.[64]

오래전 탐라국 시대부터 제주인들은 배를 타고 나가 외부 세계와 교역을 통해 생존을 도모할 수밖에 없었다. 여러 고고학적 성과가 이를 증명하는데(이청규, 1995), 특히 이때의 해양교역은 1928년 제주시 산지항 축조공사 당시 발견된 한나라 시대의 화폐(貨幣) 유물을 통해서 확인할 수 있다(진영일, 1994: 15). 하지만 여기서는 왜 해양으로 나가야 했는지, 그리고 어떤 품목을 가지고 가서 교역했는지는 나타나 있지 않다.

그다음 찾을 수 있는 기록은 고려 초기의 생업 수단을 보여주는 기사이

---

64) 『삼국지』 위서(魏書) 동이전(東夷傳) 한조(韓條) 주호(州胡), "乘船往來 市買中韓". 이 기사의 대상인 주호는 제주도가 아닐 수도 있다. 하지만 여러 선학들이 제주도로 비정하여 검토하고 있기에 필자도 그를 따랐다. 자세한 내용은 고창석 편, 1995: 238 참고.

다. 고려시대 정사(正史)라 할 수 있는 『고려사』에는 다음의 기록이 나온다. 고려 문종 12년(1058년)의 기사이다.

> 탐라는 지질이 척박하고 백성들이 가난하여, 고기잡이와 배 타는 것으로 생계를 도모하고 있습니다.[65]

이 기록에는 해양으로 나갈 수밖에 없었던 이유가 나온다. 제주도는 한반도의 상식과는 다르게 농업이 주된 산업기반이 아니었다. 지질이 척박했기 때문이다. 고기잡이와 배 타는 것, 다시 말해 해산물 채취와 채취한 해산물의 해상교역으로 먹고살았음을 말해주고 있다. 이러한 산업구조는 조선시대로도 이어졌다. 취약한 토지 생산성은 사회변화와 무관하게 쉽게 바뀌지 않기 때문이다. 그러니 해상으로 진출하고 교역을 하며 살 수밖에 없었던 역사는 상당히 길다. 거의 변하지 않는 역사인 셈이다.

페르낭 브로델의 「필립 2세 시대의 지중해와 지중해 세계」 서문에 나오는 '지리적 시간'이 여기에 적용될 수 있다. 자연환경 조건으로 인한 장기지속의 역사이다.

제주민의 생업 수단과 관련해서 『조선왕조실록』에는 세종 대에 가장 많은 기사가 나온다. 장황한 면이 조금 있지만 작은 변화라도 세밀히 살피기 위해 검토한 모든 기록을 인용한다. 먼저 세종 1년(1419년)의 기록이다.

> ㉠제주의 토지는 본래 메말라서 농사짓는 사람이 토지에서 부지런히 일하여, 애쓰고 힘써서 그 공력을 백배나 들여도 항상 한 해 동안의 양

---

65) 『고려사』권8, 세가, 문종 12년(1058년) 8월 乙巳, "耽羅 地瘠民貧 惟以海産 乘木道 經紀謀生".

식이 모자랄까 걱정하여, 농업을 하지 아니하고 상업에만 힘쓰는 자가
매우 많습니다.[66]

척박한 토지 조건 때문에 농업을 하지 않고 상업으로 살아간다는 이야
기이다. 당시 제주민의 경제기반은 농업이 아니라 상업이었다. 다음엔 세
종7년(1425년) 기사이다.

    ⓛ 제주인들은 말을 팔아서 입고 먹는 자본을 삼는 까닭으로[67]

여기서는 구체적으로 상업 교역의 품목이 처음 나온다. 말이다. 고가이
면서도 생필품인 말을 팔아 먹고살았음을 분명하게 증언하고 있다.
  같은 해 기사이며 유사한 내용이지만 다음도 인용한다.

    ⓒ 도내 제주는 사람은 많고 땅은 비좁아서, 가난한 사람은 모두 말을
사서 생계를 마련합니다.[68]

역시 여기서도 말을 사고팔아 생존했음을 말하고 있다. 다만 특징적인
것은 가난한 사람들도 그랬다는 점이다. 말의 가격이 비싸긴 했지만 오히
려 그랬기 때문에 가난한 사람들도 말교역에 명줄을 걸고 있었음이 드러

---

66) 『세종실록』권5, 세종 1년(1419년) 9월 11일 癸丑, "然濟州土地磽薄, 農人之家, 服勤
    南畝, 艱難辛苦, 百倍其功, 而常有卒歲無食之嘆. 因此, 不事農業, 而務行商賈者頗
    多".
67) 『세종실록』권28, 세종 7년(1425년) 4월 2일 辛丑, "濟州之人, 市馬以爲衣食之資".
68) 『세종실록』권29, 세종 7년(1425년) 9월 4일 更子, "道內濟州人多地窄單寒, 人民皆
    以買馬資生".

난다. 다음은 2년 뒤인 세종 9년(1427년) 기사이다.

　　㉣ 제주는 토지가 본래 모두 모래와 돌이어서 농리(農利)가 풍족하지 못
　　하므로 세궁민의 생계가 진실로 걱정이 되는데 …… 제주는 땅은 좁은
　　데 축산은 번성합니다.[69]

　　토지문제, 농업 경영의 어려움을 말하고 있으며, 농업보다 축산업이 번
성하고 있음을 이야기하고 있다. 물론 축산업의 핵심은 말 사육일 것이
다. 그리고 축산의 목적은 자가소비가 아니라 교역일 가능성이 크다. 다
시 1년 뒤인 세종 10년(1428년)에도 말교역 경제가 사실상 유일한 산업임
을 말하고 있다. 다음의 기록이다.

　　㉤ 섬 안에 땅은 좁고 사람은 많은데, 목장(牧場)이 절반이 넘어 소와 말
　　이 짓밟기 때문에 벼농사에 손해가 많습니다. 거민(居民)들은 오로지
　　말을 팔아 생계를 유지하고 있사온데[70]

　　"專以賣馬爲生(전이매마위생)", 즉 전적으로 말을 팔아 생계를 꾸려가고
있다는 표현이 주목을 끈다.
　　세종 즉위 10년 만에 벌써 제주민의 생업 관련 기사가 5회 등장했다. 실
록에 이런 기사가 등장하는 것은 큰 의미가 있다. 일상의 평범한 사안까

---

69) 『세종실록』권36, 세종 9년(1427년) 6월 10일 丁卯, "濟州土地, 本皆沙石, 農利不饒,
　　小民之生, 誠爲可慮 …… 濟州土地窄, 而畜産繁".
70) 『세종실록』권39, 세종 10년(1428년) 1월 6일 己丑, "島內地窄人多, 牧場過半, 因牛
　　馬踐踏, 禾稼多損, 居民專以賣馬爲生".

지 실록에 기록되진 않는다. 무언가 사회적 이슈가 되었을 때 관련 기록이 실록에 남는다.

세종 즉위 후 10년 안에 관련 기사가 5회 등장했다는 것은 그 무렵 제주지역 경제구조에 커다란 변동이 일어났음을 의미한다. 즉, 말을 팔아 생계를 유지하던 제주의 경제구조에 뭔가 균열이 생겼다는 뜻이다. 건국 직후부터 시도된 말에 대한 정부의 강력한 통제, 이것이 제주의 말교역 경제에 커다란 충격을 주고 있었다고 짐작할 수 있겠다. 국가 소유의 말뿐만이 아니라 민간의 말도 모두 국가에 등록하여 통제를 받았기 때문이다.

다시 6년 뒤 다음의 기사는 주의 깊게 봐야 한다.

> ㉗ 제주는 땅이 좁고 인구는 많아, 생활이 간고(艱苦)하여, 소와 말을 도살하여 생계의 바탕으로 삼는 자가 자못 많고, 장사치들이 왕래하면서 우마피(牛馬皮)를 무역하여 생활을 이어가는 자도 또한 많사옵니다.[71]

앞의 기사 내용과 유사하면서도 다른 점이 눈에 띈다. '말을 팔아 생계'를 꾸리는 것이 아니라 '우마피를 무역하여' 생계를 이어갔다는 점이다. 우마피교역을 위해서는 먼저 우마 도살을 해야 했다. 도살 자체는 목적이 아니다. 우마피교역이 목적이다. 우마피교역을 위해 도살했던 것이다.

'말을 팔아 생계'를 이어가던 사람들에게 뭔가 문제가 생겨 '우마피교역' 쪽으로 바뀌었음을 짐작할 수 있다. 문제 발생은 아마도 말교역 통제일 것이다. 그러나 교역 없이는 제주인들이 살아갈 방도가 없었다. 그렇다면 교역을 쉽게 하는 방법, 즉 관의 통제를 피하면서 교역하는 방법은

---

71) 『세종실록』권64, 세종 16년(1434년) 6월 14일 己未, "濟州地窄人多, 生理艱苦, 盜殺牛馬資生者頗多, 商賈來往, 貿易牛馬皮, 以資其生者亦多".

교역물품의 부피를 줄이고 간편화하는 것이다. 우마가 아니라 우마피라면 가능하다. 부피가 작고 취급이 쉬우면서도 역시 고가이며 수요가 많은 물품이었다. 우마피교역은 정부의 말교역 통제에 대한 제주인들의 대응이었다.

그러나 정부는 또다시 제주인들이 애써 찾은 활로마저 차단했다. 우마피교역자를 우마적(牛馬賊)으로 규정하며 처벌을 시작했다. 나중에 제3장 4절에서 다시 다루겠지만 세종 16년(1434년)년부터 시작되어 2년간 조정의 논의를 달궜던 소위 '우마적 사건'은 제주사회를 엄청난 혼란으로 몰아넣었다. 말을 밀(密)도살하고 그 부산물들을 팔았다가 관의 단속에 걸린 제주도민들은 평안도까지 강제 이주를 당했다.

이제 그동안 제주 경제를 지탱하던 말자유교역은 쇠퇴기로 들어설 수밖에 없었다. 그러기에 우마적 사건은 단순 절도 사건이 아니었다. 이는 제주도민의 생업기반, 경제기반의 붕괴를 의미하는 상징적인 사건이었다.

물론 이문이 많이 남는 장사였기에 여전히 밀교역이 이뤄지긴 했다. 하지만 그것은 위험을 감수해야만 하는 어려운 일이었다. 그래서인가 밀교역에는 권력을 가진 지방관들이 관련된 사건이 많았다. 이에 대해서는 다음 절인 '조선 전기 제주 말교역 경제의 실상'에서 상세히 다룬다.

말교역에 대한 강력한 통제가 이뤄졌기 때문인지 다음에 이어지는 생업 관련 기사는 말이 아니라 미역에 대한 이야기이다. 우마적 사건이 발생한 뒤 10여 년이 지난 세종 29년(1447년)의 기사이다.

Ⓐ 미역은 다른 나라에는 없는 것으로서 오직 우리나라에만 곳곳에 다 있사온데, 제주에서 나는 것이 더욱 많아서, 토민(土民)이 쌓아 놓고 부자가 되며, 장삿배가 왕래하면서 매매하는 것이 모두 이것이옵니다.[72]

이제 제주민으로서 부자가 될 수 있는 길은 미역 거래였다. 말은 아니었지만 역시 장삿배를 타고 육지에 나가 팔고 와야만 했다. 여전히 해상 교역이 주된 생업 수단이었다. 품목만 바뀌었을 뿐 장기지속의 지리적 시간은 계속 이어졌다.

제주의 생업 관련 기사로 『조선왕조실록』에 등장하는 것은 세종 대가 처음이다. 그런데 그 세종 대에만 무려 7회 등장한다. 이것은 세종 대의 제주사회에 뭔가 큰 변동이 있었음을 암시한다. 정치 면에서도 토호권력의 몰락이 있었음을 앞에서 보았다. 경제 면에서 양전으로 제주사회를 옥죄었던 것도 세종 때였다. 결국 말자유교역 경제 붕괴도 세종 때부터 본격화된 것으로 짐작된다. 물론 모든 민마(民馬)에 대해서 장적을 만들며 통제를 가했던 건 태종 때였다. 하지만 태종 이래 축적된 불만과 모순이 터져 나와 그것이 큰 사회문제로 대두되기 시작했던 건 세종 때로 보인다. 세종 대에 관련 기록이 집중되기 때문이다.

다시 11년이 지난 세조 4년(1458년)에도 생업 관련 기사가 등장한다.

◎ 제주는 토지가 척박하여 왕래하고 판매하는 것을 모두 전라도에 의뢰합니다.[73]

다시 반복되는 토지 척박 이야기이다. 브로델의 지리적 시간, 장기지속의 역사를 보여준다. 이처럼 자연환경에 의한 규정력은 거의 변하지 않고 이어졌다. 토지문제 때문에 농업으로써는 자급이 안 되었고, 전라도에 가

---

72) 『세종실록』권117, 세종 29년(1447년) 9월 23일 壬子, "夫藿者, 他國之所無, 獨於東方, 處處皆有之 濟州所産尤繁 土民之居積致富, 商船之往來販鬻, 皆用此也".
73) 『세조실록』권11, 세조 4년(1458년) 2월7일 丙申, "濟州壤地瘠薄, 往來販賣, 皆賴全羅".

서 매매하여 식량을 구입해온다는 이야기이다. 해양교역의 장기지속 역사이다. 다만 무엇을 교역물품으로 가지고 갔는지에 대해서는 언급이 없다. 어쨌거나 농업이 불리한 조건에서 생존을 위해서 선택할 수 있는 일은 해상교역일 수밖에 없었다.

다시 27년이 지난 성종 16년(1485년) 기사에도 제주민의 생업 관련 이야기가 나온다. 하지만 이는 이미 제주를 떠나 남해안에서 유랑하는 사람들에 대한 내용이다.

ⓩ 해물을 채취하는 것을 일삼아, 이것을 판매하여 생활해나가는데74)

라는 기록이다. 비록 섬을 떠난 사람들에 대한 이야기이긴 하나, 역시 이들도 해산물 채취와 그것의 교역으로 살아가고 있음을 보여준다.

성종 21년(1490년)에는 제주의 산업구조를 짐작하게 하는 기사가 또 나온다.

ⓩ 세 고을이 본래 토지가 메말라서 백성이 먹고살 식량이 모자라므로, 온전히 장사에 의지하여 먹고사는데75)

같은 이야기가 반복된다. 농업으로는 살 수가 없는 경제구조이며 "生利專賴興販(생리전뢰흥판)", 즉 오로지 장사에 의지해서만 살아갈 수 있다는 내용이다. 제주의 산업구조는 농업 중심이 아니라 해상교역 중심이었음

---

74) 『성종실록』권178, 성종 16년(1485년) 윤4월 11일 辛卯, "專事採海, 鬻販資生".
75) 『성종실록』권247, 성종 21년(1490년) 11월 5일 癸未, "三縣本土瘠, 民不能粒食, 生利專賴興販".

이 다시 한 번 확인된다.

3년 뒤 성종 24년(1493년) 다시 눈여겨볼 기사가 나온다.

> ㉠ 세 고을 수령의 공궤(供饋)하는 쌀은 단지 물고기와 미역을 가지고
> 육지에서 바꾸어야 겨우 채울 수 있으며, 민간에서는 오직 말을 파는 것
> 으로 생업을 삼고 보리·기장稷·산채(山菜)·해채(海菜)로 보충합니
> 다.76)

우선 공통점은 해상교역인 점이다. 이는 누차 이어온 설명이다. 다만
여기서는 권력층과 민간의 교역품 구별이 이뤄지고 있다. 수령 등 권력층
은 명분적으로 합법적인 존재이다. 그러니 합법적 물품인 해산물, 즉 물
고기와 미역을 가지고 나갔다. 반면 민간에서는 다시 말이 주된 교역품으
로 소개되고 있다. 말교역이 완전히 사라졌던 것은 아니다. 자유교역을
금지당했을 뿐이지 제한적 교역은 계속 있었다. 다만 조건이 까다롭고 규
제가 많았을 뿐이다. 관(官) 허가 속의 제한된 교역과 몰래 하는 밀교역이
여전히 민간의 생업으로 존재했다. 여기서는 아마도 그런 상황을 묘사한
것 같다.

그리고 농산물이 등장하는 점도 이채롭다. 보리, 기장, 산채 등이다. 하
지만 이것은 주가 아니라 기록 그대로 보충재였다. 그동안 농산물에 대해
서는 언급이 없었다. 물론 농산물 생산이 없었기 때문에 언급하지 않았던
건 아닐 것이다. 중세 농본국가 입장에서 농업생산은 기본적인 사실로 간
주되었으므로 특별하게 자주 언급하지는 않았던 것으로 생각할 수 있겠

---

76) 『성종실록』권281, 성종 24년(1493년) 8월 5일 丁卯, "三邑守令供饋之米, 只將魚藿,
陸地貿遷, 方能僅足. 民間則專以鬻馬爲生, 麥, 稷, 山海菜補之".

다.『세종실록지리지』에는 제주도의 산물로 밭벼, 기장, 피, 콩, 메밀, 밀보리 등[77]을 들고 있다.『세종실록지리지』에 실린 제주의 작물은 비슷한 시기에 나온『농사직설(農事直說)』의 편찬과 관련된다.『농사직설』은 풍토부동(風土不同)의 문제, 즉 각 지역마다 토질과 풍토가 달라 생기는 문제에 대처하고자 세종이 각 지방 수령에게 명령하여 제작한 책이다. 지방 촌로에게 직접 물어 지방 실정에 맞는 작물과 재배법을 조사·보고하게 한 뒤 제작한 책이며 그 결과가『세종실록지리지』에 실려 있다. 이는 중앙정부에서 각 지방마다 적합한 작물을 구체적으로 조사하여 농업생산력을 높이려고 했던 조치였다. 이때의 조사는 매우 구체적이라 토지의 등급을 비옥도에 따라 구분하여 기록하기도 했다(김용섭, 2000: 413~453).

또『신증동국여지승람』에서도 산도(山稻), 기장, 피, 조, 콩, 팥, 메밀, 보리, 밀 등[78]을 언급하고 있다. 농업생산이 없었던 것은 아니다. 단지 그것이 제주의 산업기반, 생계 해결 수단이 되지 못했고, 보조 역할을 수행했을 뿐이었다. 성종 때의 제주 생업 관련 기사는 3회로 세종 대에 비하면 많이 줄어들었다. 세종 때의 격렬했던 경제구조 변동이 성종 대에 들어와 상당히 자리 잡아갔다는 의미이다.

16세기로 넘어와 중종 5년(1510년)에 다시 유사한 기록이 등장한다.

ⓔ 제주는 바다 밖의 아주 멀리 떨어져 있는 땅으로서, 그 백성이 어리석고 간사하여 놀라서 이반하기가 쉬우며, 농업에는 힘을 쓰지 않고 오로지 장사만 일삼고 있으므로[79]

---

77)『세종실록지리지』세종지리지, 전라도, 제주목.

78)『신증동국여지승람』제38권, 전라도, 제주목, 토산조.

79)『중종실록』권12, 중종 5년(1510년) 11월 24일 丙子, "濟州乃海外絶遠之地, 其民愚

대사간 최숙생(崔淑生)의 말이다. 조선 유교 지식인의 가치관이 드러난다. 농업은 본(本)이고 상업은 말(末)이다. 그런데도 제주인들은 농업에는 힘쓰지 않고 오로지 장사에만 매달리고 있다. 그러니 '어리석고 간사하여 이반하기 쉬운' 사람들로 보였다. 앞의 기사와 달라진 건, 제주의 척박한 농업환경에 대한 이해는 사라지고 농본주의 유교 지식인의 편견만 드러난다. 어쨌거나 중종 대에 와서도 제주의 경제기반은 상업임을 알 수 있다. 다만 교역의 물품이 드러나지 않아 아쉽다.

임진왜란 이전의 마지막 기록으로 여겨지는 것은 중종 37년(1542년) 기사이다.

> ㉤그곳은 농장(農場)이 풍부하지 않기 때문에 백성들이 오로지 해산물 채취를 업(業)으로 하고 농사를 짓지 않습니다.[80]

마지막 기록에 와서는 다시 처음 기록으로 돌아가는 것 같다. 농업의 어려움 그리고 그 대안으로 해산물 채취가 소개된다. 물론 채취한 해산물은 다시 교역 품목이 되었을 것이다. 중종 대에는 관련 기사가 단지 2회 등장한다.

지금까지 살핀 15~16세기 제주의 경제기반 관련 기사를 정리하면 다음 표와 같다.

〈표 2-1〉을 보면 세종 대에 기사가 집중됨을 우선 알게 된다. 세종의 재위기간이 길어서 많은 기사가 나온 것은 아니다. 오히려 중종 재위기간은

而詐, 易以驚叛, 不務農業, 專事商賈".

80) 『중종실록』권98, 중종 37년(1542년) 6월 13일 壬辰, "彼地農場不豐, 故人民專以海錯爲業, 而不事耕耘".

〈표 2-1〉『조선왕조실록』에 등장하는 제주의 주산업

산업＼시기	세종 (재위기간 32년)	세조 (재위기간 13년)	성종 (재위기간 25년)	중종 (재위기간 38년)
말교역	ⓛ ⓒ ⓔ ⓜ ⓗ		㉮	
해산물교역	ⓢ		㉣ ㉮	ⓟ
일반교역	㉠	ⓞ	㉷	ⓣ

* ㉮은 말교역, 해산물교역 두 곳에 표기했다. 그래서 실제 성종 대의 기록은 3회이지만 4회인 것처럼 보인다.

세종보다 6년 더 길다. 그럼에도 중종 때의 관련 기사는 2회에 불과하다.

『조선왕조실록』에 기록이 실렸다는 것은 그만큼 그것이 사회적 이슈가 되었기 때문이다. 제주인들의 주된 생업기반에 관한 기록이 세종 대에 7회 등장한다는 것은 그 무렵 제주의 경제구조에 뭔가 큰 변동이 생겼음을 의미한다. 7회의 기사 중 가장 많은 것은 말교역과 관련된 것으로 모두 5회가 나온다. 그리고 해산물교역 관련 기사 1회, 일반교역 관련 기사가 1회 등장한다. 말 관련 생업 기사가 압도적이다. 이것은 세종 때까지만 해도 제주인들의 주된 생업 수단이 목마와 말교역이었음을 강하게 암시한다. 그런데 여기에 변동이 생겼던 것이다. 그 때문에 실록에 무려 5회의 기록이 실렸던 것으로 보인다.

앞서 살핀『고려사』고려 문종 12년(1058년)의 기록에서 제주의 주된 산업이 해산물 채취와 그것의 교역임을 보았다. 미루어 생각하건대 고대 탐라국 이래 고려 전기까지는 해산물교역이 제주의 주된 산업이었을 것이다.

그러다가 목마와 말교역으로 주산업이 전환된 것은 고려 말, 원 지배기를 거치면서부터였다. 이것이 조선 세종 때까지 이어졌다. 그러나 세종 17년(1435년) 소위 '우마적 사건' 이후부터는 말교역 관련 기사가 거의 사라진다. 성종 때 한 번 등장할 뿐이다.

대신 해산물교역 기사가 다시 나타난다. 그 외에 특정한 품목을 명시하지 않은 채 그냥 해상교역만을 말하는 경우가 있다. 해산물 관련 기사의 빈도는 높지 않다. 그러나 전 기간에 걸쳐 고루 나타난다. 이것은 해산물교역이 조선시대에 와서도 오래도록 지속되었으며 말교역만큼 중요하진 않았지만 부차적이나마 제주의 주된 산업기반이었음을 말해준다.

말교역이 국가의 강한 통제 아래 들어가게 되면서 세종 17년(1435년)을 기점으로 다시 해산물교역으로 주산업이 바뀌어갔던 것 같다. 고대 탐라국과 고려 전기의 경제구조와 닮아갔던 것이다. 페르낭 브로델의 모델에 따른다면 해산물 해상교역은 장기지속의 역사이며, 원 지배기 이후부터 조선 세종까지의 말교역은 중기지속의 역사이고, 그 과정에서 발생한 우마적 사건은 단기지속의 역사라고 정리할 수 있다.

단순하게 도식적으로 정리하면 제주의 산업기반은 해산물교역에서 말교역으로 그리고 다시 해산물교역으로 바뀌어갔다고 말할 수 있겠다. 물론 말교역 시대에도 해산물은 부차적 품목으로써 계속해서 거래가 이루어졌다. 하지만 경제 규모 면에서 볼 때 해산물교역보다는 말교역이 훨씬 컸다. 이 때문에 조선 전기 제주 경제의 번성기는 말의 자유교역이 활발했던 세종 이전까지의 시기로 짐작된다. 말은 가격이 높으면서도 생활필수품이었기 때문에 그 자체의 경제 규모가 클 수밖에 없었다.

물론 농업이 전혀 없었던 것은 아니다. 항상 농업은 부차적 지위에서 보충재로서의 역할을 했다.

2) 조선 전기 제주 말교역 경제의 실상

앞에서 밝힌 것처럼 고려 전기 제주 경제의 기반은 해산물 채취와 그것의 교역이었다. 반면 고려 말에는 세계 제국 원의 영향력 아래 목마와 말교역이 그 중추적 역할을 담당했다. 하지만 조선 건국 후 중앙권력은 제주의 말자유교역을 통제했다. 그럼에도 제주인들은 말교역 경제를 지속하고 싶어 했다. 목축업이야말로 일찍부터 제주도에서 자본 축적이 가능한 분야였기 때문이다(조성윤, 2001: 112). 그런 만큼 고려 말 이래 목마와 말교역은 제주 경제의 기반을 이루어왔다.

말의 상품성을 검토한다면 제주민이 왜 그렇게 말 경제에 집착했는지를 이해할 수 있다. 일단 여기서 말의 상품성을 잠깐 살피고 가자. 중세시대 제주에서 밖으로 유통된 물품으로는 말 이외에도 여럿 있었다. 먼저 『고려사』 기록을 통해서 보면 귤,[81] 우황(牛黃), 우각(牛角), 우피(牛皮), 나육(螺肉), 비자(榧子), 해조(海藻), 구갑(龜甲),[82] 야명구(夜明球)[83] 등이 있다. 하지만 이 기록은 상업적 교역을 다룬 기사가 아니다. 진상물로 유통된 물품을 소개한 기사이다.

조선시대 역시 마찬가지이다. 상품 유통 기사는 많지 않다. 미역(藿),[84] 채해(採海),[85] 물고기와 미역(魚藿)[86] 정도가 고작이다. 상품 교역 외에 진상으로 나갔던 물건은 우마류, 전복을 대표로 하는 해산물류, 감귤류, 약재류로 크게 나눠볼 수 있다(나가모리 미쯔노부, 2003).

이들 물품들과 말을 비교하면 상품성에서 크게 차이가 난다. 다른 물품들은 시장성이 크지 않다. 고가(高價)이면서 또한 생활필수품도 아니다.

---

81) 『고려사』 권7, 세가, 문종 6년(1052년) 3월조.
82) 『고려사』 권7, 세가, 문종 7년(1053년) 2월조.
83) 『고려사』 권9, 세가, 문종 33년(1079년) 11월조.
84) 『세종실록』 권117, 세종 29년(1447년) 9월 23일 壬子.
85) 『성종실록』 권178, 성종 16년(1485년) 윤4월 11일 辛卯.
86) 『성종실록』 권281, 성종 24년(1493년) 8월 5일 丁卯.

그러니 수요가 많을 수 없었고 그런 만큼 교역 품목으로서는 제한이 심했다. 반면 말은 생활필수품이었다. 게다가 고가였다. 제주 말이 고가로 거래되던 상황을 보여주는 기사가 있다.

제주 말은 그 값이 본디 비싼 데다가 나주(羅州)에 오게 되면 이미 한 곱이 되고, 다른 도(道)에 가면 또 한 곱을 더하므로, 사람들이 사기 어렵습니다.[87]

구체적 가격이 명시되어 있지는 않지만 제주의 말교역에 많은 부가 따라다녔음을 짐작해볼 수는 있다. 남도영의 연구에 의하면 조선 초기 좋은 말 1마리 가격이 면포(綿布) 500필 정도였고, 당시 노비 1구(口)당 가격이 면포 150필이었으므로, 말 1마리는 노비 3구 정도의 가격이었다고 한다(남도영, 1996: 256). 『경국대전』에도 말 가격이 소개되어 있다.[88]

───────

87) 『문종실록』권7, 문종 1년(1451년) 5월 2일 己亥, "濟州馬, 其直本重, 到羅州, 則已一倍, 至他道則又一倍, 故人不易買".

88) 『경국대전』 호전(戶典)에는 "명에 보낼 말이 모자라면 사들이는 데 이때의 가격을 정한 것이다. 별마(別馬)는 상등이면 1필 값이 무명 50필이고 중등이면 45필이다. 진상마(進上馬)의 가격도 이와 같다. 종마(種馬)는 상등이면 1필에 수말은 44필, 암말은 30필이고 중등이면 수말은 35필, 암말은 25필이며 하등이면 수말은 30필, 암말은 20필이다. 토마(土馬)의 값은 숫종마의 값과 같다"라고 되어 있다. 남도영의 연구와 다른 까닭은 『경국대전』의 무명은 일반 목면인 반면 남도영 연구에서의 무명은 오승포(五升布)라서 그렇다. 『경국대전』에 나오는 별마는 황제의 생일, 황태자의 생일이나 설날을 축하하여 사신을 보내거나 은혜를 사례하여 사신을 파견할 때 보내는 말이며, 진상마는 임금에게 바치는 말, 종마는 5년에 한 번씩 관압사(管押使)를 파견하여 보내는 말이다. 토마는 우리나라에서 생산되는 말로서 상공(常貢)으로 보내는 말이다. 별마나 종마도 토마이지만 값이 다르기 때문에 구별한 것이다(윤국일 옮김, 1998: 180; 남도영, 2003: 142 참고).

말이 이렇게 고가의 상품이었음에도 불구하고 다양한 분야에서 말의 수요가 발생했다. 어승마(御乘馬), 군마(軍馬), 교통용 역마(驛馬), 통신용 파발마(擺撥馬), 등에 짐을 실어 운반하는 태마(駄馬), 수레를 끄는 만마(輓馬), 일반 짐을 운반하는 복마(卜馬), 농사용 농마(農馬), 답마(踏馬), 가마를 메는 가교마(駕轎馬), 연자매를 돌리는 구마(臼馬) 등이 그것이다.

그뿐 아니라 말을 도살하여 그 부산물로 상품을 만드는 경우도 많았다. 제향용 건포육, 갓과 옷과 악기 줄의 재료가 되는 말갈기[馬鬣]와 말꼬리, 옷과 모자의 재료가 되는 말털[馬毛], 가죽신[靴鞋]과 궁대(弓帒)의 재료인 말가죽[馬皮], 활을 만드는 재료인 말 힘줄[馬筋], 접착제인 아교(阿膠)의 재료 등 다양했다(남도영, 2003: 118~143).

이처럼 말 관련 상품은 종류가 다양할 뿐만 아니라 수요층의 폭도 넓었다. 다음의 기사가 수요층의 범위를 말해준다.

> 우리나라에는 계급에 따라 의복 제도가 모두 등급이 있어서 뚜렷한 형식이 갖추어졌는데, 다만 신발에 대한 제도가 아직껏 상세히 제정되지 아니하여, 심지어는 시장의 공인(工人)이나 상인(商人)과 공사천례(公私賤隷)까지도 모두 가죽신을 신으며, 참외(參外)와 직업이 없는 사람까지도 모두 투(套)를 신고 있사오니[89]

시장의 공인이나 상인뿐만 아니라 직업이 없는 사람, 공노비, 사노비까지도 모두 가죽신을 신고 있었다고 한다. 이 정도라면 조선 전기 말가죽

---

[89] 『세종실록』권31, 세종 8년(1426년) 1월 26일 辛酉, "本朝尊卑服飾, 皆有品秩, 粲然有文, 獨於靴鞋之節, 不曾詳定, 甚至市井工商, 公私賤隷, 率皆着靴, 參外及無職人, 亦皆着套".

수요가 상당했으며 말의 상품성, 시장성이 매우 컸음을 짐작할 수 있다. 이처럼 말은 시장성이 큰 상품이었기에 제주민들은 그것을 팔아 생계를 꾸릴 수 있었다.

우마피를 재료로 만든 가죽신이 보편적 상품이었다면 건마육(乾馬肉)은 뇌물로 이용되는 고가의 사치품이었다. 세종 29년(1447년) 제주 목사(濟州牧使) 이흥문(李興門)이 중앙 정계의 실력자들에게 저미어 말린 말고기, 즉 마포(馬脯)를 뇌물로 올려 보냈다가 들통 나는 사건이 발생했다.[90] 이때의 뇌물 수수자는 영의정 황희, 우의정 하연, 좌찬성 황보인, 우찬성 김종서 등이었다. 이에 임금은 진상할 때 뇌물을 끼워 보내는 행위가 옛날부터 그러했다면서 제주 목사 이흥문만 처벌하고 나머지 대신들의 죄는 묻지 않았다.[91] 말고기 포육의 상품성을 확인할 수 있는 기록이다.

말교역은 고가이면서 상품성이 높았기에 활발하게 전개되었고, 빠른 속도로 교역이 이뤄졌다. 밀교역의 경우이긴 하지만, 밤에 말을 싣고 출발하여 아침이면 육지에 가서 그것을 팔아 저녁에 돌아오는 경우까지 있었다.[92] 하루 안에 배를 몰아 육지까지 가서 장사하고 돌아올 정도로 시장성도 높았고 또한 그 높은 시장성을 감당할 항해술까지 갖추고 있었다.

이처럼 상품성이 높은 품목이 말이었기에 조선 정부는 오히려 일찍부터 말의 사교역을 통제했다. 그럼에도 말교역은 이문이 많이 남는 장사라서 관의 통제를 피해 몰래 거래하는 사람들이 많았다. 물론 이는 위법 행

---

90) 『세종실록』권116, 세종 29년(1447년) 윤4월 16일 丁丑, "今受濟州牧使李興門馬脯之贈".

91) 『세종실록』권116, 세종 29년(1447년) 윤4월 14일 乙亥, "但臣喜, 演, 宗瑞, 苯, 甲孫皆受興門所贈 …… 上曰: …… 如馬粧脯脩等物, 因進上贈送, 自古而然".

92) 『예종실록』권3, 예종 1년(1469년) 2월 29일 甲寅, "依憑商販 …… 乘夜出陸, 朝往夕返".

위였기에 위험을 감수해야만 했다. 이 때문에 오히려 단속하는 관리들이 권력을 이용하여 불법을 저지르는 경우가 많았다. 중앙에서 멀리 떨어진 변방이라 지방관의 불법행위가 쉬운 편이었다. 그러다가 종종 적발되어, 기록에 남곤 했다.

세종 9년(1427년)부터 이런 이야기가 나온다. 제주에 간 교수관이 선비다운 모습을 보여줘야 하는데 오히려 "사사 물건을 가지고 돈을 벌고 말을 사서 장사꾼들과 잇속을 다투고"[93] 있어 백성들에게 비웃음을 사고 있다고 한탄하는 기사이다.

성종 대의 기록에도 말교역에 대한 지방관의 농간이 나온다. "제주의 관리들이 진상을 빙자하여, 개인이 기르는 말[私屯之馬] 매매를 허락하지 아니하고, 오직 세가(勢家)에만 팔도록 허락하며 또 싼값[賤價]으로 강제로 아마(兒馬)를 사들이니"[94] 온당치 못하다며 사복시에서 왕에게 글을 올렸다. 말교역이 그만큼 이윤을 보장했기에 지방관들이 불법으로 개입하여 이익을 취하고 있는 모습이다.

16세기 들어 중종 2년(1507년)에도 "전 제주 목사 육한(陸閑)은 제주에 있을 때 불법한 일을 많이 했고, 또 준마(駿馬)를 많이 내다 각 역(驛)에 팔았으니"[95] 잡아다 벌하라는 기사가 나온다.

선조 즉위년(1567년) 기록에는 "영암 군수(靈巖郡守) 이천수(李千壽)는 탐욕스럽고 포학하여 관고(官庫)의 재물을 공공연히 배로 실어갔으며, 또

---

93) 『세종실록』권36, 세종 9년(1427년) 6월 10일 丁卯, "私物, 殖貨買馬, 與商爭利".

94) 『성종실록』권232, 성종 20년(1489년) 9월 10일 乙丑, "濟州官吏憑托進上, 私屯之馬不許買賣, 惟於勢家許賣, 又以賤價抑買兒馬".

95) 『중종실록』권3, 중종 2년(1507년) 5월 25일 丁卯, "前濟州牧使陸閑, 在州時多行不法, 又多出駿馬, 賣于各驛".

제주도의 말을 거의 쉬는 달 없이 사들이니 파직하고 영원토록 서용(敍用)하지 마소서"[96]라는 구절이 나온다. 매달마다 말 장사를 했다는 기록이다. 그 결과 파직과 영원토록 정계에 나가지 못할 위험에 처했다. 그럼에도 그런 위험까지 무릅쓰고 지방관들이 이런 상행위에 나섰다는 것은 그만큼 이 장사에서 많은 이익을 취할 수 있었기 때문이다. 다음의 기록은 정부에서 말교역을 어떤 상황에서 허락했는지 보여준다.

> 금년 봄 사이에 본도의 기황(飢荒)으로 인하여 전 목사 김명윤(金命胤)이 곡물을 무역할 것을 계청하자 조정에서 특별히 허락하였습니다. 이에 대방(大防)이 한 번 열리면서부터 말류(末流)를 금지하기 어렵게 되었는데 지금에 와서는 오가는 상선 및 드나드는 군관 무리들이 아무 거리낌 없이 공공연하게 말을 싣고 나오는 형편이니[97]

본래 말교역은 아무 때나 허락된 게 아니었다. 흉년이 들어 식량이 바닥났을 때 지방관의 건의에 따라 정부의 허가 속에서만 말의 대외교역이 이뤄졌다. 위 기사를 통해 짐작할 수 있겠지만 조정에서 특별히 허락한 때만 가능했다. 그런데 한 번 허가가 떨어지자 거리낌 없이 공공연히 말교역에 나서는 모습이 실려 있다. 일반 상선만이 아니라 군관 무리들까지 가담하고 있다. 공·사 구별 없이 말교역에 매달리던 모습이다. 그만큼 이

---

96) 『선조실록』권1, 선조 즉위년(1567년) 10월 24일 乙巳, "靈巖郡守李千壽, 貪虐官庫之物, 公然舟運, 又買濟州之馬, 殆無虛月, 請罷職, 永不敍用".

97) 『선조실록』권182, 선조 37년(1604년) 12월 2일 丁未, "今年春間, 因本島飢荒, 前牧使金命胤, 啓請貿穀, 朝廷特許. 大防一開, 末流難禁, 今則往來商船及出入軍官之輩, 公然載出".

문이 많이 남는 장사였다는 의미이다. 그래서 한때 제주의 산업기반 역할을 할 수 있었던 것이다.

이문도 많이 남고 국가 운영 차원에서 없어서는 안 될 품목이었기에 조선 정부는 말의 교역뿐만 아니라 생산까지 장악하려 했다. 조선시대 마정(馬政) 체제를 갖추기 시작한 것은 세종 7년(1425년)부터이며(원창애, 1995: 2) 그 일환으로 만들었던 게 국영목장이다. 세종 11년(1429년) 한라산 중턱 일대로 목마장을 옮겨 10개의 소장(所場)과 그 안에 자목장(字牧場)을 건설하여 조선 500년 마목장(馬牧場)의 근간을 만들었다(남도영, 2003: 187).

그러나 문제는 국영목장의 비능률이었다. 사목장(私牧場)에 비하여 경영 효율이 떨어졌던 것이다. 그래서 해마다 사목장의 민마를 사서 국영목장에 넣어 기르곤 했다. 그럼에도 국영목장의 말은 줄어들어만 갔다. 다음의 기사가 이를 보여준다.

> 과거에는 해마다 민마를 사서 관의 목장에 놓아길렀으므로 숫자가 1만 필에 이르렀습니다. 지금은 그 반수가 없어졌고 민마도 값이 배로 뛰었음은 물론, 관에 팔기조차 즐겨하지 않고 있습니다.[98]

국영목장의 경영 실패로 1만 필의 말이 반으로 줄었다. 게다가 이제는 사목장에서 관에 말을 팔려고 하지도 않는다. 값을 제대로 쳐주지 않았기 때문이다. "비록 좋은 말이 있는 자도 국영목장과는 매매를 즐겨하지 아니"[99] 했다. "백성에게 좋은 말이 있으면 절반 값만 주고서"[100] 가져가려

---

98) 『중종실록』권41, 중종 16년(1521년) 3월 10일 壬戌, "年年貿民馬, 放養官場, 故數至 萬匹, 今耗其半, 民馬亦價倍, 不喜官貿".

99) 『세종실록』권28, 세종 7년(1425년) 4월 2일 辛丑, "故雖有良馬者, 不樂與國屯爲市".

했기 때문이다.

이미 사목장과 국영목장의 경영 실태가 비교되고 있다. 사목장의 말은 우수하고 국립목장의 말은 양호하지 못했다. 이는 제주 말을 국가가 장악하면서 드러낸 경영 비효율 때문이었다. 경영 비효율은 국가 차원의 관리 통제가 낳은 폐단이다. 대표적인 관리 통제는 점마(點馬)였다.

> 이번 점마하러 들어가는 때가 바로 날씨가 춥고 바람이 싸늘한 9, 10월
> 사이인데, 환장(環場)·사장(蛇場)의 협착한 곳에 모두 몰아넣어서 골라
> 잡게 할 때에 암수가 샘[猜妬]하여 스스로 물고 차기를 좋아하므로 낙태
> 하는 것이 반(半)이 넘거니와, 이로 인하여 국마(國馬)가 감손(減損)되
> 니[101]

말에 대한 관리 통제는 잦은 점검으로 나타났다. 그런데 그 점마의 과정에 문제가 있었다. 점검하려다 보니 말을 좁은 장소에 몰아넣어야만 했다. 하지만 그 결과 말들이 서로 물고 차면서 낙태하는 말이 절반을 넘었다고 한다. 그래서 국마가 계속 줄었다는 진단이다. 국영목장의 비능률은 결국 17세기 들어와 대표적 사목장인 김만일(金萬鎰) 목장에 국가가 의존하는 형태로까지 나타났다.[102]

이는 18세기 자본주의 맹아가 등장하던 시기의 경제 변동과 대비된다.

---

100) 『명종실록』 권31, 명종 20년(1565년) 9월 3일 丙申, "民有好馬, 則亦給半價".
101) 『성종실록』 권281, 성종 24년(1493년) 8월 5일 丁卯, "今次點馬入去之時, 正當天寒
  風冷, 九, 十月之間, 環場蛇場狹窄之處, 盡令驅入揀捉時, 牝牡猜妬, 喜自踶嚙, 蹴
  踏落胎者過半矣. 因此國馬減損".
102) 김만일 목장 관련 내용은 조성윤, 2001을 참고할 수 있다.

조선 후기 평안도 등에서 광산업의 발전에 따라 정부는 개인의 광산개발을 허가하고 수세하는 설점수세제(設店收稅制)를 채택했다(변주승, 1995: 80). 관이 통제하는 것이 아니라 민에게 경영을 허락하고 세금만 징수했던 제도다. 하지만 시대적 한계로 인해 15~16세기 제주의 목장 경영은 모든 것을 관에서 장악·통제하고자 했다. 말을 아직까지 상품으로 인식하지 못하고 공납의 대상으로만 인식하는 중세 봉건경제적 한계 안에 갇혀 있었던 것이다.

어쨌거나 국영목장의 비능률로 인해 피해는 곧바로 제주민에게로 돌아왔다. 말 사교역의 통제, 말에 대한 국가 관리권 강화라는 경직된 산업구조가 결국 제주 경제를 병들게 했던 것이다.

제3장

제주유민의 발생과 소멸

지금까지는 조선 건국 이후 중앙정부가 제주지역을 장악해가면서 발생했던 여러 가지 사회변동을 살폈다. 이 변동 과정에서 출륙유랑민 출현의 배경이 형성되어갔다. 제3장에서는 본격적으로 출륙유랑민 즉, 제주유민을 살핀다.

먼저 이들의 명칭부터 고찰한다. 기록 속에 등장하는 이들 제주유민들은 크게 '두무악(頭無岳)'계 명칭과 '포작(鮑作)'계 명칭으로 나눌 수 있다. 우선 『조선왕조실록』에는 두무악계 명칭이 먼저 등장하는데, 성종 8년(1477년)[1]부터 시작하여 총 11건의 기사에서 나타난다.[2] 반면 포작계 명칭은 앞의 두무악계 명칭보다 6년 늦은 성종 14년(1483년)[3]부터 등장하여

---

1) 『성종실록』권83, 성종 8년(1477년) 8월 5일 己亥, "濟州豆禿也只稱名人".

2) 『세종실록지리지』에도 '두무악'이 등장하나 이는 출륙유민과 관계없이 '한라산'을 뜻하는 말이므로 제외했다.

3) 『성종실록』권161, 성종 14년(1483년) 12월 6일 乙丑, "鮑作人等自濟州而來".

총 61건의 기사에서 나타나는데 두무악계 명칭에 비해 좀 더 일반적으로 사용되었다.

한편 충무공 이순신의 일기나 장계에 기록된 명칭도 대부분 포작(鮑作)계이다. 하지만 한영국(1981)의 연구에서 활용한 17, 18세기『경상도울산부호적대장(慶尙道蔚山府 戶籍大帳)』에서는 대부분 두무악계 명칭이 나타난다. 여기에는 다양한 한자(漢字)의 두무악계 명칭이 등장한다.

여기서는 우선 각 명칭의 의미를 살피고, 그 명칭 사이의 관계를 밝힌다.

1. 제주유민의 명칭

1) 두무악계 명칭

『조선왕조실록』에 등장하는 두무악계 명칭으로는 두무악(頭無岳), 두모악(豆毛岳), 두독야지(頭禿也只), 두독야지(豆禿也只)가 있다. 두무악계 명칭의 유래에 대해서는 다음의 기사가 잘 설명해주고 있다.

> 연해(沿海)에는 두무악(頭無岳)이 매우 많은데, 제주의 한라산(漢拏山)을 혹 두무악(頭無岳)이라고 부르기 때문에 세속에서 제주인을 두무악(頭無岳)이라고 부르기도 하고, 혹은 두독야지(頭禿也只)라고 쓰기도 합니다.[4]

---

4)『성종실록』권262, 성종 23년(1492년) 2월 8일 己酉, "沿海頭無岳甚多, 濟州 漢拏山 (漢拏山) 或名頭無岳, 故俗稱濟州人爲頭無岳, 或書頭禿也只".

여기서 확인할 수 있는 것은 두무악(頭無岳)이라는 말의 유래이다. 본래 제주의 한라산을 두무악(頭無岳)이라 했다고 한다. 그것이 제주인들을 뜻하는 말이 되어 두무악(頭無岳) 혹은 두독야지(頭禿也只)가 곧 제주인을 가리키는 말이 되었다는 것이다.

한라산을 왜 두무악(頭無岳)이라 불렀는지를 설명해주는 기록도 있다. 이 설명은 『신증동국여지승람』에 나와 있다.

> 한라산은 주 남쪽 20리에 있는 진산(鎭山)이다. 한라(漢挐)라고 말하는 것은 운한(雲漢: 은하수)을 나인(挐引: 끌어당김)할만 하기 때문이다. 혹은 두무악(頭無岳)이라 하니 봉우리마다 평평하기 때문이요, 혹은 원산(圓山)이라고 하니 높고 둥글기 때문이다.[5]

한라산 봉우리가 평평하고 둥글기 때문이라고 한다. 그래서 머리 '두(頭)'자와 없을 '무(無)'자를 썼다는 이야기이다. 그리고 '악(岳)'은 글자 뜻 그대로 산, 오름을 뜻한다. 즉, 분화구가 패어 머리가 없이 둥글고 평평하다는 뜻을 나타내려고 두무악(頭無岳)이라 이름 붙였다는 설명이다.

그러면 '두독야지(頭禿也只)'도 설명이 된다. 머리 '두(頭)'자와 대머리 혹은 민둥산을 뜻하는 '독(禿)'자를 쓴 것이다. 봉우리가 평평하고 둥근 산을 의미하는 한자 조어이다. 두독(頭禿)에서의 '독(禿)'은 훈독자의 결합 표기로 "머리 민 오름"(오창명, 1998: 48), 즉 '민둥산'을 뜻하므로 두무악(頭無岳)과 마찬가지의 의미를 가진다.

그리고 두독야지(頭禿也只)의 뒷부분 '야지(也只)'는 앞 음으로부터의 음

---

[5] 『신증동국여지승람』 권38 전라도 제주목 산천조.

조에 의해 변화한 것으로 본래는 '아기'라는 의미로 추정한다(다카하시 기미아키, 1989: 117). 그렇다면 두독야지는 '한라산 아이', '한라산 사람'이란 뜻이 된다.

그러나 이것은 불완전한 설명이다. 한자 표기 이전에 민간의 고유 명칭이 먼저 있었다. 위 기록에 등장하는 설명은 민간 고유어를 한자로 표기하면서 의미를 가져다 붙인 것에 불과하다. 고유어를 한자로 표기하면서 고유어의 소리와 뜻을 살렸던 것이다. 특히 인명·지명을 기록할 때는 한자를 빌려 쓸 수밖에 없었다(오창명, 1997: 50).

한자를 빌려 쓸 때도 일정한 원칙이 있다. 우리말을 표기하면서 한자가 가지고 있는 음을 빌려 쓴 한자를 음차자(音借字)라고 한다. 음차자는 다시 둘로 나눌 수 있는데 음을 빌려 쓰되 한자가 가지고 있는 원래의 뜻도 살려서 쓴 글자를 음독자(音讀字)라 하며, 반면 한자의 뜻은 무시하고 소리만을 빌려 쓴 글자를 음가자(音假字)라고 한다(오창명, 1998: 6).

여기서 두무(頭無)는 본래의 이름인 고유어 '두무' 혹은 '두모'를 한자로 표기하면서 소리를 빌리되 그 안에 뜻도 담은 음독자 표기이다. 고유어 '두무' 혹은 '두모'를 어쩔 수 없이 한자로 표기하면서도 이왕이면 한자가 가진 뜻으로 의미까지 전달할 수 있으면 더 좋았을 것이다.

그렇다면 고유어 '두무' 혹은 '두모'는 무슨 뜻일까? '둥글다'를 의미한다는 견해(남영우, 1996: 124)와 물을 담아 두는 큰 그릇 '두멍'을 뜻한다는 견해가 있다(오창명, 1998: 48). 즉, 한라산의 고유 이름 '두무' 혹은 '두모'는 그것이 둥글다는 뜻이거나 혹은 두멍처럼 생겼다고 해서 이름이 그렇게 지어졌다는 설명이다. 그러니까 머리[頭]가 없다[無]라는 한자어 '두무(頭無)' 이전에, '둥글다' 혹은 '두멍'의 의미인 '두무' 혹은 '두모'가 먼저 있었고, 민간에서는 한라산을 그렇게 불렀다. 이 '두무' 혹은 '두모'를 표기하기 위해 동원한 한자가 그나마 의미가 통할 수 있는 '두무(頭無)'였던 것이다.

반면 이것의 다른 한자 표기인 '두모(豆毛)'는 경우가 다르다. 소리는 비슷한데 뜻은 통하지 않는다. 소리만 빌려 쓴 음가자 표기이다. 어차피 중요한 건 뜻이 아니었다. 민간에서 하는 소리를 그대로 한자로 받아 적었을 뿐이다. 그러니 '콩'과 '털'이 중요한 게 아니라 소리 그대로인 '두모'만이 기록으로 남은 것이다.

사실상 소리를 받아 적은 것이었기에, 한자 기록은 다양하게 나오게 된다. 『경상도울산부 호적대장』 등에 두모악(豆毛岳), 두모악(頭毛惡), 두무악(頭無惡), 두모악(豆毛惡), 두무악(豆無惡) 등의 이름이 나오는 것은 이 때문이다.

또한, 우리말 한자 표기 방법 중에 앞의 음차자와 달리 뜻을 빌려 쓰는 경우가 있는데 이를 훈차자(訓借字)라 한다. 그 훈차자는 다시 둘로 나뉜다. 한자가 가지고 있는 원래 뜻을 살린 훈독자(訓讀字)와 뜻은 무시하고 우리말 소리만을 표기하기 위해 쓴 훈가자(訓假字)가 그것이다.

두독(頭禿)도 훈독자의 결합 표기로 보면 '머리 민오름'의 뜻이지만, 음가자와 훈가자의 결합으로 보면 '두믜 〉 두미'의 한자 차용 표기로 볼 수 있다(오창명, 1998: 48). 두(頭)가 음차자이기에 언제든지 두(豆)로 바뀔 수가 있다. 독(禿)은 훈가자로 생각된다. 그러니 頭禿[두믜]가 豆禿[두믜]로도 표기되는 것이다.

정리해서 말하자면 본래 한라산을 뜻하는 고유어 두무·두모·두믜를 한자로 표기하면서 여러 두무류의 명칭이 나왔고, 그 명칭들은 모두 한라산이라는 의미로 제주인들을 상징하여 그렇게 불렀다는 이야기이다.

그렇다면 『조선왕조실록』에는 두무악계 명칭이 구체적으로 어떤 모습으로 등장했을까? 제주유민을 일컫는 명칭으로 '두독야지(豆禿也只)'가 제일 먼저 등장한다.

지금 어느 사람이 와서 말하기를, '도내의 사천(泗川)과 고성(固城)·진주(晋州) 지방에, "제주의 두독야지(豆禿也只)"라고 이름을 칭하는 사람이, 처음에는 2, 3척의 배를 가지고 출래(出來)하더니, 이제는 변하여 32척이 되었으며'6)

　이 두독야지(豆禿也只) 명칭은 성종 대 기록에 총 3회 등장하며, 두독야지(頭禿也只)는 1회 등장한다. 앞서 명칭의 의미에서 살폈듯이 두독야지(豆禿也只)와 두독야지(頭禿也只)는 같은 이름이다. 뜻이 아니라 본래 소리에서 유래한 명칭이기 때문이다.

　그런데 대부분의 기존 연구자들은 두무악계 명칭 중에 '두독야지(豆禿也只)'를 '두독야(豆禿也)', '두독야지(豆禿也只)', '두독(頭禿)' 이렇게 세 종류로 소개했다(장혜련, 2006; 김나영, 2008). 하지만 이 책은 다르게 생각한다. 하나의 명칭일 뿐이다. 선행연구자들의 견해는 인터넷 조선왕조실록 홈페이지에 실린 오역에서 기인한 게 아닌가 싶다. 거기에서는 성종 8년(1477년) 8월 5일 기사의 '제주두독야지칭명인(濟州豆禿也只稱名人)'를 '제주(濟州)의 두독야(豆禿也)라고만 이름을 칭하는 사람'이라고 번역했다. '지(只)'를 어조사 '라고만'이라고 번역한 것이다. 그래서 명칭을 '두독야(豆禿也)'라고 했다. '지'를 어조사로 볼 게 아니라 '두독야지(豆禿也只)'라는 고유명사 안에 포함시켜야 한다. 원문에는 분명히 두독야지(豆禿也只)라고 되어 있으며 다른 기사에서도 모두 '두독야지(豆禿也只)'로 나온다.

　'두독(頭禿)' 이라는 명칭도 오역에서 비롯한 것이라 생각한다. 위의 홈페이지에 실린 성종 23년(1492년) 2월 8일 기사의 '或書頭禿也只(혹서두독

---

6) 『성종실록』권83, 성종 8년(1477년) 8월 5일 己亥, "今有人來言 道內泗川, 固城, 晋州 地面, 濟州豆禿也只稱名人, 初將二三船出來, 今轉爲三十二隻".

야지), 國家疑水賊必此輩所爲(국가의수적필차배소위)'를 "혹은 두독(頭禿)이라고 쓰기도 합니다. 다만 국가에서 수적은 이 무리들의 소행이 아닌가 의심"으로 번역했다. 여기서도 분명히 원문에는 '두독야지(頭禿也只)'라고 나와 있다. 그런데도 '야'는 '이라고'로, '지'는 다음 문장 앞에 억지로 갖다 붙여 '다만'이라고 번역했다. 원문을 보면 모두다 두독야지(豆禿也只) 혹은 두독야지(頭禿也只)이다.[7] 한자 표기만 다를 뿐 소리는 모두 같다. 이것은 본디 한자 뜻을 가진 이름이 아니라 제주인을 뜻하는 고유어 '두독야지'를 한자로 기록하는 과정에서 나타난 현상일 뿐이다. 그리고 본 발음은 '두독야지'가 아니라 '두믜야지' 혹은 '두믜아지', '두믜아기'에 가까웠을 것으로 판단된다.

2) 포작계 명칭

『조선왕조실록』에서 제주유민을 뜻하는 말로 두무악계 명칭보다 훨씬 더 많이 등장하는 것은 포작계 명칭이다.

포작(鮑作) 역시 한자 차용 표기이다. 한자어 포작이 존재하기 전에 고유어가 먼저 존재했다. 그 고유어는 '보재기'이다. 보재기는 바닷물 속에 들어가서 전복·조개·미역 등 해산물을 채취하던 사람인 '보자기'의 제주 방언이다(이원진, 2002: 155). 한자로 기록해야 하는 조선의 지식인이 제주 바닷가에서 작업하던 사람들의 호칭 소리를 듣고, 원음에 가까우면서도 뜻을 담을 수 있는 글자를 만든 게 한자어 포작(鮑作)이다.

---

7) 『성종실록』권86, 성종 8년(1477년) 11월 21일 甲申, "近年濟州三邑人民自稱 '豆禿也只'"; 『성종실록』권235, 성종 20년(1489년) 12월 10일 癸巳, "請於諸浦, 依豆禿也只 船體制造輕船".

포(鮑)는 '보'에 가까운 발음이면서 전복, 절인 어물 등의 뜻을 나타낸다. 작(作)은 역시 '자'에 가까운 발음이면서도 노동의 뜻을 가진다. 이런 과정을 거쳐 탄생한 조어가 '포작(鮑作)'이다. 그러나 이 역시 소리가 우선이었지 뜻이 앞섰던 것은 아니다. 본디 바닷사람이 부르던 소리를 한자로 표기했을 뿐이다. 그러니 『조선왕조실록』에는 그나마 뜻을 살린다고 만든 바닷가 '포(浦)'자의 '포작(浦作)'도 등장한다. 전복이라는 뜻의 한자어 '복(鰒)'을 애써 넣어 만든 '복작(鰒作)'도 나온다. 그러기에 鮑作(포작)을 鮑作(포작)의 오기(김나영, 2008: 10)라고 말할 필요는 없다. 한자 차용에 따른 표기이기 때문이다.

포작을 일컫는 용어 중 하나가 포작간(鮑作干)인데, 이 포작간(鮑作干)의 '간(干)'은 신량역천(身良役賤)의 신분을 뜻한다(유승원, 2003: 180). 이는 제주유민의 신분 상황을 말해준다. 양인이면서도 사실상 천인 대접을 받던 사람들이었다. 포작한(鮑作漢)의 '한(漢)'도 '간(干)'과 유사한 신분을 칭하는 용어로 짐작된다. 조선시대 제주에 답한(畓漢)이라는 직역이 있었다. 이 답한 직역을 지었던 사람들의 신분도 천인과 일부 양인이었다(김동전, 1993). 이로 미루어 포작한과 포작간은 사실상 같은 존재에 대한 신분적 기록인 것으로 보인다. 신량역천의 '간(干)'은 발음상 '간'이 아니라 '한'이라는 견해(다카하시 기미아키, 1989: 120)를 고려한다면 이 점은 더욱 명확해진다.

정리한다면 포작계 명칭의 어원은 '보재기'이며, 이들은 바다에서 전복 등 해산물을 채취하던 사람들이다.

그런데 김나영은 이들을 포작업을 하면서 진상의 역을 담당하는 사람이라고 의미를 규정했다(김나영, 2008: 12). 그러나 역 부담에 대해서는 단정하기 어렵다. 간(干)이 본래 국가로부터 역이 주어진 사람의 명칭(다카하시 기미아키, 1989: 120)이라고 다카하시 기미아키는 말하지만 그 역시 포작간이 국가로부터 역을 부여받은 사람인지는 명확하지 않다고 했으며, 실제로는 국가가 그들을 부역에 편성하고 있지 않았다(다카하시 기미아키, 1989: 120)고 말한다.

물론 김나영이 분석 대상으로 삼고자 했던 조선 후기 제주 거주 포작인들은 국가의 역을 진 사람들이긴 했다. 그러나 조선 전기에 출륙하여 남해 바닷가를 유랑하던 제주유민은 국가로부터의 정식 역을 지지는 않았다.[8] 여기서 중요한 문제가 발생함을 볼 수 있다. 김나영이 분석하고자 했던 포작과 이 책에서 다루고자 하는 포작이 다르다는 점이다. 김나영이 분석하는 포작은 직능과 역의 이름이다. 반면 이 책에서 고찰하는 포작은 그 직능보다는 출륙제주유민 그 자체를 말한다. 물론 직능에서 나온 이름이긴 하다. 그러나 직능보다는 출륙제주유민이라는 정체성에 강조점을 둔다.

이 둘은 이름만 동일할 뿐 가리키는 대상은 다르다. 유랑민과 정착민의 차이이다. 국가의 느슨한 통제 아래에 있던 사람들과 국가의 강한 통제 아래에 있던 사람들은 분명 다르다. 전자는 조선시대 출륙제주유민에 대한 대명사로서 두무악계 명칭으로 불리던 사람들과 사실상 동일한 존재이다. 반면 후자의 포작은 제주도를 떠나지 못하고 국가의 통제 아래 힘든 역을 담당했던 사람들을 말한다.

물론 김나영의 지적처럼 출륙유민들 중에는 포작도 있고 포작 아닌 사람들도 있었다.[9] 출륙 시점에서는 포작이 아닌 사람들도 많았을 것이다.

---

8) "도망하여 흩어져서 거처가 일정함이 없으며"(『성종실록』 성종 16년(1485년) 윤4월 19일)나 "수령들이 고의로 호적에 편입시켜 백성을 만들지 않는다"(『성종실록』 성종 16년(1485년) 윤4월 11일)는 기록을 보면 그들이 국가의 정식 역을 지지 않은 아웃사이더(outsider)임을 알 수 있다.

그러나 일단 출륙하여 남해안 유랑민이 된 다음에는 포작업 외에 달리 생계 수단을 찾기는 어렵다. 그러니 대부분의 출륙유랑민들은 점차 포작일을 하고 자연스레 포작으로 불리게 되었을 것이다. 직능으로서는 포작이 맞다. 그러나 역을 진 존재로서의 포작은 아니다.

그런데 김나영은 이 둘을 구분하지 않고 논의를 전개했다. 그러다 보니 포작과 두무악을 다른 존재로 파악했다. 하지만 조선 전기『조선왕조실록』속의 포작은 포작업을 하는 출륙유랑민에 대한 대명사로서 사실상 두무악과 동일한 존재라고 할 수 있다.

그들이 타고 다녔던 배를 통해서도 그들이 동일 존재임을 짐작할 수 있다. 이들이 이용했던 배로『조선왕조실록』에 등장하는 것은 두독야지선10), 제주선11), 포작선12), 두무악선13) 등이 있다. 이 배가 서로 다른 배라고 생각되지는 않는다. 당시 조선술을 고려할 때 제주에서 그렇게 다양한 종류의 배를 만들지는 않았을 것이다. 네 가지의 이름 중 두독야지선, 제주선, 두무악선은 각각 1회씩 등장하는 반면, 포작선은 7회로 가장 많이 기록에 남아 있다. 보편적으로 쓰인 용어가 포작선일 뿐, 이들이 각각 다른 배는 아닐 것이다.

한편 장혜련(2006)의 견해도 이 책과 유사하다. 제주유민의 발생 당시 그들에 대한 호칭은 '두모악', '두독야지', '포작간'으로 칭해졌으나 후대로

---

9)『성종실록』권161, 성종 14년(1483년) 12월 6일 乙丑, "鮑作人等自濟州而來";『중종실록』권45, 중종 17년(1522년) 6월 26일 辛丑, "濟州人雖非鮑作干, 流移者亦多有之".

10)『성종실록』권235, 성종 20년(1489년) 12월 10일 癸巳.

11)『성종실록』권252, 성종 22년(1491년) 4월 11일 丙辰.

12)『연산군일기』권23, 연산군 3년(1497년) 5월 29일 庚午 기사 외 8건.

13)『중종실록』권12, 중종5년(1510년) 8월 20일 癸卯.

내려오면서 포작간이라는 명칭이 『조선왕조실록』에 자주 등장하고, 제주유민에 대한 일반적인 호칭으로 자리 잡았다고 했다. 제주유민 대부분이 전복과 고기 등을 잡아 생활했기 때문에 포작간이라는 호칭이 일반화되었을 것이라는 게 그의 추정이다(장혜련, 2006: 35).

그렇다면 이제는 『조선왕조실록』에 등장하는 이들 명칭의 빈도와 시기를 통해 점검해보자. 다음의 〈표 3-1〉과 〈표 3-2〉는 각각 두무악계 명칭과 포작계 명칭이 등장하는 시기와 빈도를 보여준다.

성종 대에 가장 많은데 총 6회 등장하며, 중종 대 3회 그리고 한동안 보이지 않다가 86년이 지난 선조 대에 2회 등장한다. 다음 〈표 3-2〉와의 비교 결과, 우선 두무악계 명칭은 초기에 조금 쓰였으며 반면 포작계 명칭은 전(全) 기간에 걸쳐 두루 쓰였음을 알 수 있다. 게다가 포작계 명칭이 중종 대에 20회, 선조 대에 16회 등장했음은 시간이 흐를수록 포작계 명칭이 출륙제주유민에 대한 일반적인 명칭으로 변했음을 말해준다.

그러나 한영국(1981)이 분석한 17, 18세기 『경상도울산부 호적대장』에서는 대부분 두무악계 명칭으로만 기록되었음을 볼 수 있다. 그러니 시간이 지나면서 모두 포작계 명칭으로 수렴되었던 것은 아니다. 이를 통해 알 수 있듯이 두무악계 명칭도 출륙제주유민이 소멸할 때까지 사라지지는 않았다. 다만 『조선왕조실록』 기록 속에서 등장하지 않았을 뿐이다.

정리해보자면 이렇다. 출륙제주유민을 가리키는 명칭은 두 종류가 있었다. 그중 두무악계 명칭은 출륙제주유민을 가리키는 보편적 의미로 쓰였다. 반면 포작계 명칭은 본래 전복 등 해산물을 채취하던 제주인을 일컫는 말이었다가, 차츰 출륙제주유민을 가리키는 말로 일반화되어갔다. 이는 해산물 채취 외에 해양유민이 선택할 수 있는 일이 없었기에 사실상 제주유민을 대표하는 포작업이 이들의 보편적 직업이 되었고, 그래서 결국 '포작'은 제주유민의 일반적 명칭이 되었다.

〈표 3-1〉 『조선왕조실록』 속의 두무악계 명칭 기사 횟수

명칭＼시기	성종	중종	선조	합계
두무악(頭無岳)	2	3		5
두독야지(豆禿也只)	3			3
두독야지(頭禿也只)	1			1
두모악(豆毛岳)			2	2
합계	6	3	2	11

* 성종 23년 2월 8일 기사에는 두무악(頭無岳)과 두독야지(頭禿也只)가 둘 다 나와 양쪽에
표기함.

〈표 3-2〉 『조선왕조실록』 속의 포작계 명칭 기사 횟수

명칭＼시기	성종	연산군	중종	명종	선조	광해군	합계
포작인(鮑作人)	6	1	4	1	8	1	21
포작간(鮑作干)	2		8	4	5		19
포작한(鮑作漢)			2		1	1	4
복작간(鰒作干)	1	1					2
포작배(鮑作輩)					1		1
기타(鮑作船, 鮑作)		3	6		1	1	11
합계	9	5	20	5	16	3	58

* 김나영의 앞의 논문 8쪽의 표를 재편집. 본 책의 관심 시기가 임진왜란 무렵까지이므
로 숙종과 정조 대의 기록 3회는 제외해서 총 61건 중 58건만 표기함.

　　이 책에서 주목하는 대상은 출륙유랑하던 제주민 전체이기에 굳이 포
작계와 두무악계의 명칭을 분리해서 사용하지 않는다. 용어의 본래 의미
에 구애받지 않고, 인용하는 사료에 기록된 그대로 포작으로 때로는 두무
악계 명칭으로 사용한다. 어떤 명칭이든 그것은 그들의 직역을 염두에 둔
것이 아니라, 제주도를 떠난 모든 유랑민을 의미함을 미리 밝힌다.

2. 제주유민 발생의 자연환경적 배경

1) 토지 척박 요인

유민에 관심을 둔 선행의 연구들은 유민 발생이 전근대사회의 보편적 현상이나 그 발생 원인은 시기나 지역 특성에 따라 모두 다르다고 진단하고 있다(오창훈, 1984: 18; 변주승, 1992: 41, 1995: 1). 그리고 그것이 사회에 미치는 영향과 역사적 의미도 시대에 따라 다르다고 했다(정형지, 1996: 185).

조선시대 제주유민의 경우도 그러하다. 유민 발생의 원인을 하나로 단정할 수도 없고 또 여러 요인 중에 시기별로 특별히 강조되는 게 있다. 복합적 요인이 작용하되 시대를 초월해서 작용하는 요인이 있는가 하면 특별히 어느 시점에서만 크게 작용했던 요인도 있다. 이 책에서는 우선 크게 두 가지 배경으로 나누어 살핀다. 인간의 의지와 무관하게 작용한 자연환경적 요인과 사회활동 과정에서 조성되는 사회구조적 요인이 그것이다.

하지만 자연환경적 요인이라고 해서 모두 동일한 것은 아니다. 브로델이 「필립 2세 시대의 지중해와 지중해 세계」에서 밝힌 모델을 따라 설명하자면 '거의 움직이지 않는 역사'가 있고, 또 그 역사 위로 '완만한 리듬을 가진 역사'가 있다.

제주유민의 발생 원인에서 '토지 척박' 요인은 바로 거의 움직이지 않는 역사에 해당할 것이다. 앞서 제2장 4절 1항의 '조선 전기 제주 경제구조의 변화'에서도 보았지만 사료 속에 지속적으로 등장하는 구절이 '제주의 토질 척박'이다. 이것은 비단 조선시대에만 국한된 문제가 아니다. 기록상으로는 고려 문종 12년(1058년)부터 나온다. 탐라국 시대에 해상교역 기록도 근본적으로는 토지 척박에서 비롯된 것으로 볼 수 있다. 게다가 이 요인은 현대사회에 들어와 화학비료가 시비되기 전까지는 해결되지 않았던 결정적 제한 요인이었다.

이는 한반도 여타 지역과 다르다. 인간이 만든 조선의 중세 경제 질서는 한반도 여타 지역과 유사했을지라도 자연환경적 측면, 그중에서도 제주의 토질은 사회구조의 동일함과는 무관했던 것이다. 화산섬의 토양은 화산회토가 대부분이어서 자갈 함량이 많고 경작토의 깊이도 얕다(고광민, 2004b: 15).

선행연구에서도 이 점을 지적하고 있다. 한영국(1981)과 김나영(2008)은 1601년의 제주 상황을 담은 『남사록』14)의 기사 3건을 인용했다. 그런데 그 3건의 기사 중 2건은 김상헌이 쓴 것이 아니라 이전에 있던 기록을 김상헌이 인용한 것이다. 그러니 김상헌이 제주에 갔던 1601년보다 이른 시기의 기록 즉, 조선 전기의 기록이라 할 수 있다. 그 기록은 『지지(地誌)』15)와 『제주풍토록(濟州風土錄)』16)이다. 김상헌 자신이 관찰한 내용은 "농기

---

14) 『남사록』은 청음(淸陰) 김상헌(金尙憲)이 1601년 제주에 안무어사(安撫御使)로 오고 가면서 남긴 기록이다. 1602년에 저술되었다. 이 책에서는 홍기표 역주, 2008의 것을 활용한다.

15) 『지지』는 구체적으로 어떤 자료인지 밝혀져 있지 않다. 『신증동국여지승람』(1530)과 『남사록』(1602) 사이의 시기에 만들어진 제주의 『지지』라고 추정할 수밖에 없다. 김상헌이 『지지』를 인용한 대목은 "땅에는 바위와 돌이 많고 흙이 덮인 것이 몇 치(寸)에 불과하다. 흙의 성질은 푸석하고 건조하여 밭을 개간하려면 반드시 소나 말을 몰아서 밟아 줘야 한다. 무명, 삼, 모시가 나지 않아 의식(衣食)이 모두 부족하다. 오직 해물을 캐서 그것으로 생업을 꾸려간다"이다.

16) 『제주풍토록』은 기묘사화로 제주에 유배되었던 충암(沖庵) 김정(金淨)의 1520년 기록이다. 김상헌이 『제주풍토록』을 인용한 구절은 "3읍은 모두 한라산 기슭에 있어서 평지는 절반도 못되며 밭을 가는 것이 마치 물고기의 배를 가르는 것과 같다"이다.

구가 매우 작아 어린아이 장난감 같았다. 그 이유를 물으니 '흙을 몇 치만 파도 모두 바위와 돌입니다. 그 때문에 깊이 팔 수가 없습니다'"라는 기록 뿐이다.

3건의 기록 모두 유사한 내용이다. 열악한 토지환경으로 인한 생존의 어려움을 전하고 있다. 『지지』와 『제주풍토록』의 두 기록은 조선 전기의 것이고, 김상헌의 기록은 1601년 상황, 즉 조선 중기의 기록이지만 결과적으로 내용은 같다. 토양 문제는 '거의 움직이지 않는 역사' 요소이기 때문이다.

『조선왕조실록』에도 유사한 기사들이 있다.[17] 그런데 『조선왕조실록』에는 단지 토지 척박만을 이야기하는 것이 아니라, 그것이 출륙유랑의 원인이었음을 구체적으로 명시한 기사들도 등장한다. 성종 대와 중종 대의 기록이다.

> 제주는 토지가 척박하고 산업(産業)이 넉넉지 못하여, 전라도와 경상도 지방에 도망하여[18]

---

17) 『세종실록』권5, 세종 1년(1419년) 9월 11일 癸丑 "濟州土地磽薄, 農人之家, 服勤南畝, 艱難辛苦, 百倍其功, 而常有卒歲無食之嘆. 因此, 不事農業, 而務行商賈者頗多 (제주의 토지는 본래 메말라서 농사짓는 사람이 토지에서 부지런히 일하여, 애쓰고 힘써서 그 공력을 백배나 들여도 항상 한 해 동안의 양식이 모자랄까 걱정하여, 농업을 하지 아니하고 상업에만 힘쓰는 자가 매우 많습니다)"; 『세종실록』권36, 세종 9년(1427년) 6월 10일 丁卯 "濟州土地, 本皆沙石, 農利不饒, 小民之生, 誠爲可慮 [제주는 토지가 본래 모두 모래와 돌이어서 농리(農利)가 풍족하지 못하므로 세궁민의 생계가 진실로 걱정이 되는데]" 등.

18) 『성종실록』권178, 성종 16년(1485년) 윤4월 11일 辛卯, "濟州土地瘠薄, 産業不裕, 逃散全羅, 慶尙地面.

제주는 땅이 좁고 사람은 많은 데다가, 전토(田土)가 척박하여 살아갈 수가 없으므로, 떠돌아다니며 사는 자가 매우 많아서[19]

제주는 토질이 척박해서 백성들이 살기 싫어하여 이주해 나오는 자가 많고[20]

모든 시기를 관철하는 장기지속의 토지 척박 요인이 특별히 성종, 중종 대의 기록에만 등장한다는 것은, 이 시기 유랑민 현상이 심각한 사회문제였음을 말해주고 있다. 이렇게 장기지속의 요인은 가장 밑바닥에서 거의 변하지 않는 요소로 느리게 작용하다가 사회구조 변동이나 특정한 사건이 불거질 때면 변화의 기초 동인으로 작용한다. 전근대 제주사회 어느 시기에나 잠재해 있던 토지 척박 요인이 성종, 중종 대의 여러 사회 모순과 결합하면서 출륙유랑의 기초 요인으로 작동했던 것이다.

그러니 토지 척박 요인만을 단독으로 내세워 출륙유랑의 원인이라 할 수는 없다. 이게 결정적 요인이라면 모든 시기에 걸쳐 출륙유랑이 일어났어야 한다. 항상 존재하는 요인이기에 토지 척박 요인은 출륙유랑의 결정적 요인이라기보다는 잠재적·심층적 요인이라 하겠다.

그러하기에 제주의 척박한 토지는 브로델 모델의 지리적 시간이 적용되는 요인, 장기지속의 역사가 적용되는 요인이라고 하겠다. "인간을 에워싸고 있는 주위의 환경으로서 변화가 느리며 계속 반복되고 끊임없이

---

19) 『성종실록』권178, 성종 16년(1485년) 윤4월 19일 己亥, "濟州土窄人多, 加以田土瘠薄, 不能聊生, 流寓者甚多".

20) 『중종실록』권92, 중종 35년(1540년) 1월 10일 癸卯, "濟州地薄, 民不肯居, 流出者刷還甚多".

다시 시작하는 주기(週期)들로 이루어진 역사"(Braudel, 1949: xiv) 요인이며 "거의 시간 밖에 위치하며 생명이 없는 사물들과 접하고 있는 역사"(Braudel, 1949: xiv) 요인인 것이다.

2) 자연재해 요인

자연재해 역시 전근대시대 여러 시점에서 발생하여 사회문제가 되었다. 그런 만큼 이 요인도 출륙유랑의 한 배경으로 작용했다. 장혜련(2006)은 출륙유랑의 원인으로 자연재해를 한 항목을 할애하여 설명했고 조성윤(2005)과 김나영(2008)은 간단히 언급했다.

그러나 장혜련의 분석은 설득력이 떨어진다. 그는 『조선왕조실록』에 나타난 제주지역의 자연재해 기록을 조사하여 표로 만들어놓았다(장혜련, 2006: 16). 이 표에 의하면 출륙유민이 대거 발생하는 성종~중종 무렵에는 오히려 자연재해가 상대적으로 많지 않다. 성종 때 가뭄 한 번이 그것이다. 그보다는 다른 시기, 특히 소빙기[21]라고도 불리는 17세기인 효종, 현종 시기에 자연재해가 집중되고 있다. 이 시기에는 여덟 번의 자연재해가 기록되어 있다. 그런데도 소빙기라는 17세기는 오히려 출륙유민 현상이 잦아들고 있었다. 그러므로 자연재해 요인을 출륙유랑의 원인으로 내세우려면 다른 요인과 함께 고려하여 신중하게 접근할 필요가 있다.

장혜련의 고찰과는 달리 『조선왕조실록』을 보면 성종~중종 무렵에 자연재해 때문에 출륙유랑하는 기사가 나온다. 물론 17세기만큼의 자연재해가 발생한 것은 아니다. 그러나 성종 이전 시기의 기사에 비해서는 성

---

21) 소빙기설에 대해서는 다음을 참고할 수 있다(나종일, 1992; 이태진, 1996; 박성래·소광섭·김연옥, 1996).

종·중종 때의 자연재해 기사가 많으며 구체적으로 그 때문에 출륙유랑했다는 기록도 찾을 수 있다. 이는 앞 시기에서는 찾아보기 어려운 내용이다.

중종 15년(1520년) 10월 18일 기사에는 "여역(癘役)이 크게 돌아 사람과 가축이 많이 죽고, 이뿐만 아니라 흉년이 매우 심하게 들어서 잇따라 사람이 죽어가므로, 정의(旌義)·대정(大靜) 같은 데는 인가가 다 비었다 하니"[22]라는 대목이 나온다. 전염병과 흉년이 문제가 되고 있고, 그 때문에 많은 사람이 죽었다고 한다. 물론 이 기사는 출륙유랑이 아니라 사망으로 인한 인구 감소를 다룬 것이다. 하지만 이 역병과 흉년은 사망뿐만 아니라 출륙유랑에도 영향을 끼쳤을 것이다.

같은 기사에 등장하는 특진관(特進官) 김석철(金錫哲)이란 사람의 입을 통해 당시의 상황을 짚어보자.

> 신이 대정 현감이었을 때에는 인물이 매우 번성하였었는데 뒤에 제주 목사가 되어서 보니, 대정은 인물이 비어서 관노비(官奴婢)가 10명밖에 안 되어 신이 순행할 때에 지대(支待)할 수 없으므로 다 고을 안의 백성으로 관역(官役)을 맡게 하기에, 신이 옳지 않다고 생각하여 금지하였습니다. 이제 듣건대 세 고을이 다 비었다 하니[23]

---

22)『중종실록』권40, 중종 15년(1520년) 10월 18일 壬寅, "癘疫大起, 人畜多死. 非徒此也, 年凶太甚, 死者相枕, 如旌義, 大靜, 人戶皆空云".

23)『중종실록』권40, 중종 15년(1520년) 10월 18일 壬寅, "臣爲大靜縣監時, 人物至爲繁庶, 而後爲濟州牧使而見之, 則大靜人物空虛, 官奴婢不過十名. 臣爲巡行時, 無以支待, 皆以縣內百姓, 使執官役, 臣以爲不可而禁之矣. 今聞三邑皆爲空虛".

김석철은 제주와 인연이 많았던 모양이다. 대정현감과 제주 목사를 재임했다고 한다. 그런데 그의 대정현감 재임 시기는 알려지지 않고 있다. 나이와 관직 진출을 통해 추측건대 성종 21년(1490년) 무렵으로만 짐작된다(한국정신문화연구원, 1991: 719). 위 기사에 의하면 그 시절에는 대정현에 인물이 번성했다고 한다. 15세기 말까지만 해도 상황이 나쁘지 않았던 모양이다. 그런데 그의 제주 목사 재임 시기(제주시, 2005: 347)인 중종 6년(1511년)~중종 8년(1513년) 사이에는 대정현에 사람이 없어서 고작 관노비가 10명 수준이었다는 것이다. 그러다가 발언을 하는 시점인 중종 15년(1520년)에는 아예 제주 세 읍이 모두 비었다고 한다. 이는 15세기 말까지는 큰 문제가 없었는데 중종 재위기인 16세기 초반, 즉 1511~1520년 무렵에 제주에 심각한 전염병과 자연재해가 발생했음을 말해준다.

중종 대에는 계속해서 자연재해 기사가 이어진다. 종종 37년(1542년) 3월 7일 기사에도 "제주도의 세 고을은 토지가 메말라서 평시에도 백성들은 먹고살기 어려운데 지난해의 큰 가뭄 때문에"[24]라는 가뭄 관련 내용이 나온다.

하지만 성종 4년(1473년) 3월 28일 기사를 보면 성종 대인 15세기 후반에도 흉년 때문에 출륙유랑이 발생했음[25]을 알 수 있다.

제주는 바다로 둘려 있어 사면에서 적을 받게 되므로 방어가 가장 긴요한데, 요즈음 흉년으로 말미암아 군민(軍民)이 유산(流散)하여, 지금 전

---

24) 『중종실록』권97, 중종 37년(1542년) 3월 7일 丁亥, "濟州三邑, 土地瘠薄, 雖平歲, 民猶艱食, 加以前年大旱".

25) 이는 세종 15년 윤8월 9일 기사를 제외하면 자연재해로 인한 출륙유랑 기사로서는 첫 기록이다.

라도의 연변(沿邊) 여러 고을로 옮겨 사는 자가 많습니다.[26]

이 기사 이후 중종 대와 명종 대에도 자연재해로 인한 출륙유랑 기사가 이어진다. 이는 앞의 시기에서 보기 드문 현상으로 특히 16세기 중종 무렵에 자연재해가 심했음을, 그리고 중종 무렵의 출륙유랑에는 자연재해가 큰 원인이 되었음을 말해준다. 다음은 중종·명종 대의 기사들이다.

근년에 와서 제주에는 흉년이 거듭되고 백성들이 흩어져 떠나고 있습니다.[27]

정축년과 무인년 사이에 제주가 해마다 흉년이 들었고, 또한 바다가 험악한데도 공상(貢上)이 여전하기 때문에 백성이 유랑했었으나[28]

제주선로사(濟州宣勞使)인 홍문관 부교리 윤의중(尹毅中)이 …… "해마다 흉년이 들어 백성과 물자가 모두 흩어지니"[29]

앞서 유민 발생의 원인은 시대와 지역적 특성에 따라 다르다고 밝혔다. 제주유민의 경우도 마찬가지인데 특히 16세기 중종 이후에는 자연재해

---

26) 『성종실록』권28, 성종 4년(1473년) 3월 28일 戊午, "濟州環海, 四面受敵, 防禦最緊, 而近因年荒, 軍民流散, 今於全羅道沿邊諸邑, 移寓者甚多".

27) 『중종실록』권32, 중종 13년(1518년) 2월 6일 乙亥, "近年濟州, 連年凶荒, 人物流移".

28) 『중종실록』권45, 중종 17년(1522년) 6월 26일 辛丑, "丁丑, 戊寅之間 濟州年運凶荒, 且海惡而貢獻如前, 故百姓流離也".

29) 『명종실록』권19, 명종 10년(1555년) 10월 12일 癸酉, "濟州宣勞使弘文館副校理尹毅中 …… 連年凶荒, 民物流亡殆盡".

가 큰 요인이 되었던 것 같다. 물론 출륙유랑은 단일 원인에 의해 발생하는 현상이 아니다. 앞서 보았던 장기지속의 요소, 거의 움직이지 않는 역사 요소로서 토질 척박이 이미 바탕에 깔려 있었다. 그 바탕 위에서 16세기의 빈번한 자연재해가 유민 현상을 촉발시킨 것으로 보인다.

자연재해가 빈발했다고 해도 이것이 토지 척박 요인처럼 언제나 밑바닥에 기본으로 깔려 있던 요인은 아니었다. 15, 16, 17세기의 자연재해가 각각 달랐다. 강도도 달랐고 사회에 끼친 영향도 조금씩은 달랐다. 척박한 토지 요인처럼 단절 없이 이어졌던 요인이 아니라 분절을 가지고 간헐적으로 이어졌던 요인이다. 그러니 이 요인은 장기지속의 요인이 아니다. 중기지속, 국면(콩종튀르)적 요소, '완만한 리듬을 가진 역사' 요소라고 할 수 있다.

그리고 자연재해 역시 유민 발생의 결정적 요인은 아니었다. 앞서도 언급했지만 자연재해가 더 심했던 시기는 소위 소빙기라 일컬어지는 17세기였다. 그런데 그때는 오히려 유민 현상이 잦아들었다. 자연재해가 유민 발생의 결정적 요인이라면 15세기보다 17세기에 유민 발생이 더 빈번했어야 한다. 그러나 사실은 그 반대이다. 그러므로 자연재해는 유민 발생의 한 요인이라고 할 수는 있지만 그것을 결정적 요인이라 말할 수는 없다.

3. 제주유민 발생의 사회구조적 배경

1) 과다 수취 요인

척박한 토지와 자연재해 등의 자연환경 요소만이 유민을 발생시키는 원인이 되는 것은 아니다. 오히려 유민 발생은 그 사회의 정치적·경제적 여러 모순 속에서 국가가 이를 통제할 수 없을 때 비롯된다(오창훈, 1984: 1). 국가권력의 수탈은 전근대사회에 항상 존재했던 초역사적 현상이라고도 한다(배항섭, 1986: 10).

제주유민을 다뤘던 선행연구들도 이 점은 빠지지 않고 지적했다. 한영국(1981: 811)과 박찬식(2004: 137)과 김나영(2008: 23)은 "조선왕조의 집권적 지배 체제가 확립됨에 따라" 상황이 더욱 악화되었고, 지방관이 공물 진상과 노역 징발을 과다하게 책정 수취하여 출륙을 유도하게 되었다고 설명했다. 이 분석은 타당해 보인다. 그러나 구체적으로 과거와 비교하여 어느 정도 수탈이 심해졌는지는 밝히지 못하고 있다. 사료 부족이 원인일 수 있다. 특히 출륙유민이 대량 발생하던 조선 전기의 사료에는 그 수탈의 정도를 짐작하게 하는 기사를 찾기가 어렵다.

그러다 보니 연구자들은 대부분 조선 중·후기의 사료[30]를 가지고 수탈 강화를 논증했다. 대부분의 선행연구가 활용한 자료는 『남사록』이다. 하지만 앞서 소개했듯이 『남사록』은 1601년의 제주 상황을 담은 기록이다. 그러나 출륙유랑이 본격화된 것은 성종 대의 일로써 『남사록』보다 120~130년 앞선 시기이다. 15세기 사건을 17세기 사료를 가지고 분석을 한 것이다. 심지어 19세기 제주민란의 원인이 되었던 수탈 현상을 가지고 조선 전기 유민 현상을 설명하는 경우도 있다. 물론 조선 전기와 조선 후기가 모두 비슷한 정도로 수탈이 이뤄졌을 것이라 가정한다면 조선 중·후기의 사료를 활용한 것도 문제가 되지 않을 수는 있다. 앞서 언급한 것

---

30) 대부분의 연구자들이 이를 위해 동원한 사료는 모두 조선 중·후기 사료인 『남사록』(김상헌, 1602), 『제주풍토기』(이건, 1629), 『탐라지』(이원진, 1653), 『남사일록』(이증, 1679), 『남환박물』(이형상, 1703), 그 외 18세기 사료인 『제주대정정의읍지』, 19세기 전반 자료인 『탐라사례』, 19세기 중반 자료인 『탐라사례』 등이 있다.

처럼 전근대사회에서는 국가권력에 의한 수탈이 초역사적 현상이었을 만큼 항상적이기도 했다.

그러나 조선 전기의 현상을 설명하면서 조선 중·후기의 사료를 가지고 분석한다는 것은 아무래도 문제가 있다. 아무리 과도한 수취가 전근대 사회의 보편적 현상이었다고 해도 국면마다 다른 특성이 있다. 국면마다 수취의 강도도 다르고 사회에 끼친 영향도 다르다. 물론 유민 발생이 전(全) 시대에 걸쳐 미약하게 일어날 수는 있다. 하지만 특별히 15~17세기에 집중적으로 발생했다는 것은 그 시기에 다른 국면(콩종튀르)이 형성되었음을 말한다.

그러므로 과다 수취 요인은 전근대시대의 보편적 현상이면서도 국면적 상황에 따라 다르게 작용했던 완만한 리듬의 요인이라고 말할 수 있겠다. 그게 아니라 거의 변하지 않는 요인이었다면 제주유민 현상도 15~17세기만이 아니라 전근대시대 내내 발생했어야 한다. 권력에 의한 수탈은 '척박한 토지'처럼 장기지속의 요인이 아니다. 시대에 따라 수탈의 강도는 달랐다. '거의 변하지 않는 역사' 요인이 아니라 중기지속의 요인으로 봐야 한다.

이 때문에 사회문제가 된 그 중기지속의 국면을 고찰하기 위해서는 원인과 결과를 시계열적으로 분석해야 한다. 결과가 원인보다 앞에 나오는 분석은 설득력이 떨어진다. 즉, 17세기의 수탈 현상을 가지고 15세기 출륙유민 현상의 원인을 설명할 수는 없다는 이야기이다. 그러니 조선 후기 사료가 아니라 여말선초 혹은 15세기 사료를 가지고 출륙유민 현상의 원인을 찾아야 한다.

선행연구 중 수탈 강화를 입증하기 위해 동원한 논리로 '이중 수취론'(장혜련, 2006)과 '왜구로 인한 과다 군역론'(박찬식, 2004; 장혜련, 2006)도 검토할 필요가 있다. 먼저 이중 수취론의 핵심은 이렇다. 조선이 건국되면서 조선의 중앙정부와 제주지역의 토호가 이중으로 수탈했기 때문에 제주민의 고통은 심화되었고, 그것이 출륙유랑을 촉발시켰다는 주장이다.

그러나 고려 말 몽골 지배기의 제주사회는 삼중 수탈 체제였다(김일우, 2000: 340). 몽골의 수탈, 고려 중앙정부의 수탈, 제주지역 토호의 수탈이 그것이다. 이처럼 오히려 조선 전기보다 고려 말 시기가 더 심한 수탈이 자행되었던 구조라고 할 수 있다. 그러나 그때는 출륙유민 현상이 발생하지 않았다. 게다가 제2장 3절 1항의 '조선 정부의 제주 정치 장악'에서 봤던 것처럼 토호의 착취는 조선 세종 무렵이면 확연하게 약화되었다. 그렇기 때문에 '이중 수취론' 역시 조선 전기 제주유민 현상을 설명하는 데는 한계가 있다.

왜구의 빈번한 침범과 그에 따른 제주지역 군역의 강화로 인해 제주민이 곤궁에 빠져 출륙유랑했다는 논리도 한계가 있다. 왜구 침범이 심했던 시기와 출륙제주유민 대량 발생 시기가 서로 조응하지 않는다. 소위 '전기 왜구'라고 하는 1350년경의 왜구 출몰 시기는 고려 말이다. 이때 제주에서 출륙유민 현상이 있었다는 기록은 없다. 또한 '후기 왜구'는 조선 명종 때의 일이다. 반면 사료에 등장하는 출륙제주유민 현상은 그보다 앞선 성종 때부터 본격화되었다.

또한 조선시대 제주에서 가장 힘든 역을 상징하는 소위 '6고역'에도 처음엔 군역이 포함되지 않았다. 아병(牙兵)이 6고역에 들어간 것은 19세기의 일이다.[31] 이 때문에 19세기 과도한 군역이라는 현상을 원인 삼아 15

---

31) 6고역(六苦役)은 조선시대 제주지역에서 가장 감당하기 힘든 여섯 가지 직역을 총칭해서 부르는 말이다. 6고역은 시대에 따라 변동이 있었으나 대체적으로 목자(牧子)·답한(畓漢)·선격(船格)·과직(果直)·잠녀(潛女)·포작(鮑作)을 지칭했다. 그러나 18세기 후반에 이르러서는 목자·포작·지장(紙匠)·유군(遺軍)·답한·선격

세기 출륙제주유민 현상을 설명하는 기존 연구는 한계가 있다.

그렇다고 해서 과다 수취 요인이 제주유민 발생과 무관했던 것은 아니다. 선행연구가 모두 지적했던 것처럼 과다 수취는 분명 제주유민 발생의 큰 원인이었다.

유민을 발생시킨 수취는 크게 둘로 나누어 볼 수 있다. 국가 제도에 의한 공식적 수취와 지방관의 자의적 수취가 그것이다. 그리고 국가의 제도적 수취는 다시 조·용·조, 즉 전세·역·공납으로 나눌 수 있다. 그런데 제주의 경우 앞의 제2장 3절 2항 '조선 정부의 제주 경제 장악'에서 봤듯이 조(租)·용(庸)·조(調) 중에 조(調), 즉 공납에 집중되어 있었다. 그리고 실제 공납과 다를 바 없이 민에게 전가된 진상(進上)이 가장 큰 부담이었다. 더하여 군역(軍役)도 큰 부담이긴 했다.

『조선왕조실록』에는 과다 수취로 인한 유민 발생을 명시한 기사들이 몇 있다. 기사의 시점과 수취 명목을 고찰하여 어느 시기의 수취가, 그리고 어떤 종류의 수취가 제주민을 바다로 내몰았는지를 살펴본다. 또한 국가의 제도적 수취였는지, 지방관의 자의에 의한 수취였는지도 함께 고찰한다. 과다 수취로 인해 제주유민이 발생했음을 알려주는 기사는 성종 대에 처음 등장한다.

> 제주인들이 역을 피하여 하삼도(下三道)의 연해(沿海) 여러 고을에 와
> 서 우거(寓居)하는데[32]

을, 19세기 전반에는 아병·목자·방군(防軍)·과직·선격·답한, 혹은 포작·답한·목자·방군·선격·아병을 지칭했다(김동전, 1993: 61~62; 양진석, 2004: 120 참조).
32) 『성종실록』 권85, 성종 8년(1477년) 10월 16일 庚戌, "濟州人避役來寓下道沿海諸邑".

피역 출륙 즉, 과도한 역이 출륙유랑의 원인임을 보여준다. 15세기 성종 대에 출륙 피역 기사가 한 번 나온 뒤에는 바로 16세기 중종 대의 기록으로 넘어간다.

제주의 일은 조정이 늦게 들어서 이제는 구제할 수 없으나, 신 등도 염려되므로 다시 그 폐해를 알아보아서 아뢰려고 하였습니다. 듣건대 그곳 사람들은 바다에서 나는 것으로 살아가는데 진상하는 수량이 많으므로 백성이 지탱하지 못하고 도산한다 하니[33]

많은 양의 진상으로 제주인들이 도산함을 전하고 있다. 이것이 직접 출륙유랑으로 이어졌다고 기록된 것은 아니다. 하지만 중종 대에 출륙유랑이 많았던 점을 생각한다면, 과도한 진상이 유민 발생의 큰 원인이 되었음을 짐작할 수 있다. 1년 뒤의 다음 기사도 공적 수취의 부담을 전한다.

본주(本州)는 민호(民戶)가 사망하면 공채(公債)의 독촉이 친족과 절린(切隣)에게 미칩니다. 그래서 모두들 떠나 흩어져 반은 폐허가 된 실정이니, 공물을 견감시켜 주소서[34]

제주 목사 이운(李耘)이 올린 글 내용이다. 사망한 자의 공물 부담이 이

─────────

33) 『중종실록』권40, 중종 15년(1520년) 10월 18일 壬寅, "濟州之事, 朝廷晚聞, 今則不可救也. 臣等亦以爲慮, 將更聞其弊而欲啓耳. 聞其處之人, 以海産爲生利, 而進上數多, 故民不能支而逃散".

34) 『중종실록』권41, 중종16년(1521년) 3월 10일 壬戌, "本州死亡民戶公債之督, 及於族隣, 竝皆離散, 半爲丘墟, 請蠲減貢物".

웃과 친족에게 전가되어 사람들이 유랑하고 마을의 반은 폐허가 되었다고 한다. 그래서 공물 부담을 줄여달라고 계를 올렸다. 이것을 보면 지방관의 자의적 수탈 이전에 국가의 공식적 공물 부과 자체가 많았음을 알수 있다. 국가의 수취량 책정이 이미 제주민이 감당할 규모를 넘어서 있었던 것이다.

게다가 중종 대는 앞서 보았던 것처럼 자연재해가 빈발하던 때였다. 자연재해에 수탈까지 겹치니 유민 발생은 더욱 빈발할 수밖에 없었다. 다음의 기사 안에는 그 두 가지 요인이 모두 등장한다.

> 정축년과 무인년 사이에 제주가 해마다 흉년이 들었고, 또한 바다가 험악한데도 공상(貢上)이 여전하기 때문에 백성이 유랑했었으나[35]

출륙유랑의 원인이 흉년과 함께 공상 즉, 공납과 진상에 있음을 밝히고 있다. 국가의 제도적 수취 외에 출륙유랑을 더욱 촉발했던 것은 지방관의 자의적 수취였다. 다음의 두 기사는 지방관의 자의적 수탈과 유민 발생의 관계를 보여준다.

> 제주 목사 장림(張琳)이 부임한 지 얼마 안 되어 진상을 빙자하여 민간의 좋은 말을 다 빼앗았으며, 농사철을 당하여 도로를 수리한다는 핑계로 민간을 침노하여 부역시켰으며, 또 우물가에 백성이 치전(治田)하는 자가 있었는데, 우물 가까이 밭을 만들 수 없다 하고 곡식을 다 베어버렸습니다 …… 이로 말미암아 주민들이 실농(失農)하여 먹고살 수가 없

---

35)『중종실록』권45, 중종 17년(1522년) 6월 26일 辛丑, "丁丑, 戊寅之間 濟州年運凶荒, 且海惡而貢獻如前, 故百姓流離也".

어서 내지(內地)로 유이(流移)한다고 합니다[36]

대간이 아뢴 말이다. 제주 목사 장림이 진상을 빙자하여 수탈했다는 것이다. 이것은 브로델의 모델에 따른다면 단기지속, 즉 개별 사건에 해당한다. 사실 장림 목사라는 구체적 개인은 역사 속에서 브로델이 말한 '먼지'일 수 있다.

굳이 장림 목사가 아닌 다른 목사라 하더라도 구조는 그러한 수탈을 사실상 보장하고 있었다. 제주도는 변경지대이고 바다로 격리된 섬 지역이다. 이것은 브로델이 말한 지리적 시간과 관련된 조건이다. 거의 변하지 않는 장기지속의 역사인 것이다. 서울과 멀리 떨어진 섬, 변경지대였기에 굳이 장림이라는 목사가 아니라 하더라도 지방관이 쉽게 수탈할 수 있는 지리적 구조를 가지고 있었던 셈이다.

또한 제주도는 왜구의 침범이 잦았기 때문에 주로 무관을 지방 수령으로 파견했던 지역이다. 무관 수령의 파견은 하나의 콩종튀르, 즉 중기지속의 추세라고 할 수 있다. 민본의 유교 이념에 충실하지 못한 무관들이라 수탈은 문관이 파견된 다른 지역보다 심했다. 비단 장림 목사라는 개인에 국한된 문제가 아닌 것이다.

따라서 서울과 떨어진 섬이라는 장기지속, 무관 파견이라는 중기지속 위에 장림 목사의 비행이라는 단기지속 즉 개별 사건이 겹쳐지며 제주민에 대한 수탈은 진행되었던 것이다.[37]

---

36) 『중종실록』 권12, 중종 5년(1510년) 11월 21일 癸酉, "濟州牧使張琳, 赴任未幾, 依憑進上, 奪盡民間良馬, 當農月, 托以修治道路, 侵役民間. 且井邊民有治田者, 以爲不可近井作田, 盡艾禾穀 …… 由是州民失農, 不能資食, 流移內地".
37) 브로델의 장기지속의 시간은 자연, 사회구성체, 심성에 해당하는 구조와 관련된 시

이것은 국가의 공적 수취의 범위를 넘어선 사적인 수탈이다. 이 때문에 제주 목사의 자질에 관한 논의가 조정에서 여러 번 나온다. 명종 연간의 다음 기사도 지방관의 사적 수탈이 유민 발생을 초래한 경우이다.

항차 근래에는 제주 목사를 전연 적임자를 가리지 않고 탐오한 자에게 맡기므로 침학(侵虐)을 극도로 하기 때문에 백성들이 원망하기를 '차라리 왜놈에게 죽겠다'고 한답니다. 이로 본다면 백성들의 곤궁과 고통을 알 만합니다. 대정현 등의 고을은 현재 남아 있는 백성이 50~60여 호에 지나지 않는다고 했습니다.[38]

지방관의 자의적 수탈이 극심했음을 보여준다. '차라리 왜적에게 죽겠다'라고 할 정도였다. 그 결과 제주민이 유랑의 길로 나서 대정현의 경우 50~60여 호밖에 남지 않았다고 한다.

제주의 지방관은 주로 무관이 파견되었다. "평소에 방어(防禦) 때문에 으레 무신(武臣)을 보낸"[39] 것이었다. 그런데 그것이 사단이 되었다. 문신들의 편견인지 모르겠지만 무관 목사들이라 문관보다 탐학과 혹독한 형

간이며, 중기지속은 흔히 경제적 주기변동과 관련된 콩종튀르의 시간 그리고 단기지속은 주로 정치적 행위와 관련된 사건사를 말한다. 이 점을 염두에 둔다면 15~17세기 제주유민 연구에서는 무반 지방관 파견이라는 일련의 정치적 결정이 중기지속적 차원에 거꾸로 영향을 미치는 특이한 경우가 된다. 결국 층위 간 상호관계를 확인하면서도, 브로델의 구상과는 다르게 아래 차원에서 위 차원으로의 영향이 아니라, 위 차원에서 아래 차원으로의 영향과 상호결속을 보여준다.

38) 『명종실록』권18, 명종 10년(1555년) 1월 11일 丁未, "況且近來, 濟州牧使, 專不擇人, 付之於貪黷之手, 極其侵虐, 故其民怨之曰: '寧死於倭奴' 云. 以此見之, 民生之困苦, 可知矣. 至於大靜等縣, 見存民不過五六十餘戶云".
39) 『선조실록』권140, 선조 34년(1601년) 8월 3일 戊辰, "平時每爲防禦之故, 例遣武臣".

장을 자행한다는 것이다.[40] 그게 문제가 되어 선조 33년(1600년)에 왕이 "방어가 긴요한 곳에 번번이 문관을 보낼 수는 없더라도 이따금 문관을 차견하여 보내라"[41]라는 명령을 내릴 정도였다.

그러나 그 관행은 쉽게 고쳐지지 않았다. 거의 50년이 지난 인조 26년 (1648년)에도 "제주 목사를 매양 무인으로 차임하여 보내기 때문에 백성들이 매우 고통스럽게 여기고 있으니, 의당 문관을 기용해야 합니다"[42]라는 건의가 올라가고 있었다. 더하여 세기가 바뀐 18세기 정조 즉위년(1776년)에도 문관과 무관을 번갈아 차임하길 청하는 장계[43]가 등장한다. 그만큼 무관 목사 파견은 탐학과 과다 수취의 대명사가 되었던 모양이다.

과다 수취와 관련된 『조선왕조실록』의 기록을 정리해보면 다음과 같다. 과다 수취로 인해 제주인들이 출륙유랑했음을 보여주는 기사는 중종 대에 가장 많이 나온다. 기록만으로 본다면 중종 때가 가장 수탈이 심했던 시기임을 알게 된다.

이처럼 수탈은 전근대사회에 항상적으로 존재했던 요소이지만 수탈의 강도는 시기마다 달랐다. 그렇기에 16세기 과도한 수탈은 장기지속적 요인이 아니라 중기지속, 즉 국면(콩종튀르)적 요소라고 하겠다. 16세기 중종 대에 유민 발생이 많았던 것은 앞의 장기지속으로서의 토지 척박 요인

---

40) 『선조실록』권140, 선조 34년(1601년) 8월 3일 戊辰, "例遣武臣, 刑杖常酷. 其地之民, 困於侵虐".

41) 『선조실록』권128, 선조 33년(1600년) 8월 11일 辛巳, "防緊之地, 雖不可每遣文官, 有時差文官", "防緊之地, 雖不可每遣文官, 有時差文官".

42) 『인조실록』권49, 인조 26년(1648년) 10월 3일 甲午, "濟州牧使每以武人差遣, 民甚苦之, 宜用文官".

43) 『정조실록』권1, 정조 즉위년(1776년) 5월 20일 庚寅, "本州牧使文武輪差之請, 隨時量宜, 毋令專差也".

에 중기지속의 자연재해, 수탈 심화 요인이 겹쳐서 작용했기 때문으로 생각할 수 있겠다.

2) 말교역 통제에 따른 경제기반 붕괴 요인

지금까지 살핀 제주유민의 발생 요인은 다음과 같다. 우선 가장 밑바닥에 깔린 장기지속의 요소는 척박한 토지 요인이었다. 그 심층의 바로 위에서 국면적으로 작용했던 게 자연재해 요인과 과다 수취 요인이다. 특히 16세기 중종 대에는 과도한 수취와 자연재해 기사가 빈번하게 등장하면서 이를 증명했다. 과다 수취와 자연재해는 항상적 요인이면서도 국면마다 그 강도가 달랐다. 이 때문에 중기지속의 요인이라 할 수 있다.

하지만 지금까지 살핀 세 가지 요인인 토지 척박, 자연재해, 과다 수취만으로는 유민 발생 현상을 충분히 설명할 수 없다. 앞서 언급했던 것처럼 자연재해는 오히려 17세기 소빙기 때가 더 심각했다. 『조선왕조실록』의 17세기 제주 관련 기사를 보면 기근과 자연재해 기록이 넘친다. 그리고 19세기 세도정치기에는 전국적인 수탈이 극에 달했다. 그러나 이때는 출륙유민 현상이 발생하지 않았다. 위의 세 가지 요인이 주된 요인이었다면 17~19세기에는 더 심한 출륙유랑이 이어져야 했다. 그러나 실제는 그렇지 않았다.

그러하기에 15, 16세기 제주의 출륙유민 현상을 설명하기 위해서는 다른 요인을 더 찾아봐야만 한다. 토지 척박, 자연재해, 과다 수취는 어쩌면 항상적 요인이다. 장기지속과 중기지속의 차이는 있을지언정 전근대사회의 일상적 현상이었다. 그렇다면 일상적이지 않은 15, 16세기 유민 현상만을 설명할 또 다른 요인, 특별한 국면은 무엇이었을까?

산업구조의 변화를 고찰하면 그 요인을 찾을 수 있다. 15세기 제주의 주력 산업이 무엇이었는지, 그리고 그 산업에 어떠한 변화가 생겼는지를 살피는 것이다. 결론부터 이야기한다면 그것은 말 사교역 금지에 따른 제주 경제의 기반 붕괴였다. 이것은 앞서의 토지 척박, 자연재해, 과다 수취와 같은 항상적 요인이 아니다. 15세기에만 특징적으로 나타났던 요인이다. 그러므로 이 요인을 언급해야 15~17세기의 출륙제주유민 현상을 설명할 수 있다.

앞서 제2장 4절 '조선 전기 제주 경제의 변동'에서 조선 전기의 제주 경제구조가 어떻게 변화했는지 그리고 그 속에서 말교역이 차지하는 위상이 어느 정도였는지를 살폈다. 고려 말 원 지배기 이후로 제주민에게 말 경제는 생존을 담보하는 결정적 경제 수단이었다. 그런 만큼 상당한 정도의 부(富)가 말 경제에 담겨 있었다. 하지만 조선 건국 후 상황은 많이 달라졌다. 조선 정부가 변방의 부를 그대로 두지 않았다. 조선 정부는 국가 안의 모든 말을 중앙정부의 통제에 두고자 사마(私馬)에 대해서도 관에 신고하여 장적을 만들게 법령화했다.[44] 또한 제주 말교역에 대한 통제를 시작했다.

그러나 건국 초 지방의 경제를 완벽하게 장악하지 못했던 정부는 교역 통제에 대한 제주민의 반발에 한 발 물러섰다. 다음은 그런 상황을 짐작하게 하는 태종 때의 기사이다.

제주인이 육지에 나와서 사마를 파는 것을 금하지 말도록 명하였다.[45]

건국 초인 태종 5년(1405년) 사마의 자유교역을 금지하지 말라고 명령

---

44) 『태종실록』권14, 태종 7년(1407년) 8월 11일 壬辰.
45) 『태종실록』권9, 태종 5년(1405년) 4월 14일 己卯, "命勿禁濟州人出賣私馬".

했다. 이것은 뒤집어 해석하면 얼마 전까지는 금지했다는 의미이기도 하다. 그 금지 조치가 제주민의 반발을 초래하자, 잠깐 자유교역을 허용하는 제스처를 썼던 것이다. 물론 이때의 자유교역 허가 조치는 제한적인 허용이었을 뿐이다. 이는 뒤에 이어졌던 여러 가지 교역 제한을 보면 알 수 있다.

유화국면은 태종 대까지는 지속되었다. 중앙정부의 제주 말교역 통제가 제주지역의 경제 위기와 민심 이반을 초래했기 때문이다. 민심 이반을 겪은 조선 정부는 어쩔 수 없이 의정부의 건의 형식을 빌려 제한적 자유교역을 허용했다. 다음의 기사는 태종 9년(1409년) 제주 말 반출과 관련된 의정부의 건의 내용이다. 그런데 이번에는 그 규모가 제법 컸다.

"제주의 자제로서 시위(侍衛)를 자원(自願)하는 자는 서울에 오는 것을 허락하고, 그 민간(民間)의 마필(馬匹)은 탈 만한 것을 가려서 2,000필을 한도로 하여 육지(陸地)로 내오게 하소서" 하니, 그대로 따랐다.[46]

한꺼번에 사마 2,000필을 육지에 내보내 매매하게 했던 것이다. 규모가 이렇게 컸던 것은 그동안 제주 말자유교역 금지 조치의 후과가 컸기 때문으로 보인다. 제주 경제의 기반이 크게 흔들려 제주민의 반발이 거세었던 것 같다. 태종 때까지만 해도 제주 토관 세력의 영향력이 작지 않았던 시기이다. 말 2,000필의 반출 결정은 건국 초기 민심 이반을 우려했던 중앙정부의 특별 조치였을 것이다.

이 기사를 다르게 해석하여 정부가 제주의 사마 2,000필을 강제 징발한

---

46) 『태종실록』권18, 태종 9년(1409년) 12월 14일 辛亥, "濟州子弟自願侍衛者, 許令來京; 其民間馬匹, 擇可騎者, 限二千匹出陸, 從之".

것으로 볼 수도 있다. 그러나 문맥으로 보면 그것은 아닌 듯하다. 제주 토호의 자제들에게 혜택을 베풀면서 이뤄진 조치였다. 이 점을 감안한다면 사마 반출 역시 제주민 회유책의 일환으로 보인다.

그러나 이러한 회유책은 그다지 오래 가지 않았다. 세종 대에 들어서면 상황은 크게 달라진다. 세종 대의 다음 기사들은 조선 전기 제주민의 말 교역 경제가 어떻게 붕괴되어 갔는지를 보여준다.

　　㉠ 제주는 사람은 많고 땅은 비좁아서, 가난한 사람은 모두 말을 사서 생계를 마련합니다. 근래에 수교(受敎)에 의하여 두 살 된 말은 육지에 내다 팔지를 못하게 되었습니다.[47]

　　㉡ 섬 안에 땅은 좁고 사람은 많은데, 목장이 절반이 넘어 소와 말이 짓밟기 때문에 벼농사에 손해가 많습니다. 거민들은 오로지 말을 팔아 생계를 유지하고 있사온데 요사이 암말을 육지로 내보내는 것을 금지하기 때문에[48]

　　㉢ 공사 간 목장들에 품질 좋은 상마는 '부(父)'라는 낙인을 찍어서 육지로 나가는 것을 허락지 아니함은 이미 전에 입법하였으나[49]

---

47) 『세종실록』권29, 세종 7년(1425년) 9월 4일 庚子, "濟州人多地窄單寒, 人民皆以買馬資生. 近因受敎, 禁二歲馬出陸放賣".
48) 『세종실록』권39, 세종 10년(1428년) 1월 6일 己丑, "島內地窄人多, 牧場過半, 因牛馬踐蹂, 禾稼多損. 居民專以賣馬爲生. 居民專以賣馬爲生, 近因雌馬出陸之禁".
49) 『세종실록』권61, 세종 15년(1433년) 9월 9일 戊子, "公私屯品好牡馬, 以父字烙印, 不許出陸, 已曾立法".

제주민의 주된 생업기반인 말교역이 금지당했음을 볼 수 있다. 세종 7
년(1425년)부터 『세종실록』 세종 15년(1433년)까지 8년 사이에 벌써 이런
기사가 3회 등장한다. 태종 때와는 확연히 달라졌다. 위 기사에 근인(近
因, '근래에' 혹은 '요사이'로 번역)이라는 표현이 나오는 것으로 봐서 세종 대
에 말자유교역 금지가 본격화되었음을 알 수 있다. 더 이상 제주 지방민
의 눈치를 보지 않으려는 기세였다.

사교역이 허락되긴 했지만 정부의 철저한 감독하에서 이뤄지는 제한
적 교역 체제[50]가 되었다. 두 살 된 말의 도외 유통 금지(㉠), 암말의 도외
반출 금지(㉡), '부'자 낙인 말 육지 매매 금지(㉢) 등 다양한 제한 조치가
취해졌다. 그리하여 정부의 통제 속에 '시(市)'자 낙인을 받아야만 육지와
의 교역이 가능해졌다.[51] "표가 없는 가죽을 사사로이 매매하는 자"[52]도
처벌을 받았다. 즉, 생물 말(馬)만이 아니라 말가죽 매매까지 모두 정부의
통제를 받았던 것이다.

건국 직후와 달리 안정기에 들어선 세종 대 이후로 국가는 제주 말 경
제를 완전히 장악·통제하기 시작했다. 앞서 보았듯이 세종 대에 들어와
제주 토호 세력의 영향력도 결정적으로 약화되었다. 양전을 통한 과전법
적용을 시도했던 것도 세종 시기이다. 세종 시기 제주사회는 커다란 변동
을 겪고 있었다. 그중에서도 가장 심각했던 것이 바로 말 사교역 금지였

---

50) 자유교역을 금지함으로써 제주민의 강한 저항을 불러 일으켰던 사건으로는 1932
   년 제주해녀항일운동을 들 수 있다. 그만큼 교역으로 살아가는 제주민의 입장에서
   자유교역 금지는 생존권이 달린 긴박한 문제였다. 해녀항일운동에 대해서는 박찬
   식, 1995, 참고.

51) 『성종실록』 권14, 성종 3년(1472년) 1월 30일 丁卯, "舊例, 濟州興利人, 交易馬匹, 牧
   官必考文案, 烙市字印, 許令出陸".

52) 『세종실록』 권61, 세종 15년(1433년) 9월 9일 戊子, "如以無標皮, 私相買賣者".

다. 이는 제주 경제의 기반을 무너뜨리는 조치였기 때문이다.

세종 때 체계화된 말교역 통제는 세조 때가 되면서 더욱 강화되었다. 세조 7년(1461년) 병조에서는 "청컨대 지금부터 상인으로서 내왕하는 자를 제포(諸浦)의 만호·수령(守令) 및 제주 안무사(濟州安撫使)로 하여금 엄하게 검찰(檢察)을 더하게 하여, 전과 같이 가져가는 자는 죄를 논하고 말은 속공(屬公)하며, 법을 세우기 전에 가져간 사람도 아울러 핵문하여 추론(推論)하게 하소서"[53]라고 아뢰자 왕이 이를 허락했다. 원문의 "嚴加檢察(엄가검찰)"이라는 말 그대로 세조 연간에 와서는 감독 통제가 더욱 강화되었다.

그 과정에서 정부의 정책을 빙자하여 사익을 취하는 지방관도 등장했다. 성종 20년(1489년)에는 "제주의 관리들이 진상을 빙자하여, 개인이 기르는 말[私屯之馬]의 매매를 허락하지 아니하고, 오직 세가에만 팔도록 허락하며 또 싼값[賤價]으로 강제로 아마(兒馬)를 사들이니, 진실로 온당치 못합니다"[54]라는 사복시 제조(司僕寺提調)의 글이 올라간다.

세종 이후 지속적으로 이어졌던 제주 말 사교역 금지는 제주민의 생존권을 위협했다. 이에 생존이 급해진 제주민은 여러 차례 밀교역[55]을 시도했다. 그에 따라 정부의 대응도 계속 강화되어만 갔다. 그 과정에서 이뤄졌던 밀도살과 밀교역을 정부는 '우마적 사건'[56]이라고 규정하며 관련

---

53) 『세조실록』권25, 세조 7년(1461년) 7월 27일 乙丑, "請自今商人來往者, 令諸浦萬戶守令及濟州按撫使嚴加檢察, 如前帶去者論罪, 馬匹屬公法前帶去人并厥追論".

54) 『성종실록』권232, 성종 20년(1489년) 9월 10일 乙丑, "濟州官吏憑托進上, 私屯之馬不許買賣, 惟於勢家許賣, 又以賤價抑買兒馬, 誠爲未便".

55) 서귀포시 안덕면 대평리 당캐 포구가 말(馬) 밀교역에 이용되었던 포구라는 연구도 있다(고용희, 2006: 118). 하지만 『예종실록』예종 1년(1469년) 2월 29일자에는 함덕포(咸德浦)와 근천포(近川浦)가 말 밀교역에 이용되었다고 나와 있다.

자 650~800명을 평안도로 강제 이주시키는 등 강한 제재 조치로 억압했다.

성종 대에 들어서 경국대전 체제가 준비되어가자 법 집행은 더욱 엄해졌다. 말교역은 이제 거주지 강제 이전 정도가 아니라 극형까지 감수해야만 했다. 다음의 성종 4년(1473년) 기사가 이를 보여준다.

> 제주의 죄수 사노(私奴) 성의(性義)·문면산(文面山)·김원민(金元民)·
> 덕명(德命)·송석송(宋石松)·송자산(宋自山)이 마소를 훔쳐서 죽인 죄
> 는, 수교(受敎)에 의하여 참대시(斬待時)하소서" 하니 그대로 따랐다.[57]

물론 위 기사에서 교역이 직접 언급되진 않았다. 다만 '마소를 훔쳐서 죽인 죄'라고만 했다. 하지만 밀도살의 목적 자체가 밀교역을 위한 것임은 쉽게 짐작할 수 있다. 생존 위기에 몰린 제주민들이 말을 훔쳐 도살하여 먹기도 했다. 그러나 그보다는 교역용이었을 가능성이 커 보인다. 이는 앞서 보았던 세종 16년(1434년)의 "생활이 간고하여, 소와 말을 도살하여 생계의 바탕으로 삼는 자가 자못 많고, 장사치들이 왕래하면서 우마피를 무역하여 생활을 이어가는 자도 또한 많사옵니다"[58]라는 기록을 통해 짐작할 수 있다.

이에 제주민의 말교역 경제는 극도로 위축될 수밖에 없었다. 이는 제주 기간산업의 붕괴를 의미했다. 세종 때부터 무너지기 시작한 제주의 말교

---

56) 소위 '우마적'과 관련된 기사는 『세종실록』세종 17년(1435년)에 여러 차례 등장한다. 다음 절에서 자세히 다룬다.

57) 『성종실록』권35, 성종 4년(1473년) 10월 22일 庚辰, "濟州囚私奴性義, 文面山, 金元民, 德命, 宋石松, 宋自山盜殺牛馬罪, 依受敎, 斬待時 從之".

58) 『세종실록』권64, 세종 16년(1434년) 6월 14일 己未, "濟州地窄人多, 生理艱苦, 盜殺牛馬資生者頗多; 商賈來往, 貿易牛馬皮, 以資其生者亦多".

역 경제는 성종 대에 와서 『경국대전』으로 법제화 단계에까지 이르게 되면서 사실상 황폐화되었다고 말할 수 있다. 이것은 제주 경제구조의 커다란 변화로써 제주민의 출륙유랑을 재촉했을 가능성이 크다.

이후 정부 안에서도 이 조치의 폐단을 지적하는 사례가 나타났다. 물론 이들의 관심이 제주민의 민생 안정에 있었던 건 아니다. 정부의 말 통제로 인해 말의 개체 수가 줄어들자, 이에 대한 해결책 모색의 일환이었을 뿐이다. 말의 사교역이 허용되어야 민간의 말이 많아질 것은 당연한 이치이다. 판로가 막힌 상태에서 생산이 활성화될 까닭은 없기 때문이다.

그런 이유로 관료들 안에서도 어떻게든 제주 말을 밖으로 나올 수 있게 해야 한다는 논의가 나왔다. 그리고 왕도 이에 관심을 보였다. 그러나 약간의 융통성을 보였을 뿐 본질적인 변화를 가져오진 않았다. 중종 17년(1522년) 2월 10일 조정 회의에서 홍숙(洪淑)이 "바라건대 내보낼 수 있도록 길을 개정한다면 민간의 말이 또한 많아질 것입니다"라고 건의하자, 왕이 "일체로 금지할 것은 없다(不可一切禁止也)"며 융통성을 보였다. 제주의 말 개체 수가 줄어들자 이를 늘리기 위한 방책으로 국가의 통제를 완화하고 민간의 자율성을 높여 해결하고자 했던 것이다.

하지만 계맹(繼孟)이 중국의 예를 들며 "바라건대 제주의 말 사교역을 금지하지 말도록 하소서(請勿禁濟州私貿之馬)"라고 다시 건의하자, 왕은 끝내 "윤허하지 않았다(不允)".[59] 말의 개체 수를 늘리는 것은 좋지만, 그것이 곧바로 사무지마(私貿之馬) 곧 제주 말의 자유교역을 허용하는 단계까지는 하고 싶은 생각이 없었던 것이다. 왕이 바란 것은 말의 증식이었을 뿐, 말에 대한 통제권 포기는 아니었다.

---

59) 『중종실록』 권44, 중종 17년(1522년) 2월 10일 丁亥.

이렇게 해서 결국 조선 전기 제주의 경제구조는 커다란 변화를 겪었다. 고려 말 원 지배기 이후부터 형성되어 약 150년가량 중기지속으로 이어지던 제주의 말교역 경제는 이런 과정을 거치며 쇠퇴기를 맞았던 것이다. 그리고 그것은 다시 15~17세기 동안 지속되는 중기지속의 출륙유랑 현상을 낳았다. 출륙유랑은 변화된 경제 현실에 대한 제주민의 대응이었다. 무기력하게 굶어 죽기보다는 목숨을 담보로 모험에 나섰던 것이다.

결국 15세기 이후 지속된 제주민 출륙유랑의 배경은 다음과 같이 정리할 수 있겠다. 우선 가장 밑바닥에는 척박한 토지라는 장기지속의 배경이 깔려 있었다. 거기에 자연재해와 과다한 수취가 중기지속으로 유민 발생을 유도했다.

하지만 위의 세 가지 요인만으로는 설명이 부족하다. 이 유민이 특정 시기인 15~17세기에 주로 발생했던 것은 또 다른 특정 원인이 있었음을 말해준다. 고려 말 원 지배기 이후 중기지속으로 이어오던 말 사교역이 15세기에 금지를 당했기 때문이다. 그렇기에 말교역 통제에 따른 제주 경제의 기반 붕괴가 15~17세기 유민 발생의 핵심적 요인이었다고 할 수 있다.

4. 우마적 사건과 제주유민

앞 절에서 살펴보았던 것처럼 말자유교역 통제와 관련된 기사는 세종 7년, 세종 10년, 세종 15년에 있었다. 이것은 세종 15년 이전에 제주의 말교역이 정부의 강한 통제 밑으로 들어갔으며, 그런 만큼 제주민의 경제기반은 붕괴되어갔다는 의미이다. 생업기반이 무너져 생계 위협을 느끼게 된 제주인들은 이제 다른 방식으로 활로를 찾았다. 생물(生物)로써의 말이 아니라 도살 후 가공품으로써의 말을 교역했던 것이다. 건육포,[60] 말

힘줄, 말총 등 여러 품목이 있었는데 그중 가장 상품성을 가졌던 것은 가죽[61]이었다. 가죽 교역과 관련된 기사가 등장하는 것은 바로 다음 해인 세종 16년(1434년)이다.

> 제주는 땅이 좁고 인구는 많아, 생활이 간고하여, 소와 말을 도살하여
> 생계의 바탕으로 삼는 자가 자못 많고, 장사치들이 왕래하면서 우마피
> 를 무역하여 생활을 이어가는 자도 또한 많사옵니다.[62]

이제 우마 도살로 생계를 꾸려가는 제주민이 많다는 기록이다. 그러나 이 도살은 도살 자체를 위한 게 아니었다. 교역을 위한 도살이었다. 생물로써의 말교역이 불편해지자 그 난관을 해소하기 위해 취한 조치가 도살이었다. 부피가 작고 운반이 편리하며 취급이 간단한 상품을 만들기 위해서는 도살이 필수적 절차였다. 생물이 아닌 우마피라면 관의 통제를 피하기가 쉬웠다. 이제 교역물은 우마가 아니라 우마피였다. 그래도 가격은 여전히 고가였으며 수요 또한 많았다. 우마피교역은 정부의 말교역 통제에 대한 제주인들의 응전이었다.

그러나 조선 정부는 이에 더욱 강경하게 대처했다. 정부의 통제 정책을 피해나가던 제주인들을 그대로 놔두지는 않았다. 조선 정부는 우마피 교역자들을 우마적으로 규정하며 처벌을 시작했다. 처벌은 평안도 강제 이

---

60) 말고기 건육포의 상품성에 대해서는 『세종실록』권116, 세종29년 윤4월 14일과 16
   일 기사를 통해 엿볼 수 있다.
61) 말가죽의 상품성에 대해서는 『세종실록』권31, 세종 8년(1426년) 1월 26일 辛酉 기
   사를 통해 엿볼 수 있다.
62) 『세종실록』권64, 세종 16년(1434년) 6월 14일 己未, "濟州地窄人多, 生理艱苦, 盜殺
   牛馬資生者頗多; 商賈來往, 貿易牛馬皮, 以資其生者亦多".

주였다. 세종 17년(1435년) 1월 강제 이주 대상자로 처음 파악된 숫자는 650명으로 보고되었다.[63] 하지만 다음 해 이주 조치의 결과를 논하는 자리에서는 800명가량[64] 되었던 것으로 나온다.[65]

그런데 그 과정이 순탄치는 않았다. 정부 안에서도 논란이 많았던 것이다. 강력한 처벌을 주장하며 강제 이주 조치를 주도했던 세력은 말 관리의 책임 부서인 병조 사복시(司僕寺)였다. 반면 왕과 많은 대신들은 이에 의문을 제기했다. 『세종실록』세종 17년(1435년) 3월 12일자에 실린 조정 회의 장면은 자세히 살필 필요가 있다.

처음 사복시에서 계달하기를, '제주에 우마적이 성행하여 목장의 말이 번식하지 못하고 있으니, 마땅히 사람을 보내어 이를 조사 색출하여, 회령(會寧)·여연(閭延) 등지로 이들을 이주시켜 변읍(邊邑)이나 채우게 하소서 하니, 여러 대신들과 의논한 결과 모두 불가하다고 하는데도, 사복시에서 이를 재삼 계청하기에, 사복 소윤(司僕少尹) 조순생(趙順生)을 파견하여 도둑을 색출하게 하였더니[66]

강제 이주를 주도한 세력이 먼저 나온다. 사복시이다. 그리고 그들의

---

63) 『세종실록』권67, 세종 17년(1435년) 1월 14일 丙戌, "今自濟州移置平安道盜殺牛馬者, 幾至六百五十餘".

64) 『세종실록』권72, 세종 18년(1436년) 6월 20일 乙卯, "令趙順生推刷出陸, 其數至八百".

65) 남도영은 이때 평안도로 강제 이송되었던 인구를 가족까지 포함하면 3,000명 정도 되었을 것으로 추산했다(남도영, 1975: 98).

66) 『세종실록』권67, 세종 17년(1435년) 3월 12일 甲申, "濟州牛馬賊興行, 牧馬不蕃, 宜差人刷出, 徙于會寧, 閭延, 以實邊塞 議諸大臣, 皆曰: 不可, 司僕再三啓請, 爰遣司僕少尹趙順生, 刷出賊人".

의도도 소개된다. 말 번식이다. 그러나 여러 대신들이 우마적 색출, 강제이주에 대해 '모두 불가'하다고 반대했다. 그럼에도 사복시의 거듭된 주장으로 결국 사복시의 소윤 조순생을 파견하여 우마적을 색출하게 했다.

그러나 왕은 계속 의문을 제기했다.

> 내가 듣기에는 말도둑이 거의 천 명에 달한다 하나, 이는 다름이 아니라, 본주의 사람들이 그 토풍(土風)에 젖어서 자기의 우마를 잡아 제사하고 그 고기를 먹은 자까지도 모두 색출에 걸렸다는데, 이것이 사실인가[67]

왕이 제기한 문제는 두 가지였다. 우선 우마적이 1,000명에 달한다는 게 믿기지 않는다며 의문을 제기하고 있다. 실제 당시 6만 명의 인구 중에 1,000명이 우마적이었다는 것은 쉽게 납득이 가지 않는 대목이다. 우마적이 아니라 우마적으로 규정된 우마 밀도살, 밀교역 관련자들일 것으로 추정된다. 말교역이 제주의 주된 경제기반이었음을 고려할 때, 도둑 1,000명은 의문스럽지만 말 경제 관련자 1,000명은 납득이 된다.

그리고 우마 도살이 제사용의 관습적 도살이 아니냐며 왕은 두 번째 의문을 제기했다. 이에 조정의 논의는 조사관을 파견하여 다시 조사하자는 쪽으로 흘러갔다. 하지만 사복시는 강하게 반발했다. 사복시 제조(司僕寺提調) 정연(鄭淵)은

> 따로 조관을 보낸다면 도리어 소요스러운 폐단이 생길 것입니다. ……

---

67) 『세종실록』권67, 세종 17년(1435년) 3월 12일 甲申, "予聞馬賊幾至千數 無他, 本州人狃於土風, 殺自己牛馬, 祭而食肉者, 竝皆被刷, 未知實否".

토호들이 백성을 많이 점유하여 부리고 있다 하옵는데, 이제 이들이 조사 색출을 당하면 반드시 이를 꺼려할 것이며, 고기를 먹은 자까지 모두 조사 색출에 일괄 포함되었다는 말은 아직 믿을 수 없는 것으로서, 조순생이 어찌 함부로 이같이 끌어냈을 리 있겠습니까.[68]

라며 사복시에서 먼저 파견했던 조순생의 보고가 정확한 것이라 강변했다. 그러니 재조사를 할 필요가 없다는 논리였다. 근데 여기서 눈길을 끄는 대목이 있다. 이제 다시 조사관을 파견하여 재조사한다면 토호들이 반발할 것이라는 점이다. 이때까지도 토호들의 영향력이 작지 않았으며 또한 제주의 토호들이 우마적 사건과 어떻게든 연관이 있었다는 의미이다. 사실 말 밀교역 관계자 중에는 제주의 토호들도 있었던 것으로 짐작된다. 많은 말을 보유했을 그들은 그 말들을 육지에 내다 팔아 부를 축적했을 것이다.

그런데 이제 조선 정부의 통제를 받게 되면서 판로가 막혀버렸다. 위기에 처한 그들로서는 달리 방법을 찾을 수밖에 없었다. 아랫사람을 시켜 몰래 육지로 반출하며 밀교역을 시도했을 수도 있다. 이 상황에서 조선 정부 사복시 관리 조순생이 파견되어 와서 제주인들을 북변으로 강제 이주시켰다. 그리고 이것으로 상황은 일단락되는가 싶었다. 하지만 왕과 대신들이 여기에 이의를 제기했던 것이다. 그리하여 다시 조사관을 보낼까 말까 하는 논의가 일었다. 그러나 만약 조사관을 다시 보내 재조사하게 된다면 제주 토호들과의 마찰이 불가피했을 것이다. 그러기에 사복시 제

---

68) 『세종실록』권67, 세종 17년(1435년) 3월 12일 甲申, "鄭淵曰 "別遣朝官, 反生搔擾之弊 …… 土豪多占百姓役使, 今當刷出, 必生厭憚, 其曰食肉者竝被推刷, 未足信也. 順生亦豈如此妄刷乎".

조 정연은 여기서 마무리하자고 제안하고 있었다.

선행연구들은 대부분 이 사건을 단순한 도적 사건으로 다루고 있다.[69] 사료에 기록된 글자 그대로 해석하여 '몰래 산골짜기로 모여들어 마소를 훔쳐다가 잡으면서 제멋대로 행동하는 막된 무리'라고 파악했다. 물론 조선 정부에서 볼 때는 그 말도 맞다. 어차피 사마(私馬)마저도 정부의 허가 속에서만 도살하고 팔 수 있었으니, 그것을 어긴 자는 범죄자일 수밖에 없었다. 그뿐만 아니라 실제 남의 말을 훔쳐서 도살하고 팔기도 했을 것이다.

그러나 범죄자가 되기까지의 과정도 함께 살펴봐야 그들의 성격을 정확히 규정지을 수 있다. 변주승(1995)은 '일정한 생업기반을 갖지 못한 유민들은 극심한 재난을 만나면 살길을 찾아 유리걸식하거나 일부는 호구지책의 한 방편으로 도적이 되기도 한다'라고 했다(변주승, 1995: 7). 정형지(1996)도 '유랑 이후의 행로는 굶어 죽거나 거지·빈민·도적이 되는 경우가 많다'라고 했다. 이들은 당시 사회의 구조적 모순의 담지자였기 때문이다(정형지, 1996: 185).

이들의 주장을 제주 우마적 사건에 비추어보면, 사건의 본질을 짐작할 수 있게 된다. 이 사건은 갑작스럽게 나타났던 현상이 아니다. 또한 이들은 단순한 도적도 아니었다. 이미 생존 기반을 상실한 상태로 사실상의 유민 상태가 되었을 때 등장했던 것이다. 그러기에 우마적은 당시 사회적 모순 속에서 제주민들의 자연스러운 귀결이기도 했다.

당시 정부 관리들도 우마적 발생 원인에 대해 나름의 진단을 내렸다. 참찬 조계생(趙啓生)은 "제주인들이 마소를 도둑질하여 그 생계로 한 것

---

69) 우마적에 대한 연구로는 다음을 참고할 수 있다(김태능, 1964; 남도영, 1975).

은, 오로지 땅이 비좁고 백성이 조밀해서 농사를 지을 수가 없어서이며, 항산(恒産)이 없는 까닭입니다"70)라고 발언했다. 조선 정부의 과오까지 말하진 못했지만 우마적이 생계형 도둑임은 인정했다.

그러나 우마적의 본질이 말교역 차단으로 인해 생긴 난민이라는 사실은 언급하지 못했다. 하지만 다음의 기록은 말교역과 우마적이 한 맥락에 있는 사건임을 보여준다.

> 또 제주의 상인이 산 말은, 절제사(節制使)가 교역 문권(交易文券)을 상고해서 시자인(市字印)을 낙인(烙印)하고, 제포(諸浦)의 감고(監考)들이 시자(市字)의 유무(有無)를 고찰하여 육지로 나가는 것을 허락하니, 신은 원컨대 이제부터 전라도·경상도의 모든 연해(沿海)에 있는 역리(驛吏)들에게 시자가 없는 말을 얻은 자는 관(官)에 고발하도록 허락하여, 그 말 주인을 엄히 징계하시고, 인하여 그 말을 고발한 자에게 주시면, 말도둑[馬賊]은 날로 줄고, 역리도 또한 실(實)하여질 것입니다.71)

시자인(市字印)이 찍힌 말들만 교역하게 하고, 나머지는 금지하게 해야 말도둑(마적)이 줄어들 것이라는 주장이다. 시자인이 찍힌 말들만 교역하

---

70) 『세종실록』권72, 세종 18년(1436년) 6월 23일 戊午, "濟州之人, 盜殺牛馬, 以資其生者, 專是地窄民稠, 不得耕種, 無恒産故也".

71) 『예종실록』권3, 예종 1년(1469년) 2월 29일 甲寅, "且濟州商人所買馬, 節制使考交易文券, 烙市字印, 諸浦監考, 考市字有無, 方許出陸. 臣願自今, 全羅·慶尙道沿海諸驛吏, 得無市字者, 許令告官, 痛懲馬主, 仍以馬給告者, 則馬賊日減, 驛吏亦實矣. 且濟州商人所買馬, 節制使考交易文券, 烙市字印, 諸浦監考, 考市字有無, 方許出陸. 臣願自今, 全羅, 慶尙道沿海諸驛吏, 得無市字馬者, 許令告官, 痛懲馬主, 仍以馬給告者, 則馬賊日減, 驛吏亦實矣".

게 한다는 것은 말자유교역을 금지한다는 이야기이다. 이것은 곧 자유교역을 행하는 자들은 결국 말도둑(마적)과 관련이 있다는 뜻이다. 다시 말해 말도둑의 실체는 바로 제주마 자유교역자와 그 관련자들임을 의미했다.

우마적 사건과 관련하여 마지막으로 살필 사건은 제2장 2절에서 봤던 고려 말 소위 '차현유의 난'이다. 목호의 난 직후 마축사를 비롯한 고려 관리를 살해하며 일으켰던 난이다. 이 책에서는 이 사건의 본질을 말을 둘러싼 고려 정부와 제주 토호 차현유 사이의 갈등으로 설명했다.

그런데 차현유를 마적으로 표현한 기록이 있어 관심을 끈다. 세종 대에 중앙관직에 있었던 제주 출신 고득종이 왕에게 올리는 글 속에 등장한다. 당시 고득종은 지방 세력 회유책의 혜택으로 중앙정계에 진출하여 제주 자제(濟州子弟) 천거의 권한을 전적으로 쥐고 있던[72] 토호로서 친중앙정부적일 수밖에 없는 존재였다. 그런 그가 고려 말 차현유를 마적으로 묘사했다.

신의 고향인 제주는 예전 을묘년에 차현유와 내성(內成)의 무리들이 마적(馬賊)이 되었었는데, 그때의 만호가 군사를 뽑아서 잡고자 하였으나, 기밀이 누설되어 도리어 도둑에게 해한 바가 되자, 도둑이 더욱 성하여 권세를 오로지 잡아서 나라를 배반하려고 하여 역모(逆謀)를 꾸미고 난동을 일으켜, 그 해가 이르지 아니함이 없었는데 …… 이후로 도둑질하는 자는 비록 초범(初犯)일지라도 곧 육지로 내보내어 먼 도에 두게 하면, 마적이 스스로 끊어지고 언짢은 풍속이 새로워질까 하옵니다.[73]

---

72) 『세종실록』권100, 세종 25년(1443년) 6월 13일 丙申, "本耽羅土豪, 旣仕于朝, 濟州子弟薦進之權, 全在其手".

73) 『세종실록』권65, 세종 16년(1434년) 8월 28일 壬申, "臣鄕濟州, 曩在乙卯, 車玄有,

세종 연간 우마적 사건이 발생하자 이에 대한 대책을 논의하면서 올린 글이다. 그런데 그 글 중에 고려 말 차현유 사건이 뜬금없이 등장한다. 차현유가 마적이었다는 주장이다. 선행연구들도 고득종의 이 발언을 근거로 차현유를 마적으로 설명했다.[74] 그러나 차현유를 단순히 말도둑으로 보기에는 고득종의 설명이 모순적이다. 말도둑이 '오로지 권세를 잡아서 나라를 배반하려고 역모를' 꾸민다는 게 설득력이 없다. 오히려 이 언급 자체가 차현유의 성격을 말해준다. 말도둑보다는 말을 둘러싼 쟁투에서 패배한 세력임을 암시한다. 즉, 정치적인 사건이었음을 말하고 있다.

고득종은 탐라의 사실상의 마지막 성주 고봉례의 조카였다(김창현, 2010: 232). 반면 차현유의 차씨 가문은 제주의 작은 토호 세력으로 추정된다. 두 가문 모두 고려 말 원 지배기 아래서는 번창한 목마 경제의 수혜자였을 것이다. 그러나 원이 망하고 고려가 다시 제주를 장악해갈 때, 고득종 집안은 고려와 결탁했고, 반면 차현유 세력은 고려에 저항했다. 이유는 아마도 말에 대한 소유 통제권 때문으로 보인다.

승리한 고려 정부와 조선 정부는 말에 대한 소유권을 가졌고, 반대로 빼앗긴 목호와 상당한 규모의 말 경제력을 가졌을 것으로 추정되는 제주 토호 차현유는 몰락했다. 반면 고득종 집안은 고려·조선과 함께 승리자가 되었다.

그 후 60년가량 지난 조선 세종 대에 고득종은 역사 속에서 차현유를

內成之輩爲馬賊 其時萬戶欲抄軍捕之, 機洩反爲賊所害, 賊益熾, 欲專權背國, 構逆扇亂, 無所不至 …… 自今以後作賊之人, 雖初犯, 隨卽出陸, 置之遐道, 則庶幾馬賊自絶, 而汚俗惟新矣".

74) 김태능은 차현유의 난을 "이것이 바로 제주에 마적이 발생된 시원이 되는 것"이라 설명했다(김태능, 1964: 92).

불러내어 그에게 낙인75)을 찍었다. 이 순간 패배자는 '도적'으로 규정당했다. 이제 차현유에게 붙은 꼬리표(Label)의 사실 여부는 관심 밖의 일이 되었다. '우마적'이라는 꼬리표가 그 자체로 영향력을 발휘한 것이다. 꼬리표는 차현유의 행위에서 나온 게 아니다. 꼬리표는 권력자 고득종의 기준에서 만들어진 것이다. 그렇게 차현유는 역사 속에서 '우마적'의 원조가 되었다.

낙인이론(Labelling Theory)으로 차현유 사건을 들여다 보면 오히려 조선 세종 연간 우마적 사건도 그 본질을 더 잘 파악하게 된다. 고득종의 차현유에 대한 마적 규정과 조선 세종 대의 우마적 현상은 같은 맥락에서 일어난 사건이다. 정치적 성격의 차현유 사건에 대한 마적 규정은 조선 세종 대의 우마적 현상 역시 정치적인 사건임을 암시한다. 두 사건의 본질이 다르지 않다는 말이다. 둘 다 말도둑이라고 보기보다는 말 소유권, 교역권을 둘러싼 쟁투에서 패배한 사람들로 봐야 한다. 우마적은 그들에게 붙은 꼬리표였을 뿐이다.

이상에서 우마적 사건의 본질을 살펴보았다. 세종 연간 제주사회를 떠들썩하게 했던 우마적 사건은 사실상 단순 도둑 사건이 아니었다. 그것은

---

75) 낙인이론에 대해서는 베커(Becker)의 "일탈자가 되게끔 하는 규칙들을 만들고 이 규칙들을 특정한 사람들에게 적용하여 국외자(이탈자)로 낙인찍음으로써 일탈을 창출한다. 이 관점에서 보면 일탈은 한 사람이 저지르는 행위 자체의 결과가 아니라 오히려 '위반자'에게 규칙과 제재를 다른 사람들이 적용하는 결과에 지나지 않는다"라는 말을 참고할 수 있다. 고득종의 발언에 적용하면 패배자 차현유와 우마 밀도살자, 밀교역자 자체가 일탈자가 아니라 그것에 규칙과 제재를 가한 고득종과 조선 정부에 의해 그렇게 '우마적'으로 낙인된 것으로 볼 수 있다. 이때 낙인 찍는 사람들은 낙인 찍히는 사람들보다 권력이 더 크고 통제력이 더 크다. 이와 관련해서는 Becker, 1963: 9 참조.

중앙정부가 말교역을 통제하면서 제주 경제의 기반이 무너진 결과 나타난 사회현상이었다. 이 상황에서 난관 타개책의 하나로 나온 게 말 밀교역이었다. 그러나 정부는 이들 밀교역자를 '마적'으로 규정하고 단속을 강화했다. 결국 제주 경제는 더욱 어려워졌고 제주인은 어쩔 수 없이 섬을 떠나 유랑의 길을 택할 수밖에 없었던 것이다.

이렇게 섬을 떠나는 행렬은 15세기 세종 때부터 시작하여 17세기 출륙금지령으로 강한 통제를 받을 때까지 약 200년간 이어졌다. 이 200년간의 출륙유랑의 역사가 중기지속의 역사 현상이라면 출륙을 촉발시킨 사건인 우마적 사건과 그것을 멈추게 한 출륙금지령은 표면의 물결과도 같은 단기지속의 역사 현상이라 하겠다.

5. 제주유민의 발생 및 소멸 시점

1) 제주유민의 발생 시점

선행연구들은 대부분 제주유민의 발생 시점을 성종 무렵으로 추정했다. 『성종실록』 성종 8년(1477년) 8월 5일 기사에 두독야지(豆禿也只)가 처음으로 등장하기 때문이다.

경상도 관찰사(慶尙道觀察使)와 좌·우도 병마절도사(左右道兵馬節度使), 수군절도사(水軍節度使)에게 유시하기를, "지금 어느 사람이 와서 말하기를, '도내의 사천과 고성·진주 지방에, 제주의 두독야지(豆禿也只)라고 이름을 칭하는 사람이, 처음에는 2, 3척의 배를 가지고 출래(出來)하더니, 이제는 변하여 32척이 되었으며, 강기슭에 의지하여 집을 지었는데, 의복은 왜인과 같으나, 언어는 왜말도 아니고 한어(漢語)도 아니며, 선체(船體)는 왜인의 배보다 더욱 견실하고, 빠르기는 이보다 지나치는 데, 항상 고기를 낚고 미역을 따는 것으로 업(業)을 삼았습니다. 그렇기 때문에 군현(郡縣)에서도 역을 시키지 못하여, 근처에 사는 백성들이 모두 생각하기를, 우리나라 사람을 약탈하는 자가 이 무리들인지 의심스럽습니다'고 하였다. …… 놀라고 소요함이 없게 하라" 하였다.[76]

제주의 출륙유민에 대해 비교적 상세히 소개하고 있다. 우선 '두독야지'라는 호칭이 나온다. 다음으로 규모가 소개되고, 그들의 주거 형태가 나온다. 의복에 대한 이야기가 나오고 언어도 언급된다. 그들이 타고 다니는 배에 대한 이야기, 그리고 그들의 생업 수단까지 소개된다. 짧지만 이들에 대한 총체적인 언급이다. 이렇게 자세히 소개된 것은 나름의 이유가 있었을 것이다. 이제 제주유민 현상이 본격적으로 주요 사회문제로 부각되었음을 말하는 것이다.

이 때문에 이것이 첫 기록이라고 해도 그것이 그대로 발생 시점이라고 말하기는 어렵다. 성종 8년(1477년)의 위 기사의 발언 주체는 국왕이다. 국왕의 유시 내용 중에 제주유민이 등장했다. 그것도 아주 총체적으로 이들의 정체에 대해 언급하고 있다. 국왕까지 그 정도의 깊이로 파악하여 유시하고 있다는 것은 이미 제주유민 현상이 보편화된 상황임을 짐작하

---

76) 『성종실록』권83, 성종 8년(1477년) 8월 5일 己亥, "諭慶尙道觀察使, 左右道兵馬節度使, 水軍節度使曰: 今有人來言: 道內泗川, 固城, 晋州地面, 濟州豆禿也只稱名人, 初將二三船出來, 今轉爲三十二隻, 依岸爲廬, 衣服混於倭人, 言語非倭非漢, 船體視倭尤牢實, 而迅疾則過之, 恒以釣魚採藿爲業. 郡縣亦不能役, 近處居民皆以爲掠我國人者疑是此徒 …… 亦毋令驚擾".

게 한다. 그렇다면 발생은 그보다 앞선 시점이어야 한다. 이를 보여주는 기사가 있다.

제주의 3읍은 본래 탐라(耽羅)의 유종(遺種)인데, 대개 성화(聖化)가 외방(外方)에 미치지 않는다고 하여 의(義)를 사모(思慕)하여 정성(精誠)을 바쳐왔으므로 우리의 판적(版籍)에 넣었던 것입니다. 정해년(1467년, 세조13년)부터 진주·사천·고성·흥양(興陽)에 와서 우거(寓居)하는 자가 300여 구에 이르고, 그 밖에도 또한 알 수가 있습니다.[77]

언제부터라는 것이 구체적으로 명시되어 있다. 정해년 곧 세조 13년 (1467년)부터 진주, 사천, 고성, 흥양에 와서 살고 있다고 했다. 그렇다면 앞의 기사 성종 8년(1477년)보다 10년이 앞선다. 10년 앞선 세조 13년(1467년)부터 제주유민들이 남해안에 거주했다고 한다.

그러나 이 역시 발생 시점으로 보기는 어렵다. 정부 관료들이 파악한 시점일 뿐이다. 실제 발생 시점은 그보다 앞선 시기로 봐야 한다. 제주유민이 발생하자마자 정부 관료들이 파악한다는 것은 어려운 가정이다. 해양유민이 발생하고 이것이 사회문제가 된 이후에야 관심을 가졌을 것이다. 해양유민의 발생, 이것의 사회문제화 그리고 더 지나서 정부 관료들의 인지까지의 과정은 적지 않은 시간을 필요로 한다. 결국 제주유민의 발생 시점은 세조 13년(1647년)보다 수십 년 앞선 시점으로 생각해볼 수 있다.

---

77) 『성종실록』 권85, 성종 8년(1477년) 10월 25일 己未, "濟州三邑, 本是耽羅遺種, 蓋以聖化無外, 慕義投誠, 入于版籍. 自丁亥年來寓晋州, 泗川, 固城, 興陽者, 至三百餘口, 其他亦可知也".

이 책이 주목하는 시점은 세종 대이다. 제주의 토관 세력이 실질적으로 권력을 상실한 것도 세종 대였음을 앞에서 살폈다. 또한 말 사교역 금지 기사가 가장 많은 시점도 세종 대였다. 그때부터 제주 경제의 기반이 붕괴되기 시작했을 것이고 그에 따라 출륙유랑도 시작되었을 것이다. 『세종실록』에 이미 제주민의 출륙 기사가 5회 등장한다.[78] 세종 11년(1429년)부터 세종 16년(1434년) 사이의 출륙 기록이다. 물론 여기서는 '포작인' 혹은 '두무악'이라는 이름으로 명시되지는 않았다. 아직 심각한 사회문제로까지는 비화하지 않은, 초기 발생 시기라고 추정된다.

그런데 세종 16년(1434년) 우마적 사건 이후 다음 해 시행된 우마적의 평안도 강제 이주라는 강경 조치는 출륙유랑을 재촉했을 것이다. 작은 수치이지만 이 시점에서 인구 감소 현상이 일어났다. 세종 16년(1434년) 6만 3,474명의 제주 인구[79]가 다음 해인 세종 17년(1435년)에는 6만 3,093명[80]으로 381명이 줄어들었다. 인구가 줄어들기 시작한 세종 17년(1435년)은 바로 우마적 사건으로 강제 이주가 있었던 해이다.

물론 대규모 출륙유랑은 제주유민 기사가 빈번해진 성종 대의 일로 보인다. 국왕까지 유시를 내릴 정도로 사회문제가 되었다는 것은 어떤 커다란 충격이 제주사회에 가해졌음을 암시한다. 성종 4년(1473년) 사노 성의 등을 우마 도적의 죄로 참형에 처했던 조치[81]는 제주민들을 더욱 궁지로

---

78) 세종 11년 8월 26일, 세종 12년 12월 2일, 세종 13년 7월 7일, 세종 15년 윤8월 9일, 세종 16년 6월 19일의 기록이 그것이다.

79) 『세종실록』권66, 세종 16년(1434년) 12월 7일 庚戌, "今考三邑人丁之數, 壯老弱共六萬三千四百七十四名".

80) 『세종실록』권70, 세종 17년(1435년) 12월 12일 己酉, "濟州三邑, 人多地窄, 民戶九千九百三十五, 人口六萬三千九十三".

81) 『성종실록』권35, 성종 4년(1473년) 10월 22일 庚辰, "刑曹三覆啓: 濟州囚私奴性義,

몰았을 것이다. 그것은 곧 제주인의 출륙유랑을 재촉하여 대규모 유민 현상을 자아냈을 것으로 생각된다.

정부의 강한 단속을 피하여 생존을 모색했던 제주민들은 말교역 대신 우마피교역으로 활로를 찾고자 했다. 그 과정에서 그들은 밀도살과 밀교역을 했다. 그러나 그 행위는 오히려 정부의 더 강한 통제를 가져왔다. 평안도로의 강제 이주였다. 하지만 그런 강경 조치를 겪고도 생존을 위해서는 어쩔 수가 없었다. 밀도살과 밀교역은 끊이지 않았다. 그러다가 결국 경국대전 체제가 만들어지던 성종 연간에는 급기야 참형을 당할 정도까지 통제가 심해졌다. 이런 상황에서 제주 경제는 더 크게 위축되었고, 제주민들은 이제 대규모 출륙유랑의 길로 나설 수밖에 없었을 것이다.

2) 제주유민의 소멸 시점

『조선왕조실록』에는 15세기 성종 대와 16세기 중종 대에 제주유민 관련 기사가 집중적으로 등장한다. 하지만 16세기에 끝났던 현상은 아니었다. 17세기 초 선조 대까지도 유사한 기사들이 등장한다.

먹고살 길이 없기 때문에 한 번 쇄환(刷還)한다는 명을 듣고는 물 끓듯 합니다. 그중에는 포작간이 더욱 많은데, 이들은 물고기나 새와 같이 일정한 거처가 없기 때문에 주민에게 해가 미치니, 보기에 민망스러웠습니다.[82]

文面山, 金元民, 德命, 宋石松, 宋自山盜殺牛馬罪, 依受敎, 斬待時. 從之".

82) 『선조실록』권142, 선조 34년(1601년) 10월 28일 壬辰, "取食無路, 故一聞刷還之命, 有若鼎沸. 其中鮑作尤多. 此輩有同魚鳥, 元無定處止接之故, 侵及元居之平民, 所見

17세기에 들어서도 '물고기나 새와 같이 일정한 거처가 없는' 포작인들이 존재했고 주민들에게 해를 끼치고 있었다. 이처럼 15세기에 시작된 제주민의 출륙유랑은 오래도록 이어졌다. 근본적인 문제가 해결되지 않은 상태에서 출륙유랑을 멈추긴 어려웠다. 하지만 정부의 입장에서 대규모 유민 발생은 큰 부담이 되었다. 우선 세금 수취원 상실이 큰 문제였다. 또한 남아 있는 자들을 동요시킬 우려가 있었다. 이 때문에 조선 정부는 유민에 대한 쇄환을 지속적으로 시도했다.[83] 또한 세금 감면과 진휼도 시행했다.[84] 그러나 근본적인 모순 해결이 없는 미봉책이었기에 출륙유랑을 막기에는 역부족이었다.

그래서 정부는 다시금 강경 통제책을 선택했다. 인조 7년(1629년) 8월 13일 기록에 등장하는 소위 '출륙금지령'이 그것이다.

> 제주에 거주하는 백성들이 유리(流離)하여 육지의 고을에 옮겨 사는 관계로 세 고을의 군액(軍額)이 감소되자, 비국이 도민(島民)의 출입을 엄금할 것을 청하니, 상이 따랐다.[85]

조세 징수의 근원인 주민 감소를 염려하여 제주도민의 육지 출입을 엄금하는 내용이다.

물론 그 이전에도 제주민의 출륙을 금지하는 조치가 있었다. 김상헌의

可悶".

83) 『중종실록』권92, 중종 35년(1540년) 1월 10일 癸卯 기사 등.

84) 『선조실록』권170, 선조 37년(1604년) 1월 3일 甲寅 기사 등.

85) 『인조실록』권21, 인조 7년(1629년) 8월 13일 乙丑, "濟州居民流移陸邑, 三邑軍額減縮. 備局請嚴禁島民之出入, 上從之".

1602년 기록인 『남사록』에는 "을묘년(1555년) 이후부터 사선(私船)이 마음대로 출입하자, 섬 안에서 부역을 도피하는 자들이 가끔 배를 타고 육지로 도망하였다. 그 때문에 조천(朝天), 별도(別刀) 두 포구에서만 배를 내보내도록 허락하였다. 배를 내보내는 날에는 목사군관(牧使軍官) 한 사람이 장부와 대조하며 점검하였는데 이것을 출선기(出船記)라 한다. 비록 한 사람, 한 필의 말이라도 감히 몰래 숨어 나가지 못하니"라는 표현이 나온다. 이것은 인조 7년(1629년) 출륙금지령 이전에도 제주민의 출륙을 금지하고 있었음을 말한다.

특히 '한 사람, 한 필의 말이라도 몰래 숨어 나가지 못한다'라고 표현할 만큼, 인조 7년의 출륙금지령 이전에도 제주민의 출륙을 엄격히 통제했던 것 같다. 그럼에도 사람들과 말은 나갔다. 생존을 위해 출륙했으며 생존을 위해 말 밀교역을 시도했던 것이다.

하지만 인조 7년(1629년) 출륙금지령은 아주 강력했던 것 같다. 완전히 소멸한 것은 아니지만 17세기 이후에는 출륙유민 관련 기사가 거의 등장하지 않는다. 그러므로 인조 7년(1629년) 출륙금지령을 제주유민 현상의 소멸 계기가 된 시점으로 보아도 무리가 없을 듯하다. 선행연구(장혜련, 2006)도 이 시점을 소멸 시점으로 보고 있다.

또한 한반도 남해안에 유랑하던 제주유민들도 점차 정착 단계로 들어갔다. 『경상도울산부호적대장』을 분석한 한영국(1981)에 의하면 1609년에 11호의 두모악 호가, 1672년에는 187호가, 1684년에는 191호가 울산에 정착하는 것으로 호적에 나타난다고 했다(한영국, 1981: 815). 이로 미루어 보더라도 제주유민들은 17세기 들어 상당수가 정착생활로 들어갔던 것으로 보인다.

이렇게 울산 지역의 두모악들은 17, 18세기를 거치면서 군취성촌(群聚成村)하여 육지인들과는 격리된 가운데 그들 나름의 특수 마을을 이루어 정착했고, 특히 그 과정에서 1711~1726년 사이에는 장적상(帳籍上)에서 두모악이라는 명칭마저 사라져 일반 군역을 진 양인으로 전환해갔다(한영국, 1981: 814~816).

한영국(1981)은 또한 이 무렵 두모악의 소멸 원인으로 대동법 실시에 따른 포작역의 불필요와 출륙금지령과 그에 따른 무휼책(撫恤策)을 들었다(한영국, 1981: 821~822). 그 역시 출륙금지령을 제주유민 소멸의 계기로 본 것이다.

그러나 출륙금지령 이후에도 완전히 소멸된 것은 아니었다. 이원진의 『탐라지』(1653년)에는 1651년 제주 안핵어사로 왔던 이경억(李慶億)이 올린 장계에 따라 "10년 안에 도망간 자들을 우선 잡아들였는데"[86]라는 대목이 나온다. 이경억이 장계를 올렸던 1651년으로부터 10년 전이라고 하면 1641년이다. 그때는 이미 출륙금지령이 내려진 1629년을 10년 이상 지난 시점이다. 즉, 출륙금지령 이후에도 적지 않게 출륙유랑이 이어졌다는 의미이다.

그렇지만 긴 안목으로 제주유민 현상을 보면, 대략 17세기 중반을 기점으로 출륙이 많이 잦아들었다고 할 수 있다. 『조선왕조실록』 인조 7년(1629년) 출륙금지령 기사 이후에는 출륙유랑과 관련된 기사가 거의 등장하지 않는다.

또한 한영국(1981)의 연구 역시 17세기 중반이 제주유민 현상의 소멸 시점임을 시사하고 있다. 그의 연구에 비춰볼 때 울산뿐만이 아니라 남해안을 유랑하던 유민들도 17, 18세기에는 그 지역에 정착하여 차츰 현지의 양인으로 변화해갔을 것으로 생각된다.

---

86) 이원진, 『탐라지』(1653), 제주목, 노비조.

이렇게 조선시대 제주유민 현상은 15세기 중반부터 17세기 중반까지 대략 200년 정도 지속된 중기지속의 사회현상이었다고 말할 수 있겠다.

제4장
제주유민의 생활

1. 제주유민의 구성

　15~17세기 출륙유랑의 길을 택한 제주민들은 특정 부류의 사람들이 아니었다. 제주인 전반에 걸쳐 출륙유랑민이 발생한 것으로 보인다. 말 사교역 금지로 제주 경제의 기반이 붕괴되었기에 그 여파는 제주인 전체에게로 파급되었다.

　물론 말산업 관련자가 가장 직접적인 피해자였다. 하지만 말산업 관련자는 사실상 제주민 전반에 걸쳐 형성되어 있었기 때문에 어떤 특정 부류의 사람들만이 출륙유민이 되지는 않았다. 말 소유주, 말 관리 경영인, 말을 직접 키우는 목자, 말 도살자, 도살된 말로 건포를 만드는 장인, 우마피를 만드는 장인, 유통과 관련된 상인, 육지로 실어 나르는 선주(船主), 배의 노를 젓는 격군(格軍) 등 말산업 관련자는 실제 제주민 전반에 있었다. 앞에서 살폈던 것처럼 농업으로는 생존할 수 없는 조건이었기 때문이다. 그러기에 출륙유랑민 역시 제주인 전반에 걸쳐 다양한 부류의 사람들 안에서 발생했다.

게다가 출륙자의 수가 제주 인구의 절반에까지 이르렀기에, 출륙유랑자의 구성을 어떤 특정 직역에 국한시켜 생각하긴 어렵다. 제주민 전반에 걸쳐 출륙유랑 현상이 일어났던 것으로 생각된다.

이와 관련된 기록을 보자.

> 제주는 바다로 둘려 있어 사면에서 적을 받게 되므로 방어가 가장 긴요한데, 요즈음 흉년으로 말미암아 군민이 유산하여, 지금 전라도의 연변(沿邊) 여러 고을로 옮겨 사는 자가 많습니다. 이미 본도의 관찰사(觀察使)를 시켜 추쇄(推刷)하여 합계한 것이 양인 91명, 정병(正兵) 3명, 선군(船軍) 12명, 공천(公賤) 29명, 사천(私賤) 17명입니다.[1]

> 정의의 목자(牧子)·어호(漁戶)로 배정된 공천·사천 가운데 도망하여 흩어진 자가 많습니다.[2]

첫 번째 기사는 출륙유민의 추쇄 결과를 보고하는 내용이다. 이를 통해 출륙유민의 구성을 엿볼 수 있다. 양인 91명, 정병 3명, 선군 12명, 공천 29명, 사천 17명으로 구성되어 있다. 다양한 계층과 직역의 사람들이다. 양인도 있고 공노비, 사노비도 다 있다. 제주도민 전 부류에 걸친 인원 구성이라고 볼 수 있다.

---

1) 『성종실록』 권28, 성종 4년(1473년) 3월 28일 戊午, "濟州環海, 四面受敵, 防禦最緊, 而近因年荒, 軍民流散, 今於全羅道沿邊諸邑, 移寓者甚多. 已令本道觀察使推刷, 計得良人九十一, 正兵三, 船軍十二, 公賤二十九·私賤十七".
2) 『중종실록』 권41, 중종 16년(1521년) 3월 10일 壬戌, "旌義牧子, 漁戶公賤, 多逃散".

그런데 특별히 관심이 가는 사람들은 선군이다. 이들은 배를 부리는 사람들로서 과거 말교역 경제 때부터 중요한 역할을 담당했을 것이다. 하지만 이제 말교역이 불법으로 몰리자 관련자들과 함께 새로운 길을 찾아 나서는 데에 일정한 역할을 담당했던 것 같다. 출륙은 반드시 배를 부리는 사람이 있어야 가능하기 때문이다.

두 번째 기사는 중종 때의 기록으로 앞의 기록보다 약 50년 뒤의 현상을 보여준다. 첫 발생 시점으로 추정했던 세종 대부터 생각하면 약 100년 뒤의 현상이다. 중종 때의 특징은 유민의 신분층이 앞 시기보다 낮아졌다는 점이다. '목자·어호로 배정된 공천·사천'이 그들이다. 유민 현상이 장기화되면서 중상층(中上層)은 어느 정도 정리되고 일체의 모순이 모두 하층민에게 전가되었기 때문에 나타나는 현상으로 추정해볼 수 있다.

즉 제주유민은 초기에는 제주민 전반에 걸쳐 형성되었고 점차 시간이 흐를수록 일체의 사회 모순을 떠맡아야 했던 하층민들로 구성되었다고 정리할 수 있겠다.

일부 연구에서 제시된 것처럼 제주유민의 대다수가 포작인으로 구성되었다고 보는 것은 타당성이 떨어진다. 사료에 '포작인'이라는 호칭으로 등장하는 경우가 많다고 해서,[3] 출륙유민 대다수가 본래부터 포작[4]의 직역을 진 사람들이라 가정하는 것은 무리이다. 『조선왕조실록』에도 처음엔 제주인을 뜻하는 '두독야지(豆禿也只)'라는 명칭으로 나온다. 포작이 아닌 일반 제주인들이었다.

하지만 출륙 후에는 달라졌다. 출륙 후 그들이 해상에서 할 수 있는 일은 한정될 수밖에 없었다. 앞서 인용한 『성종실록』 성종 8년(1477년) 8월

---

3) 『조선왕조실록』에는 '포작'류의 명칭이 총 61건의 기사에 등장한다(김나영, 2008: 9).
4) 바닷속에 들어가 전복 등 해산물을 채취하는 사람인 '보자기'의 한자 차용 표현이다.

5일 기사에서 보듯이 '고기를 낚고 미역을 따는 것으로 업'을 삼을 수밖에 없었다. 더 이상 말 관련 생업이 불가능한 상태에서 그렇게 그들은 점차 직능상의 포작인으로 변화해갔을 것이다. 그래서 『조선왕조실록』에 등장하는 포작이라는 명칭은 반드시 직능상의 포작만을 의미하는 것이 아니라 사실상 출륙제주유민 일반을 가리키는 대명사가 되었던 것으로 보인다.

2. 제주유민의 분포지역

15세기 중엽부터 제주도를 떠나야만 했던 출륙유랑민들은 구체적으로 어느 지역에서 유랑을 했을까? 흔히 남해안 경상도, 전라도 지역을 생각하기 쉽다. 하지만 사료를 보면 그것만도 아니다. 또한 단번에 정착하는 것도 아니고 떠돌이 생활을 하다가 정착하고 있음을 볼 수 있다.

> 제주에서 출래한 포작인들은 본래 항산(恒産)이 없고 오로지 고기를 잡는 것으로 업을 삼아, 작은 배에 처자(妻子)를 싣고 해곡(海曲)으로 떠돌아다니며 우거하는데, 이르는 곳이 만약 마음에 맞지 않음이 있으면, 곧 도망하여 흩어져서, 비록 거취(去就)가 일정함이 없으나[5]

섬을 떠난 제주민의 생계는 여전히 불안했다. 항산이 없었다고 했다.

---

5) 『성종실록』권178, 성종 16년(1485년) 윤4월 19일 己亥, "濟州出來鮑作人等, 本無恒産, 專以捉魚爲業. 扁舟載妻子, 流寓海曲, 所至之處如有不愜, 旋卽逃散. 雖去就無常".

그러니 해곡을 떠돌아다니며 물고기잡이를 했다. 당연히 고정된 거처가 생길 수 없다. 그래서 곧 임시 거주인 우거했다는 말이 나왔다. 그러다가도 마음에 맞지 않으면 곧 도망하여 흩어져 거취가 일정하지 않았다고 한다. 그렇다면 어디까지 흩어졌던 것일까?

우선 『조선왕조실록』의 기록부터 살피며 그들이 유랑 우거했던 지역을 가급적 모두 옮겼다. 이유는 기사의 빈도를 보기 위해서이다. 빈도가 높을수록 많은 유민이 거주했던 지역으로 생각되기 때문이다.

『조선왕조실록』에서 이들이 거주했던 지역을 알려주는 기사는 총 29개였다. 본래는 27개 기사이지만 한 기사 안에 두 개 이상의 지명이 나오는 경우 있어 중복 계산했다. 세부적인 지명이 나온 경우도 있고 그냥 해당 도(道)만 표기된 경우도 있다.

세부 지명을 보면 중국 해랑도, 황해도의 해주, 옹진, 충청도의 가위덕도, 전라도의 흥양(현재의 고흥), 낙안, 흥덕(현재의 고창), 추자도, 보길도, 강진 남당포, 경상도의 사천, 고성, 진주, 동래, 부산, 곤양, 김해 도여저리, 마산 등이 있다.

도 단위 지역별 빈도수는 중국 해랑도 2회, 황해도 5회, 충청도 3회, 전라도 8회, 경상도 10회, 강원도 1회이다. 아무래도 경상도, 전라도 등 남해안이 가장 많이 나온다. 경상도, 전라도는 합쳐서 18회 등장한다. 이것은 제주도를 떠난 제주유민들의 유랑, 우거 지역이 우선은 남해안이었음을 말해주고 있다. 지리상 가장 가까운 거리라는 요소가 작용했을 것이다.

남해안과 비교하기는 어렵지만 서해안의 황해도, 충청도의 횟수도 적지 않다. 합쳐 8회의 기록이 등장한다. 반면 동해안 강원도의 경우는 단지 1회뿐이다. 이는 제주유민이 동해안 쪽보다는 황해도, 충청도가 있는 서해안을 선호했음을 말해준다.

동해안의 단조로운 해안지형보다는 남·서해안의 복잡한 해안지형이

유랑민들의 유랑 우거에는 유리했기 때문으로 보인다. 유랑은 본래 불법 행위이다. 불법 행위자는 아무래도 은신하기에 유리한 지형을 택하기 쉽다. 또한 해산물 채취의 용이성에서도 동해안보다 남·서해안이 유리하게 작용했을 것 같다.

특이한 것은 중국 요동반도 아래의 해랑도에 제주유민이 살았다는 점이다. 해랑도 제주유민 기사는 2회 나온다. 기록상으로만 보더라도 제주유민들의 분포 범위가 결코 좁지 않았음을 알 수 있다(〈표4-1〉).

〈표 4-1〉『조선왕조실록』 속의 제주유민 분포지역

번호	지명(현재 지명)	도(道) 구분	내용	출처
1	해랑도 (해양도)	중국 요녕성	해랑도에 정박했습니다. …… 제주민 20여 구가 새로 가서 살고 있었습니다 "泊于海浪島, …… 濟州民二十餘口, 新住居之"	성종 23년 (1492년) 8월 4일
2	해랑도 (해양도)	중국 요동성	제주의 백성으로 해랑도(海浪島)에 도망해 들어간 자가 많다고 합니다 "濟州民, 多有逃入海浪島者"	성종 23년 (1492년) 8월 10일
3	해주	황해도	제도(諸道)를 수색 토벌할 때에 해주(海州)·옹진(甕津) 연해의 각 고을에 와 살면서 포작하는 사람들을 "諸道搜討時, 海州·甕津, 沿海各官來居鮑作等"	중종 18년 (1523년) 5월 28일
4	옹진	황해도	위와 같음	중종 18년 (1523년) 5월 28일
5	대청도	황해도	황해 감사(黃海監司)가 서장을 올리기를: 장연(長淵) 대청도(大淸島)의 포작간들이 "黃海監司書狀: 吾乂浦萬戶元景全, 長淵地大靑島, 鮑作干等"	선조 23년 (1590년) 12월 23일

6		황해도	그 백성은 대부분 황해도와 충청도 지방으로 나오고 있으니, 그들을 다시 돌아와 살게 하려면 "其民多流離出來于黃海, 忠清地方. 若欲還集"	중종 12년 (1517년) 12월 1일
7		황해도	들건대 황해도에 와서 사는 제주인도 많다 하니 쇄환해야 마땅한데 "聞濟州之人, 來居黃海道者, 亦多有之. 當爲刷還"	중종 15년 (1520년) 10월 18일
8		충청도	그 백성은 대부분 황해도와 충청도 지방으로 나오고 있으니, 그들을 다시 돌아와 살게 하려면 "其民多流離出來于黃海, 忠清地方. 若欲還集"	중종 12년 (1517년) 12월 1일
9	가외덕도	충청도	충청도 수사(忠清道水使) 황침(黃琛)이 장계(狀啓)하기를: 포작한(鮑作干) 최잉송(崔仍松) 등이 고기잡는 일로 가외덕도(加外德島)에 들어갔다가 "忠清道水使黃琛狀啓: 鮑作干崔仍松等以鉤魚, 入加外德島"	중종 18년 (1523년) 7월 20일
10		충청도	충청도 포작인이 포획한 중국인 8명이 서울로 올라왔다 "忠清道鮑作人所獲唐人(回) 八名入來"	중종 18년 (1523년) 7월 28일
11		전라도	본주와 대정과 정의의 인민들이 경상도, 전라도에 흘러와서 우거하는 자가 많다 "近聞本州及旌義, 大靜人民流寓慶尙, 全羅道者多"	성종 8년 (1477년) 10월 16일
12	흥양 (고흥)	전라도	제주의 3읍은 본래 탐라의 유종(遺種)인데 …… 진주·사천·고성·흥양에 와서 우거하는 자가 3백여 구에 이르고 "濟州三邑, 本是耽羅遺種……, 晋州·泗川·固城·興陽者, 至三百餘口"	성종 8년 (1477년) 10월 25일

13		전라도	포작인들이 제주에서 와서 전라도·경상도 두 도의 바닷가에 흩어져 있는데 "鮑作人等自濟州而來, 散處全羅·慶尙兩道海曲"	성종 14년 (1483년) 12월 6일
14	낙안	전라도	낙안 군수(樂安郡守) 우배선(禹拜善)이 치보하기를 …… 연변 각처 포작인들의 집도 모두 떠내려갔거나 날아가서 "樂安郡守禹拜善馳報云 …… 沿邊各處, 鮑作廬舍, 竝爲漂飛"	선조 36년 (1603년) 7월 23일
15	흥덕 (고창)	전라도	제주 포작인 김유월(金六月) 등 남녀 74명이 전라도 흥덕(興德) 지방에 이사하여 살면서 "濟州鮑作人金六月等男女七十四名, 移居全羅道興德地面"	중종 17년 (1522년) 5월 28일
16	추자도	전라도	추자도(楸子島) 근처에 도서(島嶼)가 많은데 포작인들이 모여 해적 노릇을 하니 "楸子島近處多島嶼, 鮑作人等聚爲水賊"	중종 17년 (1522년) 5월 28일
17	보길도	전라도	전라도 우도(右道)의 포작간들이 보길도(甫吉島)에서 왜적(倭賊)을 만나 "全羅道右道鮑作干等逢倭于甫吉島"	중종 17년 (1522년) 6월 20일
18	강진 남당포	전라도	강진(康津) 땅 남당포(南堂浦)에 사는 포작간(鮑作干)인 구질동(仇叱同)이 진고(進告)하기를 "康津地南堂浦居鮑作干仇叱同進告內"	중종 24년 (1529년) 4월 10일
19 20 21	사천 고성 진주	경상도	도내의 사천과 고성·진주 지방에 '제주의 두독야지(豆禿也只)'라고 이름을 칭하는 사람이 "道內泗川·固城·晋州地面, 濟州豆禿也只稱名人" 제주의 3읍은 본래 탐라(耽羅)의 유종(遺種)인데 …… 진주·사천·고성·흥양에 와서 우거하는 자가 300여 구에 이르고	성종 8년 (1477년) 8월 5일 성종 8년 (1477년) 10월 25일

			"濟州三邑, 本是耽羅遺種……, 晋州·泗川·固城·興陽者, 至三百餘口" 제주의 떠돌아다니는 백성[流移人民]들이 진주와 사천 지방에 많이 우거하면서 호적(戶籍)에 등재(登載)하지 아니하고, 해중(海中)에 출몰(出沒)하며 "濟州流移人民, 多寓於晋州·泗川地面, 不載戶籍, 出沒海中"	성종 13년 (1482년) 윤8월 12일
22		경상도	본주와 대정과 정의의 인민들이 경상도, 전라도에 흘러와서 우거하는 자가 많다 "近聞本州及旌義·大靜人民流寓慶尙·全羅道者多"	성종 8년 (1477년) 10월 16일
23		경상도	포작인들이 제주에서 와서 전라도·경상도 두 도의 바닷가에 흩어져 있는데 "鮑作人等自濟州而來, 散處全羅·慶尙兩道海曲"	성종 14년 (1483년) 12월 6일
24	동래	경상도	동래와 부산 등의 해안 지방에는 포작한들의 집이 잇달아 끊이지 않고 "東萊·釜山濱海之地, 鮑作漢家, 連絡不絶矣"	선조 26년 (1593년) 6월 21일
25	부산	경상도	위와 같음	선조 26년 (1593년) 6월 21일
26	곤양	경상도	곤양·사천·고성에 이르러 제주에서 와 사는 두무악 "昆陽·泗川·固城, 招集濟州來居頭無岳"	성종 17년 (1486년) 11월 22일
27	김해 도요저리	경상도	두무악은…… 김해(金海) 지경에 도요저리(都要渚里)가 있는데, 그곳에 사는 사람이 무려 1,000여 명이나 되어 "頭無岳…… 金海地界, 有都要渚里, 其居人無慮千餘"	중종 5년 (1510년) 6월 25일
28	마산	경상도	본포는 병영에 소속되어 있는데 다수의 포작인들이 들어와 거접하고 있고 "本浦兵營所屬鮑作, 多數入接"	선조 36년 (1603년) 5월 2일

29	강원도	상이 이르기를: 강원도의 금년 농사는 어떠한가? …… 그중에는 포작간이 더욱 많은데 "上曰: 江原道, 今年農事何如? …… 其中鮑作尤多"	선조 34년 (1601년) 10월 28일

　다음으로는 임진왜란 당시 충무공 이순신의 기록을 통해 이들의 거주지를 추적해본다(〈표 4-2〉 참조).

　전라도의 홍양(고홍), 순천, 낙안, 발포, 함평 그리고 경상도의 당포(통영), 거제, 창원 등이 등장한다. 이순신의 기록은 아무래도 남해안 중심일 수밖에 없다. 특히 전라도가 많이 나오는데 이것은 당연하다. 전쟁 초기를 제외하고 그의 주 작전지역이 전라도였기 때문이다. 총 9개 기사 중에 전라도가 6회, 경상도 3회가 나온다.

　그리고 한영국(1981)이 분석한 『경상도울산부호적대장』을 통해서 울산 지역에도 제주유민이 많이 거주했음을 알 수 있다

　위의 자료에 등장한 지역을 지도에 표기해보면 다음의 〈그림 4-1〉(156쪽)과 같다. 물론 〈그림 4-1〉에 나타난 제주유민의 분포지역은 국내 자료에서 확인한 곳만을 표기한 것이다. 실제로는 기록 밖의 장소에도 많이 갔을 것이라 생각된다. 중국 해랑도뿐만 아니라 그 이상의 지역도 충분히 생각해볼 수 있다. 오늘날 전라남도 신안군 지도읍에는 있는 '대포작도(大包作島)', '소포작도(小包作島)' 역시 이들 제주유민의 출륙 정착지 중의 하나라고 생각된다.

　밤에 출발하여 아침이면 육지에 가서 말을 팔고 저녁에 다시 돌아올[6]

---

6) 『예종실록』권3, 예종 1년(1469년) 2월 29일 甲寅, "依憑商販 …… 乘夜出陸, 朝往夕返".

<표 4-2> 이순신 기록 속의 제주유민

번호	지명(현재 지명)	도 구분	내용	출처
①	흥양 (고흥)	전라도	흥양 포작 고읍동(高邑洞)	견내량파왜병장 (見乃梁破倭兵狀)
②	흥양 (고흥)	전라도	흥양 포작 막동	1594년 8월 26일 일기
③	순천 금오도 (여수 금오도)	전라도	제주인이 아들딸과 함께 여섯 식구를 데리고 도망쳐 나와서 순천 땅 금오도에 배를 대었는데	1592년 2월 3일 일기
④	낙안	전라도	낙안 포작 업동	견내량파왜병장
⑤	발포 (고흥 도화 내발리)	전라도	발포 포작	견내량파왜병장
⑥	함평	전라도	김돌손이 봉학을 거느리고 함평 땅으로 가서 포작을 모았다	1597년 12월 5일 일기
⑦	당포 (통영시 산양읍 삼덕리)	경상도	당포 포작이 피난민의 소 두 마리를 훔쳐 끌고 가면서 적이 왔다고 헛소문을 내었으나	1597년 8월 25일 일기
⑧	거제	경상도	거제 사동면 조양포 포작 최필	견내량파왜병장
⑨	창원	경상도	창원 구곡포의 포작 정말석(丁末石)	부산파왜병장 (釜山破倭兵狀)

정도의 항해술을 가지고 있었기에 이들의 항해 범위는 광대했을 것으로 추정된다. 그런 만큼 그들의 유랑 우거 범위도 기록상의 그것보다는 훨씬 넓었을 것이다. 비단 한반도 해안지대에 국한되지는 않았으리라고 생각한다.

먼저 가장 가까운 일본을 상정해볼 수 있다. 다만 아직까지 그 기록을 찾지 못했을 뿐이다. 당시 부산에서 대마도까지의 항해 시간은 5시간이면 충분했다고 한다. 다음은 선조 연간의 이항복의 말이다.

〈그림 4-1〉 제주유민의 분포지역

* 지도 상의 숫자 표기는 앞에 나오는 〈표 4-1〉, 〈표 4-2〉의 지명 번호를 나타낸다.

대마도에서 배를 타고 진시(辰時)에 출발하여 순풍을 만나면 오시(午時) 말에는 부산에 닿을 수 있습니다. 바람이 순하지 않더라도 미시(未時)나 신시(申時) 사이에는 부산에 도착할 수 있는데, 정동풍(正東風)이 순풍입니다.[7]

진시에서 오시 말이면 5시간이다. 부산에서 대마도까지가 5시간이라면 대마도 너머 일본까지도 충분히 갔을 것이다. 당시 제주유민들이 일본어를 하고 일본옷(왜복)을 입고 있었다는 기록[8]을 보더라도 제주유민의 일본 진출은 당연했던 것으로 생각된다.

그러므로 이들의 분포 범위는 기록에 등장하는 지역에만 국한시켜 생각할 것은 아니다. 기록 너머 중국과 일본 이상의 지역까지 확대하여 생각할 필요가 있을 것이다.

3. 제주유민의 규모

15세기 중반부터 출륙한 제주유민들은 중국 요동반도 아래 해랑도를 포함해 한반도 각 지역 해안에 유랑 우거했다. 그렇다면 그 규모는 어느 정도나 되었을까? 정확한 숫자를 파악하기는 어렵다. 이들의 규모를 파악하기 위해서 우선은 『조선왕조실록』의 기록을 통해 짐작해보고, 다음으로는 인구 변동을 통해 추적해보려고 한다.

---

7) 『선종실록』권121, 선조 33년(1600년) 1월 29일 甲戌, "自馬島乘船, 辰時遇順風, 則午 · 未可泊釜山, 風雖不順, 未 · 申間則可到釜山. 正東風, 爲順風矣".

8) 『성종실록』권178, 성종 16년(1485년) 윤4월 11일 辛卯, "爲倭服倭語".

먼저 성종 8년(1477년)의 다음 기록을 보자.

근년에 제주 세 고을의 인민(人民)이 자칭 두독야지(豆禿也只)라 하면서
처자들을 거느리고 배를 타고 경상도·전라도의 바닷가 연변(沿邊)에
옮겨 정박(碇泊)하는 자가 수천여 인인데9)

성종 8년(1477년)이면 기록상 등장으로는 초기이다. 발생 초기인데도
벌써 수천 명을 언급하고 있다. 물론 수천 명이라고 기록한 숫자는 막연하
다. 어쨌거나 초기에는 1만 명까지는 안 되었던 것으로 생각해볼 수 있다.
그로부터 약 30년이 경과한 중종 5년(1510년)의 다음 기록은 김해 도요
저리(都要渚里)라는 하나의 마을만을 다루고 있다. 그런데 불과 한 마을에
거주하는 제주유민의 숫자로는 적지 않은 규모이다.

두무악은 해채(海採)로 업을 삼아 배에 처자를 싣고 창해(滄海)로 집을
삼는데, 지금 왜변으로 인하여 관가에서 그 배를 구류하자 살아갈 수가
없어 도산(逃散)하려고까지 하니, 바다 밖 절도(絶島) 같은 데는 금해야
겠지만, 사람이 척후(斥候)하여 바라볼 수 있는 곳은 왕래를 금하지 마
소서. 또 김해(金海) 지경에 도요저리가 있는데, 그곳에 사는 사람이 무
려 1,000여 명이나 되어 스스로 한 마을을 이루고 해채로 살아가니, 일
체 바다에 들어가는 것을 금하면 살아갈 수가 없을 것입니다. 그 배가
가볍고 빨라서 국가에서도 힘입어 쓸 수가 있으니, 해안 가까운 곳에는
왕래를 금하지 마는 것이 어떠하겠습니까.10)

---

9) 『성종실록』권86, 성종 8년(1477년) 11월 21일 甲申, "近年濟州三邑人民自稱 '豆禿也
只', 挈妻子乘船, 移泊慶尙·全羅沿邊者, 幾千餘人".

김해 도요저리라는 한 마을에만 무려 1,000여 명의 제주유민이 거주했다는 기사이다. 한 마을에만도 1,000여 명의 제주유민이 거주했다면 전체적으로는 이제 상당히 증가한 숫자가 되었을 것 같다.

그렇다면 사람들이 대거 출륙해버린 뒤의 제주도의 모습은 어떠했을까? 다음의 중종 35년(1540년) 기록은 대규모 출륙 뒤의 제주 상황을 묘사하고 있다.

> 제주의 세 고을은 주민들이 날로 유망(流亡)하여 고을이 거의 빌 지경에
> 이르렀기에[11]

당시의 제주 3읍, 즉 제주목, 정의현, 대정현은 주민 유망으로 고을이 거의 빌 지경이라고 했다. 문학적이고 추상적인 표현이라 구체적으로 어느 정도의 유민이 발생했는지는 알 수 없지만 '고을이 거의 빌 지경(幾至空虛)'이라고 했으면 최소 반 이상의 주민이 유랑했다고 생각해볼 수 있겠다.

『남사록』의 "옛날에는 사람이 매우 많아 군사가 12여(旅)였다. 그런데 50~60년 전부터 지금까지 전염성 열병으로 죽거나 부역에서 도피한 자가 이루 다 셀 수가 없다. 호구(戶口)가 날로 감소하더니 지금은 다만 6여가 있을 뿐이다"[12]라는 기록도 인구 절반이 감소했음을 보여주고 있다. 12

---

10) 『중종실록』권11, 중종 5년(1510년) 6월 25일 己酉, "頭無岳, 以海採爲業, 船載妻子, 滄海爲家. 今因倭變, 官拘其船, 無以聊生, 至欲逃散. 若海外絶島, 則可禁, 若人所候望處, 則勿禁其往來. 且金海地界, 有都要渚里, 其居人無慮千餘 自成一村, 以海採資生, 一切禁其入海, 無以爲生. 其船輕快, 國家可賴其用, 海岸近處, 勿禁往來何如".

11) 『중종실록』권92, 중종 35년(1540년) 1월 10일 癸卯, "濟州三邑, 居民日就流亡, 幾至空虛".

12) 김상헌, 『남사록』(1602) 1601년 12월 20일 癸未.

여였던 군사가 6여로 줄었다고 한다. 절반의 감소이다. 물론 이 기록은 전체 인구를 언급한 것이 아니라 군사 수를 말한 것이긴 하다. 하지만 군사의 비율이 반으로 줄었다면 전체 인구수도 아마 이와 유사한 비율로 줄어들었을 것이다. 또한 인구 감소가 반드시 유랑만을 의미하는 건 아니다. 전염병으로 인한 사망이 감소의 원인이기도 했다. 그런 점을 고려하고 보더라도 인구는 절반가량 줄었으며 그중 상당수는 출륙유랑으로 인한 인구 감소임을 짐작할 수 있겠다.

구체적 숫자를 밝힌 경우도 있다. 현종 5년(1664년) 충청 감사 이익한의 발언 속에 그 숫자가 나온다.

> 신이 일찍이 제주를 맡고 있으면서 보니, 본주의 각사 노비로서 육지로 나와서 살고 있는 자의 숫자가 1만 명에 가까웠는데[13]

이익한(李翊漢)이 제주 목사에 재직하던 시기는 1662~1663년이다(제주시, 2005: 351). 그 무렵 제주지역의 공노비 중에 육지에 거주하는 자가 1만 명 가까이 되었다고 한다. 앞의 15세기의 몇천 명 단위보다 많아졌다. 그것도 출륙한 공노비의 숫자만인데도 1만 명이었다. 공노비가 아닌 출륙인까지 헤아린다면 아마 그 숫자는 2~3만 명은 되지 않았을까 생각된다.[14]

지금까지의 기록 검토로는 출륙 초기인 15세기에 몇천 명 규모의 출륙 유랑민이 존재하다가, 이 현상이 지속되면서 17세기에 와서는 최소 1만 이상, 2~3만 명 정도의 유랑민이 발생했던 것으로 추정해볼 수 있겠다.

---

13) 『현종개수실록』권12, 현종5년(1664년) 11월 13일 庚子, "臣曾任濟州, 見本州各司奴婢出陸居生者, 其數近萬".
14) 조성윤은 당시 출륙유랑민 수를 2~3만 명으로 추정했다(조성윤, 2005: 61).

〈표 4-3〉 고려 · 조선시대 제주도의 호구 · 인구수

(단위: 명)

구분 연도	호구(戶口)				인구(人口)			
	제주목	정의현	대정현	합계	제주목	정의현	대정현	합계
고려 원종15년 (1273년)								10,223 (1~2만 추정)
고려 공민왕23년 (1374년)								(5만 추정)
세종실록 지리지	5,207	685	1,357	7,249	8,324	2,073	8,500	18,897 (5만 추정)
세종1년 (1419년)	2,216	645	620	3,481				
세종8년 (1426년)		850	1,327					
세종16년 (1434년)								63,474
세종17년 (1435년)				9,935				63,093
세조10년 (1464년)								(4만 추정)
성종9년 (1478년)				9,400				
선조34년 (1601년)	3,455	383	307	4,145	19,090	1,430	2,470	22,990
현종11년 (1670년)								42,700
현종13년 (1672년)				8,490				29,578
숙종5년 (1679년)					26,330	5,750	2,900	34,980

〈표 4-3〉은 여러 사료의 인구 기록을 모아 표로 작성한 것이다. 이를 토대로 인구변화 추이를 검토해보았다. 그 인구변화를 통해 출륙유랑민의 규모를 추적해보고자 한다. 하지만 전근대사회 인구 기록의 한계로 인해 정확한 숫자를 파악하기는 힘들다. 또한 측정 기준 등이 명확히 나와 있지 않아 혼선을 초래하기도 한다. 그렇기 때문에 기록 하나하나의 숫자에 의미를 두지 않고 전체적인 추세 파악에 만족할 것이다.

먼저 고려 원종 15년(1273년)의 기록에는 1만 223명으로 나와 있다.[15] 그러나 이 숫자 그대로를 당시 제주의 전체 인구라고 생각하긴 어렵다. 1만 223명이라는 숫자는 여·몽 연합군에 의해 제주 주둔 삼별초가 궤멸당한 직후의 상황을 반영한 것이다. 당시 전투로 인해 제주인이 많이 살해당했고 또한 포로로도 잡혀갔다. 그런 상황을 감안하면 원래 인구는 이보다 훨씬 많아 몇 만은 되었을 것이다(김창현, 2010: 217~218). 대략 1~2만 명 정도로 추정한다.

고려 공민왕 23년(1374년) 무렵의 인구수 5만 명은 추정치이다. 그해 목호의 난 토벌군 병사 수를 참고하여 추정했다. 토벌군 숫자는 2만 5,605명이었다.[16] 그렇다면 제주에서 맞서 싸운 제주목호 군사 수도 비슷한 2만 5,000명 정도는 되었을 것이다. 거기에 여성과 노약자를 더해야 한다. 중세 제주 인구의 남 : 여 성비가 대략 75 : 100이었던 점을(조성윤, 2005: 65) 감안하면 여성의 수는 3만 명은 되었을 것 같다. 거기에 노인과 어린 아이까지 합하면 더 많아진다. 결국 성인 남성 2만 5,000명에 여성 3만 명과 노인, 어린이 수를 합하면 대략 5만 명 이상이 될 것이다. 불과 100년 사이에 이뤄진 인구 급증은 몽골이 제주에 국립목장을 설치한 결과로 생각해

---

15) 『고려사』권27, 세가, 원종 15년(1274년) 2월 甲子.
16) 『고려사』권44, 세가, 공민왕 23년(1374년) 7월 戊子.

볼 수 있다. 몽골에 의한 목마 경제의 활성화는 제주에 대대적인 인구 증가를 가져왔을 것이다. 물론 순수 제주인만의 자연 증가가 아니다. 몽골인 등 타 지역에서 이주해온 사람들이 많았을 것이다. 거기에 더하여 몽골인과 제주인 사이의 혼혈인도 많이 증가했을 것으로 생각된다.

김일우(2000)는 이때의 제주 인구를 약 3만 명 정도로 추정했다(김일우, 2000: 94). 그러나 60년가량 지난 세종 16년(1434년)의 인구가 6만 3,474명[17]이었음을 고려할 때, 3만 명은 너무 적어 보인다. 그 60년 사이에 3만 3,000명의 인구 증가를 가져올 특별한 경제적 메리트는 없었다. 물론 조선 건국 초기 정치적 망명자와 군역을 피하던 승려, 범죄자, 원나라 유민 등이 몰려와서 세종 때까지 인구 증가가 있기는 했다(조성윤, 2005: 56). 하지만 그 숫자가 3만 이상 될 정도로 그렇게 많지는 않았을 것 같다.

그보다는 오히려 원 지배기의 목마 경제가 가져온 인구 증가에 주목하는 것이 설득력이 있다. 세종 16년(1434년)의 6만 3,474명은 조선이 아니라 이미 고려 말에 기초가 형성된 것으로 보아야 한다. 결국 고려 말 제주 인구는 5만 명은 되었을 것이라 생각한다. 그 바탕 위에 조선 건국 후 몰려온 정치적 망명자, 승려, 범죄자, 원나라 유민 등의 숫자가 더해져 세종 16년(1434년) 6만 3,474명에 이르렀을 것이다. 또한 몰려온 그들에게도 원 지배기 이후 형성되었던 제주의 목마 경제가 하나의 유인책이 되었을 것이다. 결국 세종 때까지의 인구 증가는 목마 경제에서 비롯되었다고 할 수 있겠다.

『세종실록지리지』의 기록은 조심스럽게 접근해야 한다. 호수가 7,249호인데 인구는 1만 8,897명이다.[18] 앞뒤의 인구와 비교하면 터무니없을

---

17) 『세종실록』권66, 세종 16년(1434년) 12월 7일 庚戌, "今考三邑人丁之數, 壯老弱共六萬三千四百七十四名".

정도의 적은 인구수이다. 일단 호수 7,249호는 정상적인 기록인 것 같다. 반면 인구수 1만 8,897명은 전체 인구가 아니다. 역 부과 대상자인 정남(丁男)의 숫자만을 기재한 것으로 보인다. 그렇게 가정하여 전체 인구수를 추정해보자. 이를 위해서는 1가구의 평균 가족 수를 알아내고, 이를 호수(戶數)에 곱하면 된다. 다른 시기의 통계를 통해 1가구가 대략 6인으로 구성되어 있음을 보게 된다. 그렇다면 7,249가구에 6인 가족을 곱하면 전체 인구가 나온다. 계산하면 대략 4만 3,000명 정도가 된다. 앞뒤의 기록을 고려하면 대략 5만 명 이상이었을 것으로 보인다. 물론 추정치이며 전체 앞뒤 맥락을 고려할 때 의미를 갖기 어려운 숫자이므로, 이 기록은 무시해도 좋을 것 같다.

다음 세종 1년(1419년)의 기록을 보면 호수가 3,481호[19]로 다른 시기의 기록보다 절반 이상 줄어들어 있다. 갑자기 인구가 격감한 것으로 생각할 수도 있다. 그러나 그렇게 보기에는 역시 앞뒤 시기의 인구와 맥락이 맞지 않는다. 이 숫자는 구휼 대상 호구수로 보인다. 글 시작이 "제주 진제사(賑濟使)가 글을 올리기를"[20]이라며 진제사, 즉 제주에 구제(救濟)하러 간 관리가 구제 대상 민호(民戶) 수를 보고하는 과정에서 나온 숫자이다. 그러므로 이 숫자는 전체 호구수를 말하는 게 아니다. 따라서 세종 1년의 이 기록은 전체 인구수를 파악하는 데에는 유효하지 않으므로 무시하는 게 좋겠다.

---

18) 『세종실록지리지』권151, 전라도 제주목, "濟州牧: 戶五千二百七, 口八千三百二十四 / 旌義縣: 戶六百八十五, 口二千七十三 / 大靜縣: 戶一千三百五十七, 口八千五百".

19) 『세종실록』권3, 세종 1년(1419년) 4월 13일 丁亥, "濟州牧居民二千二百十六戶, 旌義縣六百四十五戶, 大靜縣六百二十戶".

20) 『세종실록』권3, 세종 1년(1419년) 4월 13일 丁亥, "濟州賑濟使啓".

다음으로 세종 16년(1434년) 기록이 나온다. 6만 3,474명[21]으로 조선 전기 인구 기록 중에는 가장 많은 숫자이다. 장로약공(壯老弱共) 즉 장년, 노년, 어린이를 합한 것이라 했으니 전체 인구수를 말한다.

1년 뒤인 세종 17년(1435년)에는 전해보다 약간 줄어들었다. 6만 3,093명이다.[22] 작은 감소이지만 1년 단위 기록에서 이 감소는 나름의 의미가 있는 것으로 볼 수 있다. 이제까지 계속 인구 증가만 이어졌으나 처음으로 감소하는 기사이기 때문이다.

세조 10년(1464년) 인구수는 역시 추정치이다. 기록에는 인구수가 아니라 호패 발급자 수가 나와 있다. 제주 3읍의 호패 발급자 수가 1만 6,470명이다.[23] 당시 호패는 성인 남성에게만 발급되었다. 그렇다면 성인 남성의 수가 1만 6,470명이다. 여기에 여성과 노인, 어린이를 합치면 대략 4만명은 될 것 같다. 물론 추정치이다. 하지만 여기서 확인할 수 있는 것은 세종 때에 비해서 인구가 확연히 감소하고 있다는 점이다. 20년 만에 2만명의 인구가 줄어들고 있다.

성종 9년의 기사도 무시하는 게 옳을 듯하다. 『성종실록』에 9,400호가 아니라 9,400구로 나와 있다.[24] 이것을 글자 그대로 받아들여 인구 9,400명으로 생각하기에는 무리가 있다. 아마도 이 숫자는 인구가 아니라 호를

---

21) 『세종실록』권66, 세종 16년(1434년) 12월 7일 庚戌, "今考三邑人丁之數, 壯老弱共六萬三千四百七十四名".

22) 『세종실록』권70, 세종 17년(1435년) 12월 12일 己酉, "濟州三邑, 人多地窄, 民戶九千九百三十五, 人口六萬三千九十三".

23) 『세조실록』권34, 세조 10년(1464년) 11월 23일 壬申, "三邑人受號牌數, 摠一萬六千四百七十名".

24) 『성종실록』권91, 성종 9년(1478년) 4월 8일 己亥, "臣見濟州地隘而瘠, 其田九千八十餘結, 其民則九千四百餘口".

나타낸 것 같다. 그래서 위 표에서는 '호' 표기란에 옮겨 놓았다. 일단 부정확한 기사이므로 분석은 생략하기로 한다.

안타깝게도 16세기 제주 인구를 짐작하게 해주는 기록은 발견하지 못했다. 다만 다음의 기사를 통해 16세기, 특히 중종 때의 인구 감소를 짐작해볼 뿐이다.

대정현 사람은 염병으로 거의 다 죽었으며[25]

제주의 일을 들으니 매우 염려스럽습니다. 여역(厲役)이 크게 돌아 사
람과 가축이 많이 죽고, 이뿐만 아니라 흉년이 매우 심하게 들어서 잇따
라 사람이 죽어가므로, 정의·대정 같은 데는 인가가 다 비었다 하니[26]

중종 8년(1513년)과 중종 15년(1520년)의 기록이다. 구체적인 숫자는 나오지 않았다. 하지만 "死亡殆盡(사망태진)", 즉 '거의 다 죽었으며'라든가 "人戶皆空云(인호개공운)", 즉 '인가가 다 비었다 하니' 등의 표현은 거칠게나마 당시의 상황을 짐작하게 한다. 아마 절반 이상의 감소가 있었을 것이다.

그런데 이 인구 감소는 출륙유랑에서 비롯된 게 아니다. 전염병에 의한 사망 때문에 발생한 인구 감소이다. 그러니 출륙유랑민의 규모를 추정함에 인구 감소를 그대로 활용하긴 어렵다. 전염병에 의한 사망자는 제외해

---

25) 『중종실록』권19, 중종 8년(1513년) 12월 26일 庚申, "又大靜縣人物, 以瘴癘, 死亡殆
盡".

26) 『중종실록』권40, 중종 15년(1520년) 10월 18일 壬寅, "臣聞濟州之事, 至爲可慮. 厲
疫大起, 人畜多死. 非徒此也, 年凶太甚, 死者相枕, 如旌義·大靜, 人戶皆空云".

야 한다. 다만 전염병에 의한 사망이 증가할 때면 더불어 출륙유랑도 증가했을 것이라고 생각해볼 수 있겠다.

선조 34년(1601년)의 기록은 김상헌의 『남사록』에 실린 내용이다. 이 책에서 소개한 인구도 장로약공 즉 장년, 노년, 어린이를 모두 합한 숫자라고 밝혀 놓았다. 전체 인구인 셈이다. 그런데도 인구가 2만 2,990명에 불과하다.[27] 세종 16년(1434년) 6만 3,474명을 기준으로 보면 대략 170년 만에 인구가 거의 4만 명이나 줄었다는 말이다. 앞의 16세기 중종, 명종, 선조 연간에 엄청난 인구 감소가 있었음을 생각할 수 있다.

그로부터 약 70년 지난 현종 11년(1670년) 기록에는 다시 인구가 늘었다. 4만 2,700명이다.[28] 출륙금지령 이후 인구 유출이 어느 정도 진정된 것으로 생각해볼 수 있겠다. 그래도 갑자기 2만 명이 증가했다는 것은 납득하기 어렵긴 하다. 앞의 『남사록』 기록과는 너무나 차이가 많다.

물론 이 기사가 기민 구제와 관련된 내용이라 기민 구제를 위해 인구를 과장해서 기술했을 수도 있다. 지방관에 따라서 더 많은 구제곡을 얻어내기 위해 간혹 기민의 수를 늘려 보고하는 경우가 있었다. 여기서도 인민은 많고[人民之數多] 곡식은 적어 구제하기 어렵다는 말이 이어지고 있다. 과장 외에도 인구 조사 방법이나 통계 방법이 달라 큰 차이를 빚는 경우도 생각해볼 수 있다. 아무튼 중세의 인구 통계는 한계를 인정하고 접근해야 한다.

그런데 2년 뒤인 현종 13년(1672년) 기록에는 다시 인구가 크게 줄어들

---

27) 『남사록』의 숫자는 제주목, 정의현, 대정현 기록에 각각 흩어져 있는 것을 찾아 합친 것이다.
28) 『현종실록』권18, 현종 11년(1670년) 9월 10일 甲子, "留糶不過八千石, 而人民之數, 多至四萬二千七百餘口".

었다. 2만 9,578명[29]이다. 2년 사이에 1만 3,121명이 감소했다. 2년 동안의 기근으로 상당수 사람이 아사했기 때문에 감소한 것으로 추정해볼 수도 있다. 하지만 그보다는 기록 누락에 의한 숫자일 가능성이 더 커 보인다. 이 기사에서 "우리나라는 여자가 많고 남자가 적은데 호적에 들지 않은 여자가 매우 많다"[30]라고 했으므로, 호적에 기재되지 않은 여자 수까지 고려한다면 2만 9,578명보다는 많았을 것이다.

마지막으로 숙종 5년(1679년)의 인구수는 3만 4,980명으로 기록되어 있다. 이증(李增)의 『남사일록』 숙종 5년(1679년) 12월의 기록에 나온 숫자이다.

지금까지 위의 〈표 4-3〉 '고려·조선시대 제주도의 호구·인구수'를 바탕으로 고려 말부터 조선 중기까지 제주도의 인구 변동을 추적해보았다. 그러나 자료의 한계로 인해 정확한 인구를 밝힐 수는 없었다. 인구 조사 방법이 서로 다른 여러 종류의 자료에서 데이터를 뽑다 보니 일관성을 갖기 어려운 점도 한계였다. 그러므로 여기서는 대략적인 추세만을 짐작해볼 것이다.

우선 고려 말부터 조선 세종까지의 제주 인구는 대략 4~6만 명 정도를 유지해왔던 것 같다. 고려 말 몽골에 의해 형성된 제주의 목마 경제가 이 정도 규모의 인구를 부양할 수 있었을 것이다. 그러나 조선 세종, 성종 이후부터는 급격히 감소하는 모습을 보인다. 특히 16세기 중종 연간에는 가장 급격한 감소가 있었던 것으로 추정된다.

가장 많은 인구수를 보였던 기록은 세종 16년(1434년) 6만 3,474명이며,

---

29) 『현종실록』 권20, 현종 13년(1672년) 10월 30일 辛未, "人口男一萬二千五百五十七口, 女一萬七千二十一口".

30) 『현종실록』 권20, 현종 13년(1672년) 10월 30일 辛未, "大抵我國, 女多男少, 而女子之不入籍者甚多".

가장 적은 수를 보인 기록은 선조 34년(1601년) 2만 2,990명이다. 데이터 그대로 해석한다면 170년 동안 대략 4만 명의 인구 감소가 있었다는 얘기다. 15세기 중반 세종 이후부터 17세기 초반 사이 170년 동안의 일이다.

15세기 중엽 세종 때부터 시작된 인구 감소는 그 무렵부터 발생한 출륙유민 현상과도 연관이 있을 것이다. 세종 연간의 제주지방에는 커다란 사회변동이 있었다. 정치적으로는 토관 세력의 영향력이 사실상 대폭 감소되었다. 경제적으로 양전 사업이 실시되고 말 사교역이 강하게 통제되기 시작했다. 사회적으로 우마적의 평안도 강제 이주가 있었다. 이러한 상황의 세종 연간부터 인구 감소가 시작되었던 것은 어쩌면 당연한 귀결일 수 있다.

그러나 인구 감소가 반드시 출륙유랑 때문만은 아니었다. 앞서 살핀 중종 때의 기사들은 기근과 전염병으로 인해 다수의 사망자가 발생했음을 보여줬다. 그로 인해 고을이 텅텅 빌 정도였다. 그러므로 4만의 인구 감소가 모두 다 출륙유랑 때문이었다고 말할 수는 없다. 하지만 아쉽게도 유랑으로 인한 감소와 사망으로 인한 감소의 수를 구별하여 확인하기는 어렵다.

지금까지 검토한 자료를 토대로 출륙유랑민의 수를 추정하면 다음과 같다. 앞서 제주 목사였던 이익한이 제주지역 공노비 중에 육지로 나간 자가 1만 명가량 되었다는 기록[31]을 통해 일단 1만 명은 넘었을 것으로 판단한다. 출륙 공노비 수만 1만 명이기에 공노비가 아닌 출륙자까지 포함한다면 그 수는 당연히 1만 명을 넘었을 것이다.

그리고 인구 증감을 통해서 본 4만 명의 감소를 최대치로 삼을 수 있다.

---

31) 『현종개수실록』권12, 현종5년(1664) 11월 13일 更子, "臣曾任濟州, 見本州各司奴婢 出陸居生者, 其數近萬".

그러나 앞서 말했듯이 사망에 의한 인구 감소도 상당했을 것이기에 4만 명 전체를 출륙유랑자로 볼 수는 없다. 따라서 큰 범위로는 1~4만 명, 폭을 줄여서 말하면 2~3만 명 정도의 출륙자가 발생했을 것으로 추정해볼 수 있겠다. 2~3만이라는 이 숫자는 조성윤의 추정치(조성윤, 2005: 61)와도 일치한다.[32]

---

32) 제주유민의 규모를 살피며 아울러 지금까지 이 책에서 검토한 주요사건, 산업 변화, 인구 증감 등의 제주사회 변동을 브로델의 모델을 활용하여 다음의 그림으로 요약해볼 수 있겠다.

〈그림 4-2〉 고려·조선시대 제주의 산업과 인구 변동

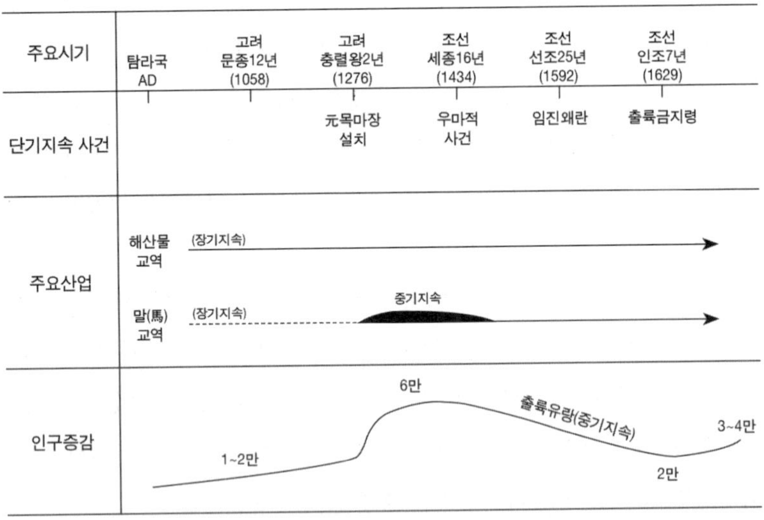

앞서 보았던 것처럼 해산물교역은 탐라국 이래 지속된 장기지속의 역사이다. 반면 말의 자유교역은 원 지배기 이후 출륙제주유민이 발생할 시점까지 지속된 중기지속의 역사라 할 수 있다. 여기에 인구 변동이 조응한다. 삼별초 항쟁 무렵 제주 인구를 1~2만 명정도로 추정했다. 그 후 원에 의한 목마장 설치 이후 제주의 인구는 5만 명 이상 정도로 불어났던 것으로 보았다. 이 시기 인구 증가 역시 중기지속의 역

4. 제주유민의 생업 및 활동

제주유민의 생업 즉 먹고사는 방편은 그들의 호칭에 이미 잘 나와 있다. 남해안 사람들은 제주유민을 주로 포작인이라고 불렀다. 그 포작인이라는 명칭 자체가 그들의 생업을 보여준다. 즉 해산물을 채취해서 사는 사람이라는 뜻이다. 기록은 이들이 바다에서 구체적으로 어떤 일을 했는지 보여준다.

> 항상 물고기를 낚고 미역을 따는 것으로 업을 삼았습니다.[33]

> 물고기를 잡아 팔아서 생활하는 것으로 업을 삼았습니다.[34]

이들은 바다의 산물을 활용하고 있다. 물고기잡이[釣魚]와 미역 채취[採藿]가 주된 생업이었다. 그리고 그것을 팔아 식량과 교환해서 먹고살았다고 한다.

이들의 생업을 묘사하는 표현으로 "本以海釣生利(본이해조생리)"[35] 혹은

사라 하겠다. 그러나 조선 정부가 말 사교역을 통제하면서 출륙유랑으로 인구가 다시 줄어들기 시작했다. 세종 16년(1434년) 우마적 사건은 출륙유랑의 시작을 알리는 상징적 사건으로 볼 수 있다. 이런 사건들은 단기지속의 역사라 하겠다. 주로 남해안 연안으로 나갔던 제주유민은 임진왜란 때에는 물길 안내인으로, 선박 조종자로서 많은 활동을 벌였다. 그러다가 출륙금지령이 내려지고 강력한 출륙 억제책이 시행되면서 점차 출륙유랑 현상은 사라지게 되었다. 중기지속의 유민 현상이 잦아들었던 것이다.

33) 『성종실록』권83, 성종 8년(1477년) 8월 5일 己亥, "恒以釣魚採藿爲業".
34) 『성종실록』권197, 성종 16년(1485년) 윤4월 19일 癸亥, "以捉魚賣食爲業".

"以海採爲業(이해채위업)"36)이라는 구절도 등장한다. '본래 낚시질로 이익을 낸다'라거나 '해산물 채취를 업으로 삼는다'라는 뜻이다. 앞에서 말한 생업과 다르지 않다.

이러한 생업 방식이 조선의 유교 지식인들의 눈에는 비정상적인 것으로 비춰졌다. 그래서 그들은 해산물 채취와 교역을 하는 제주유민들을 "本無恒産(본무항산)",37) 즉 '본래 항산이 없었다'라고 묘사했다. 농업을 본(本)으로, 상업을 말(末)로 생각했던 그들에게 거친 바다 생활을 하며 해산물을 채취하고 그것을 팔아서 먹고사는 제주유민은 항산이 없는 비정상적인 존재였을 것이다.

비록 이들이 제주를 떠나기 전까지는 제주에서 말과 관련된 다양한 업종에 종사했다 하더라도 일단 제주도를 떠나 남해안에 우거하면서부터는 필연적으로 바다와 관련된 일에 종사할 수밖에 없었다. 그 바다 관련 일이라는 것이 바로 포작이라는 명칭 속에 나타나 있다. 해산물 채취가 바로 그들의 생업이었다.

그 채취한 해산물은 곧바로 교역물이 되었다. 팔아서 식량과 바꿔 먹었을 것이다. 과거 제주에서 말을 싣고 육지로 나와 팔아서 먹고살던 이들이 이제는 아예 육지의 바닷가에 나와 살면서 말 대신 현지에서 해산물을 채취하고 팔아 그것으로 생업을 꾸렸던 것이다.

변화는 두 가지였다. 생업의 현장이 제주에서 남해안 등의 한반도 주변 해안으로 바뀐 점, 그리고 주 교역 대상물이 제주산 말에서 현지 해산물로 바뀐 점이 그것이다.

---

35) 『성종실록』권197, 성종 17년(1486년) 11월 22일 癸亥.
36) 『중종실록』권11, 중종 5년(1510년) 6월 25일 己酉.
37) 『성종실록』성종 16년(1485년) 윤4월 19일.

물론 이들이 해산물 채취와 교역만으로 생업을 다 해결했던 것은 아니다. 때로는 주변 연안 마을이나 항해하는 선박을 습격해서 약탈을 자행하기도 했다. 물론 약탈은 전체적으로 볼 때 부차적인 생업이었다. 일상적으로는 해산물 채취가 우선이었다. 다만 경우에 따라서 몰래 약탈을 종종 행하기도 했던 것으로 보인다. 이는 다음의 제5장에서 자세히 다룰 것이다.

이들의 생업이 바다에서의 해산물 채취였던만큼 생활 역시 바다에서 이뤄졌다. 단순히 바닷가에 정착 거주하면서 해산물을 채취했던 것이 아니라 아예 배에서 생활하며 해산물을 채취했던 것이다. "無定居 寄生船上(무정거 기생선상)"[38] 즉 일정한 거처 없이 배 위에서 생활했다는 기록이 나온다. 혹은 "以船爲家(이선위가)",[39] 즉 '배를 집으로 삼았다'라거나 "滄海爲家(창해위가)",[40] 즉 '너르고 큰 바다를 집으로 삼았다'라는 기록도 나온다. 따라서 이들의 생활은 기본적으로 정착이 아니라 배 위에서의 유랑이었다는 말이 된다.

하지만 이들이 한없이 떠돌이 생활만을 했던 것은 아니다. 이들이 유랑하던 지방의 수령들은 자신들의 목적에 맞게 이들을 활용하곤 했다. 인구 유입을 유도하고 이들로부터 각종 조세와 역을 거두어들이려고도 했다. 지방 수령들은 특히 이들이 가진 해산물 채취 능력을 활용했다.

그뿐만 아니라 지역 수군 책임자들은 이들을 수군으로 등록하여 배를 조종하는 일 등의 수군의 몫을 맡기고자 했다. 이런 이유로 떠돌이 생활을 정리하고 일정 부분 국가의 장적에 등재되어 국가가 부과한 역을 지며 살아가기도 했다.[41]

---

38) 『성종실록』권177, 성종 16년(1485년) 4월 12일 癸亥, "無定居, 寄生船上".

39) 『성종실록』권197, 성종 17년(1486년) 11월 22일 癸亥.

40) 『중종실록』권11, 중종 5년(1510년) 6월 25일 己酉.

영국의 역사학자 에릭 홉스봄(Eric Hobsbawm)은 체제 밖의 비적(匪賊)들도 사회질서의 범위에서는 벗어나 있지만, 그렇다고 해서 그들이 사회의 범위 밖에 있는 것은 아니라고 했다. 다시 말해 그들도 통상의 정치적·경제적·사회적 제도와의 관계 속에 있다는 것이다. 체제 밖의 존재도 체제와의 관계 속에서 살아갈 수밖에 없기 때문이다. 도적의 장물 처리 역시 체제를 이용해야 한다. 또한 지배층 역시 이들 체제 밖의 비적들을 활용하는 게 유리했다.

홉스봄은 이를 '비적의 정치경제학'이라는 장에서 설명했는데, "조용히 소동을 일으키지 않고 직무를 수행하고 싶어 하는 지방관들은 비적과 접촉을 계속하며 좋은 관계를 유지하려 한다"라고 했다(홉스봄, 1978: 109~127). 물론 이것은 근대 자본주의 이전의 단계에서 가능했던 일이다. 중앙정부의 눈길이 향촌사회의 밑바닥까지 깊게 미치지 않았기 때문에 가능한 일이었다.

이와 유사하게 조선시대 제주유민 역시 남해안의 지방관들과 일정한 관계를 유지하면서 반(半)합법적 존재로 자신을 위치 지우며 살아갔다. 본래 유민 현상 그 자체가 불법이었다. 그렇기에 법에 따른다면 모두 쇄환되어야만 했다. 그러나 남해안의 지방관과 수군 지휘관들은 이들의 활용가치를 인식하고 있었기에 이들을 반합법적 존재로 남겨 놓았다. 이렇게 이들 제주유민들은 불안정하면서도 나름의 지위를 가지고 연해안을 유랑하며 혹은 우거하며 살아가고 있었다.

이러한 모습은 비단 『조선왕조실록』의 기록을 통해서만 확인되는 것도 아니다. 개인 문집에서도 제주유민의 생활상을 엿볼 수 있다. 조선 중

---

41) 『성종실록』권197, 성종 17년(1486년) 11월 22일 癸亥; 『중종실록』권87, 중종 33년
   (1538년) 2월 11일 乙卯.

기의 문신이자 학자인 이준경(李浚慶)의 선조 21년(1588년) 시문집『동고유고(東皐遺稿)』에 실린 "근래 흑산도에서 붙잡은 포작간들은 그대로 두어 (죄를) 다스리지 말고 적을 발견하고 보고하는 방책으로 삼으면 더욱 좋을 것입니다. 저들은 이미 고기잡이로 살아가고 있고 이르지 않는 데가 없습니다. 비록 엄하게 금하고자 해도 커다란 바다에서 죽음을 무릅쓰고 잠입하는 사람들이니 어찌 완전히 금할 수가 있겠습니까?"[42]라는 기록은 이들의 생활 모습을 잘 보여준다.

하지만 이들은 시간이 지나면서 서서히 정착 단계로 들어갔다. 우거(寓居)[43]라는 표현, 즉 임시로 거주한다는 표현이 종종 나온다. 그러니까 한정 없이 배를 타고 유랑한 것이 아니라 유랑하다가 종종 해안에 내려 임시 거주를 했다는 말이다.

그런데 그 유랑과 우거는 대부분 '가족과 함께였다'.[44] 그러나 언제부터인가 이들은 점차 정착 생활로 들어갔다. 남해안 주민들은 이들을 경계했다. 이 때문에 제주유민들은 따로 무리를 지어 하나의 촌락을 이루고 살아야만 했다.[45] 이런 경우는 남해안 마을의 호적에 녹안(錄案)되어 주로 포작의 역을 지고 살아갔다. 그러나 녹안의 기회를 갖지 못했거나 거부한 부류들은 쇄환의 위험을 안은 채 유랑생활을 비교적 오래 지속했다.

물론 17, 18세기에 들어오면 거의 대부분의 제주유민들은 정착 단계를

---

42) 『동고유고』동고선생유고권지오(東皐先生遺稿卷之五) 간찰(簡札) 답사형서(答舍兄書), "且頃日黑山所捉鮑作干. 置之而勿治. 以開見賊來告之路. 爲善爲善. 彼旣以捉魚資生. 無處不到. 雖欲嚴禁. 茫洋大海. 抵死潛入之人. 其可能盡禁乎".

43) 『성종실록』권85, 성종 8년(1477년) 10월 16일 庚戌, "近聞本州及旌義, 大靜人民流寓慶尙, 全羅道者多".

44) 『성종실록』권178, 성종 16년(1485년) 윤4월 19일 己亥.

45) 이원진, 『탐라지』(1653), 노비조.

밟아가기 시작한다. 한영국(1981)은『경상도 울산부 호적대장』을 분석한 그의 글에서 제주유민의 정착 모습을 비교적 자세히 설명해놓았다(한영국, 1981: 814~816). 이것은 물론 울산이라는 하나의 지역만을 보여주는 분석이긴 하지만 다른 지역 역시 이와 유사했으리라 생각된다.

그의 분석에 따르면 제주유민들은 육지인과는 격리된 가운데 그들 나름의 특수한 마을을 이루어 생활했다고 한다. 또 이들은 처음에 천인(賤人)으로 처우되었고 정부로부터 특정한 역을 부과받았으며 그 주거와 출입이 각별히 통제되었다고 한다. 하지만 처음 정착 단계의 17세기를 지나 18세기에 와서는 이들의 행정적·법제적 처우가 향상되어 일반 양인(良人)과 유사한 대우를 받게 되었다고 한다. 이제는 유민의 단계가 아니라 '육지인'으로서의 사회경제적 기반을 구축했다는 의미이다.

물론 울산의 경우 육지인들의 경계와 배타 속에 나름 정착이 성공했던 경우이다. 하지만 그렇지 못한 경우도 있었던 모양이다. 이들 정착하지 못한 제주유민들은 무인도로 숨어들 수밖에 없었을 것이다. 현재 전라남도 신안군에 있는 '큰 포작도', '작은 포작도'라는 지명은 어렵게 정착했던 제주유민의 흔적이 남은 것이라 생각된다.

제5장

제주유민과 유사 집단

중세까지의 바다에는 명확한 개념의 국경선이 존재하지 않았다. 또한 육지와는 달리 치안의 공백지대가 많았다. 그랬기에 제주유민들이 한반도 연안은 물론 중국의 해랑도까지 유랑이 가능했던 것이다. 그런데 그 바다에는 제주유민만이 있었던 게 아니다. 재물 약탈을 목적으로 하는 전문 집단들도 있었다. 바다는 세곡선과 장삿배가 이동하는 부(富)의 통로이기도 했기 때문이다. 부가 몰리는 곳에 약탈 세력이 뒤따르는 것은 당연한 이치이다. 제주유민 역시 생계 위기로 인해 바다로 나갔던 존재이기에 재물 약탈과의 관련성도 상정해볼 수 있다.

당시 한반도 연안에 출몰했던 약탈 세력으로는 수적, 왜구, 중국인 수적 등을 들 수 있다. 이들에 대한 정확한 실태 파악은 쉽지 않다. 그럼에도 이들의 활동 지역과 생태의 유사성을 고려할 때 이들 간의 교류 혹은 결합도 생각해볼 수 있다. 그 때문인지 조선 정부에서도 이들 집단을 파악함에 있어서 많은 혼선을 빚기도 했다. 다음의 기록은 당시 조선 연해안에 출몰하던 여러 집단의 혼재 상황을 보여준다.

운산(雲山)의 이침(李硴)이 자상(刺傷)을 입은 상황을 보건대 왜인이 아니면 수적입니다. 그런데 고존성이 도망한 자취를 헤아려보건대 제주의 사람들이 스스로 진공할 물건을 탐내어서 왜변(倭變)이라고 핑계대어 말하고, 나라를 속이는 것인지 그 간교한 계책을 헤아리기가 어려우니[1]

제주에서 올라오던 진공선(進貢船)이 정체불명의 집단에 습격당해 진공물도 빼앗기고 사람도 상한 상황을 보고하고 있다. 그런데 그 습격의 주체에 대해서는 논란이 분분했다. 자상으로 볼 때는 왜구 혹은 수적일 가능성이 크다고 판단했다. 사실 진상물을 노릴 정도라면 단순 유민보다는 전문 약탈 집단인 왜구나 수적일 가능성이 컸을 것이다. 그러나 그러면서도 한편으로는 다른 의견을 내고 있다. 제주의 출륙유민들이 왜구를 가장해서 하는 일인지도 모르겠다고 생각했던 것이다.

일단 이 기사를 통해 알 수 있는 것은 성종 연간 한반도 남해안에는 출륙제주유민 외에도 적지 않은 수의 왜구와 수적이 생활하고 있었다는 것, 그리고 그럼에도 정부에서는 그들의 정체를 정확히 파악하지 못하고 있었다는 사실이다.

왜구만이 아니라 명종 연간에는 중국 수적들도 기록에 등장한다.

일본 배가 나왔으면 염탐하는 일이 없지 않을 것이니 방비에 관한 모든 일을 힘을 다해 조처하라. 중국 배인지 일본 배인지, 우리나라의 수적인지를 상세히 살펴 치계(馳啓)할 것을 팔도 감사와 병·수사에게 하서하고[2]

---

1) 『성종실록』권289, 성종 25년(1494년) 4월 18일 丙子, "以雲山李砧被刺之狀觀之, 非倭則水賊也, 而以存性等逃亡之迹料之, 濟州之人自偸進貢之物, 托言倭變, 欺罔國家, 奸計難測".

전라도 감사 이윤경이 중국 배인지 일본 배인지 분간되지 않는 배 10척이 평산포(平山浦)에서 나로도(羅老島)로 간 사건을 아뢴 것에 대한 임금의 전교 내용이다. 여기에 등장하는 것은 비단 왜구나 수적만이 아니다. 중국 수적까지 등장하고 있다. 하지만 문제는 정부에서 여전히 이들의 정체를 정확히 파악하지 못하고 있다는 점이다.

　　다카하시 기미아키 등 일련의 일본 학자들은 이 점에 주목하여 제주유민, 일본인 왜구, 조선 수적, 그리고 중국인 수적까지를 포괄하여 사실상 이들을 왜구와 동일한 존재로 설명하고 있다.[3] 후기 왜구의 경우 포르투갈인, 중국인 등 다양한 국적의 해인들이 포함되어 있음[4]을 고려할 때 이들의 주장은 일정 정도 설득력을 가질 수 있다. 그러나 가능성만으로 역사를 서술할 수는 없다. 『조선왕조실록』 등에는 이들 수적과 왜구가 분명히 구분되어 기록되어 있다. 이것은 당시 조선의 관리들이 이들을 명확히 구분하여 인식하고 있었다는 증거이다. 이 때문에 이들 여러 해인들을 단일한 왜구 집단으로 간단히 설정하기는 어렵다.

　　여기 제5장에서는 제주유민에 대한 풍부한 이해를 위해 유사 집단인 수적, 왜구 그리고 중국의 수적과의 관계를 살핀다.

---

2) 『명종실록』 권20, 명종 11년(1556년) 3월 23일 壬午, "倭船出來, 不無窺覘, 防備諸事, 極力措之. 唐, 倭船與我國水賊與否, 詳察馳啓事, 下書于八道監司, 兵·水使, 此啓本".

3) 왜구의 주체를 중국인, 조선인, 일본인 혼합으로 주장하는 일본의 연구로는 다음을 들 수 있다(다카하시 기미아키, 1989, 2002; 村井章介, 1993; 荒野泰典·石井正敏·村井章介, 1992; 大石直正·高良倉吉·高橋公明, 2001).

4) 왜구에 대한 일본 학계의 인식은 다음과 같다. 13세기부터 15세기까지의 왜구를 전기 왜구라 하고 16세기 이후 활동한 왜구를 후기 왜구라고 한다. 그런데 후기 왜구의 경우 실제로는 중국인이 주체였고, 일본인은 1~2할에 불과했다고 인식하고 있다(이영, 1999: 299 참조).

1. 제주유민과 수적과의 관계

제주유민을 부르는 말로 포작이라는 용어가 있다. 제주유민 전체를 지
칭하기도 하지만 직능적으로 말하자면 해산물을 채취하는 사람들을 의
미한다. 따라서 출륙제주유민의 주된 생업은 포작업으로 해산물 채취라
고 할 수 있다.

그러나 그들이 반드시 해산물 채취로만 생계를 꾸렸다고 보기는 어렵
다. 경제 상황이 악화되면 약탈을 시도할 가능성도 없지는 않았다. 이러
한 현상은 어쩌면 자연스러운 일이기도 하다. 홉스봄의 설명에 의한다면
이런 사람들은 기존 사회에 동화되지 않고 한계상황 내지 무법상태로 몰
린 사람들이다(홉스봄, 1978: 31). 홉스봄은 어느 지역에서나 보편적으로
나타난 의적(義賊) 혹은 비적(匪賊) 현상을 분석했는데, 이런 보편적 현상
은 우선 자본주의 사회로 이행하기 전 단계까지에서 나타나는 현상이라
고 한다. 근대 자본제 사회가 되면 교통, 통신 발달 등으로 정보력과 지역
통제력이 강해져서 비적 현상은 쉽지가 않다는 것이다.

역시 홉스봄에 따른다면 비적 현상은 빈궁화가 심화되고 경제적 위기
가 닥쳐오는 시기에 만연하다고 한다. 특히 너무 가난하여 강건한 남자에
게 충분한 일자리를 줄 수 없는 곳, 농촌 과잉인구가 존재하는 곳에서 발
생한다는 것이다(홉스봄, 1978: 11~29).

조선 정부에서도 역시 그와 유사하게 파악하고 있었다.

남쪽 지방 연해의 백성으로 해초(海草)를 캐고 고기 잡는 것을 직업으로
하는 사람들이 형편을 노리다가 도적질하는 것이 그 유래가 이미 오래
이어서[5]

이들의 본업은 해산물 채취였다. 다만 형편에 따라 도적질을 했다. 이 정도의 도적질은 크게 사회문제로 비화하지는 않았다. 오래 전부터 있었던 작은 사안 정도로만 생각했을 뿐이다. 두독야지를 처음 소개했던 성종 8년(1477년) 8월 5일 기록에 "근처에 사는 백성들이 모두 생각하기를, 우리나라 사람을 약탈하는 자가 이 무리들인지 의심스럽습니다"[6]라고 하여 출륙제주인을 약탈자로 의심하고는 있지만, 그 자체가 심각한 문제가 된 것은 아니었다. 다만 이들을 "쇄출(刷出)"하려고 하는데, 급히 하면, 저들 무리가 모두 움직여 바다 가운데로 도망해 들어가서, 변(變)을 장차 예측할 수 없을까 염려"[7]하는 정도였다.

그러나 성종 20년(1489년) 무렵에는 상황이 달라졌다. 단순 도적 수준의 약탈이 아니라 본격적인 약탈 집단이 등장했던 것이다. 정부에서도 "근년에 남쪽 지방의 여러 섬에서 왜적과 수적들이 나란히 일어났지만 …… 남쪽 지방의 수적은 예전에 듣지 못하던 일입니다"[8]라며 긴장하는 반응을 보였다. 그러면서도 이들을 쉽사리 제어하지 못했다. 다음 해인 성종 21년 기사에서 "근래에 남쪽 고을 바다 연안 지역에 왜적 또는 수적이라고 하여 도서(島嶼)지방에 나타나서 여러 번 노략질하는데, 변장이 이를 제대로 막을 수가 없다고 한다"[9]라고 했을 정도이다.

---

5) 『성종실록』권234, 성종 20년(1489년) 11월 17일 辛未, "然南方沿海之民, 採捕爲業者, 乘便作賊, 其來已久, 亦不可不爲之計".

6) 『성종실록』권83, 성종 8년(1477년) 8월 5일 己亥, "近處居民皆以爲掠我國人者疑是此徒".

7) 『성종실록』권83, 성종 8년(1477년) 8월 5일 己亥, "今欲刷出, 恐急之則彼輩胥動走入海洋之中, 變將不測, 是不可不慮也".

8) 『성종실록』권234, 성종 20년(1489년) 11월 17일 辛未, "近年南方諸島倭賊, 水賊竝起 …… 南方水賊, 古所未聞".

그에 따라 제주유민을 의심하는 수위도 높아져 갔다. "역을 피해 도망쳐 흩어져 이곳저곳 떠돌아다니면서 수적과 더불어 서로 안팎이 될까 심히 두렵습니다"[10]라든가, "옮겨가기를 제멋대로 하여 이로 인해 수적이 된다면 그 폐단을 장차 금하기 어려울 것"[11]이라며 수적으로의 전환 가능성에 대해 경계했다. 더 나아가 3년 뒤의 기사에서는 "국가에서 수적은 이 무리들의 소행이 아닌가 의심"[12]하는 단계에까지 이르렀고, 다시 2년 뒤인 성종 25년에는 진공선 피습사건을 "제주의 사람들이 스스로 진공할 물건을 탐내어서 왜변이라고 핑계 대어 말하고"[13] 일으킨 사건으로까지 생각하게 되었다.

그렇다면 과연 제주유민들과 수적은 동일 존재였을까? 수적과 제주유민의 관계는 어떠했을까? 이를 규명하기 위해서는 우선 수적에 대해 고찰해야 한다. 다음은 『조선왕조실록』에서 수적 관련 기사를 찾아 정리한 표이다.

〈표 5-1〉을 통해 확인할 수 있는 내용은 다음과 같다.

첫째, 수적 발생 시기이다. 성종 때부터 발생했다.[14] 그리고 첫 발생 시기인 성종 대에 27건으로 가장 많다. 다음으로는 선조 재위기간 동안의 15회이다. 성종 때 특히 빈발했으며 그 외의 시기에는 전체적으로 고르게

---

9) 『성종실록』권247, 성종 21년(1490년) 11월 8일 丙戌, "近者南郡沿海之地, 或云倭賊, 或云水賊, 出沒於島嶼之間, 頻頻作耗, 邊將不能制之".

10) 『성종실록』권226, 성종 20년(1489년) 3월 15일 癸酉, "則避役逃散, 彼此流移, 與水賊相爲表裏, 深可畏也".

11) 『성종실록』성종 20년(1489년) 4월 21일, "則去留自恣, 因爲水賊, 弊將難禁".

12) 『성종실록』성종 23년(1492년) 2월 8일, "國家疑水賊必此輩所爲".

13) 『성종실록』성종 25년(1494년) 4월 18일, "濟州之人自偸進貢之物, 托言倭變".

14) 수적 관련 『조선왕조실록』의 첫 기사는 성종 5년(1474년) 5월 20일의 기사이다.

〈표 5-1〉『조선왕조실록』속의 지역별·시기별 수적 관련 기사 횟수

시기 지역	성종	중종	명종	선조	광해군	계
전라	20	5	1	1		27
충청	2				2	4
경기(강화)		3		1	1	5
황해			1	6	4	11
평안				2	2	4
중국(해랑도, 산동)			1	2		3
불특정	5	2	2	3		12
계	27	10	5	15	9	66

*사건의 수가 아니라 기사의 수를 기재했다. 그러니 하나의 사건이 중복 계산되기도 했다. 반복해서 기록되었다는 것은 그만큼 사건의 중요성이 높았다는 의미이다. 반면 본 책의 관심 시기 밖인 인조~순조까지의 기사와『광해군일기』정초본의 기사 속에 등장하는 15건은 제외했다. 그리고『광해군일기』의 경우 중초본의 기사만 계산에 넣었다. 정초본과 동일한 사건이었기 때문이다(『광해군일기』정초본의 기사 속에 등장하는 15건은 제외).
*한 기사에 여러 지역이 서술된 경우는 모든 지역을 계산에 넣었다.
성종 21년 8월 7일 기사는 충청도 서천, 전라도 군산을 오가는 수적이라 2개 지역에 표기.
성종 22년 5월 30일 기사의 하삼도는 불특정 지역으로 분류.
중종 1년 10월 19일 기사는 "자제주출대 도우수적(自濟州出來 道遇水賊)"라고만 되어 지역 명시가 없으나 유배가 풀려 나오다가 당한 것이니 전라도 관할 지역으로 추정.
명종 1년 12월 15일 기사는 황해도 풍천, 중국 해랑도를 오가는 수적이라 2개 지역에 표기.
광해군 4년 7월 14일 기사에는 해서와 호서를 동시에 기록했으므로 2개 지역에 표기.
광해군 4년 10월 1일 기사에는 예산, 해서, 강화를 동시에 기록했으므로 3개 지역에 표기.

발생하고 있는 편이다.

둘째, 지역별 발생 횟수를 보면 초기인 성종, 중종 시기에는 전라도에서 집중적으로 수적이 발생하고 있었다. 그러다가 16, 17세기 명종, 선조, 광해군 시기가 되면 오히려 충청, 경기, 황해 등 서해안에서의 빈도가 높다.

셋째, 특이하게도 경상도에서의 수적 발생 기사가 없다. 이 점은 특별

히 중요하다. 왜구와 수적이 다른 존재임을 말하고 있기 때문이다. 흔히 경인년 왜구라고 하는 전기 왜구의 경우 침탈지가 경상도 남해안 혹은 경상도와 전라도의 경계지역에 집중되었다(이영, 2005: 178). 만약 수적과 왜구가 동일 존재라면 수적 출몰 지역도 경상도이어야 한다. 그러나 위의 표에서 보듯이 경상도에서의 수적 발생 기사는 단 한 건도 없다.

또한, 수적과 제주유민의 관계도 직접적이지는 않아 보인다. 앞의 제4장 2절 '제주유민의 분포지역'에서 밝힌 대로 제주유민 관련 기사에 가장 많이 등장하는 지역은 경상도였다. 그런데 수적 관련 기사에서는 경상도가 전무하다. 이 때문에 제주유민을 곧바로 수적이라고 말하는 것은 설득력이 없다.

그렇다면 수적 관련 기사가 전라도에 집중되는 이유가 무엇일까 고민해봐야 한다. 우선 조운과 관련이 있을 것이다. 조운세곡의 약 2/3가 전라도에서 나왔다(최완기, 1980: 15). 조운선이 움직이는 곳에 수적이 따라감은 어렵지 않은 가정이다. 다음의 〈그림 5-1〉를 보면 수적이 전라도 해안에서 주로 출몰했던 이유를 쉽게 짐작할 수 있을 것이다.

경상도에서 거둔 조세는 바다를 경유하지 않고 있다. 육로 수송인 것이다. 반면 전라도의 세곡은 전라도 연해안의 조창에 수집되었다가 바닷길로 남해, 서해를 거쳐 한강까지 운반되었다. 수적이 경상도 해안에 출몰할 이유가 없었고 전라도 해안에 집중되었음은 〈그림 5-1〉이 선명하게 설명해준다.

장시(場市)와 무곡선상(貿穀船商)의 등장 역시 전라도 수적 발생의 주요 원인이 되었다. 15세기 말 전라도 곡창지대에 처음으로 장시가 등장했다. 그리고 그 장시에서 거래된 곡물은 주로 무곡선상에 의해 매집(買集)되어 서울로 운송, 소비되었다(최완기, 1992: 23). 이 과정에서 수적의 개입은 쉽게 상상해볼 수 있겠다.

〈그림 5-1〉 조창의 분포와 조운로

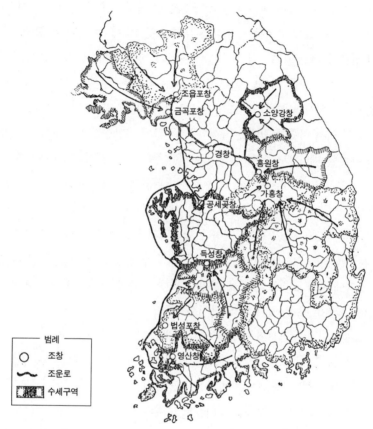

자료: 최완기(2003: 529).

그리고 전라도가 타 지역에 비해 장물 처리가 쉬웠던 점도 주요 원인이 된다. 성종 18년(1487년) 기록에 "본도(本道)에서 도둑이 일어나는 것이 다른 도에 비해 더욱 심한 것은 장문(場門)이 있기 때문입니다. 도둑이 얻은 장물(贓物)을 장문에 팔기 때문에 수색해 잡기가 어렵습니다"[15]라는 대목이 나온다.

그렇다 하더라도 의문은 남는다. 조운은 건국 이래 계속되었던 현상이다. 그러기에 전라도에서의 수적 발생은 납득이 간다. 하지만 그것이 왜 성종 이후인가에 대해서는 또 다른 설명이 필요하다. 이에 대해서는 곡물의 상품화 현상이 15세기 이후 진행되었기 때문이라는 설명이 설득력을 갖는다. 최완기에 의하면 세조 6년(1460년)의 기록16)은 전라도 일대에서 활동한 무곡상의 실태를 단편적이나마 보여준다고 한다(최완기, 1992: 50).

이영 역시 비슷한 견해를 밝혔다. 지주들이 지방농장에서 수확한 미곡을 운송할 때나 부상들이 원격지 교역을 통한 미곡 상품을 수송할 때 주로 해상 운송을 이용했는데 이것이 수적 활동을 성행하게 만든 계기라는 설명(이영, 2005: 170)이다. 아직 유통경제가 발달하지 않았던 고려 전기에는 수적 활동 기사가 단 한 건밖에 확인되지 않는 반면(이영, 2005: 171) 15세기에는 과전법 체제가 무너져 부재지주의 농장이 전국으로 확산되었고, 그에 따라 소작료의 서울 운반을 위해 해상 수송이 더욱 절실해지는 상황(최완기, 1992: 38)이 되자, 관이 운영하는 조운선 외에 임사선 운송(賃私船運送)이 활발해져서 이것이 수적 발생을 자극했다는 것이다.

이상 수적에 대한 고찰을 통해 그들이 제주유민과는 다른 존재였음을 확인하게 된다. 조운선이나 미곡상선을 습격할 정도라면 규모가 큰 전문집단이었을 것이다. 기록을 보더라도 수적의 위세는 대단했음을 알게 된다. "지금 이 수적들이 해상에 횡행하고 있는데도 계교로 체포하지는 못

---

15) 『성종실록』권204, 성종 18년(1487년) 6월 20일 戊子, "本道盜賊興行,比他道尤甚者, 以有場門也 盜賊所得贓物, 賣于場門, 故搜獲爲"; 이영, 2005: 170 재인용.

16) 『세조실록』권20, 세조 6년(1460년) 5월 21일 丙申, "聞商人等往全羅道以布換穀, 所得倍多, 然不可禁也. 今欲以官布貿穀貯備[듣건대 상인(商人)들이 전라도에 가서 베[布]를 곡식과 바꾸어서 득(得) 보는 것이 갑절이나 많다고 하지만, 그러나 금할 수가 없다. 지금 관가의 베를 가지고 곡식과 바꾸어 저장하여 두고자 하니]".

하고 끝내 병선을 빼앗기고 어채선(漁採船)을 불태우는 데까지 이르렀으니 몹시 놀랍습니다"[17]라든가 "백령 첨사(白翎僉使) 홍준(洪畯)은 군관이 타는 배를 수적에게 약탈당하였으나, 준이 덮어두고 보고하지 않았습니다"[18] 등의 기록을 보면 알 수 있다.

또한 그런 만큼 나름의 조직 체계도 갖췄을 것이다. 명화적을 고찰한 배항섭(1986)의 연구를 참고한다면 수적은 일정한 조직원리 속에서 두목이 있고 종적인 명령 계통도 있는(배항섭, 1986: 43) 전문적인 약탈 집단이었을 것으로 추정된다.

반면 제주유민은 조직화되지 않은, 우연적이며 돌발적인 생계형 약탈 집단이었을 것으로 추측해볼 수 있다. 즉 약탈을 전문으로 하는, 규모가 있고 조직 체계를 갖춘 왜구나 수적과는 달리 해안 마을 민가에서 생계형의 소규모 절도를 일삼는 수준이었을 것이다. 포작이라고 불린 이유도 기본 생업은 약탈이 아니라 해산물 채취였기 때문이다. 포작일을 기본으로 하다가 경우에 따라서 약탈을 병행한 정도로 보인다. 다음의 성종 16년(1485년)의 기록은 이를 짐작케 한다.

연해의 여러 고을에서 봉진(封進)하는 해산(海産)의 진품(珍品)은 모두 포작인이 채취(採取)하는 것입니다. 신이 또 듣건대, 포작인이 이따금 상선(商船)을 겁탈(劫奪)하고 사람과 재물을 약탈하며 살해하는데[19]

---

17) 『선조실록』권209, 선조 40년(1607년) 3월 13일 丙子, "今此水賊, 横行海上, 而旣不能設機捕獲, 終至於被奪兵船, 焚燒漁採船事, 極爲駭愕".

18) 『광해군일기』권46, 광해 3년(1611년) 10월 8일 甲戌 , "白翎僉使洪畯, 軍官所騎船隻, 爲水賊所掠奪, 而畯掩置不報".

19) 『성종실록』권177, 성종 16년(1485년) 4월 12일 癸亥, "沿海諸邑封進海産珍品, 皆鮑作人所採也 臣又聞鮑作人往往刧奪商船, 掠殺人物".

위 기록에서 보듯이 평소에는 봉진(封進)용 해산진품(海産珍品) 채취가 주된 업무였다. 그러다가 "往往刦奪商船(왕왕겁탈상선)", 즉 '이따금씩(往往)' 상선을 겁탈하며 인명 살상과 재물 약탈을 저질렀다.

정리해서 말한다면 수적은 전문적인 약탈 집단이었으며, 제주유민은 해산물 채취를 우선했던 집단이었다고 말할 수 있겠다.

하지만 이러한 해석은 『조선왕조실록』상의 수적과 포작이라는 명칭에 국한했을 때의 구분이다. 실제 포작이 전문적인 수적 집단으로 발전했을 가능성도 있다. 실제 일부 포작들은 그렇게 변화한 것으로 보인다. 그렇게 되면 그 포작은 더 이상 포작이라고 기록되지 않고 그때는 수적이라고 기록되었을 것이다. 이처럼 수적과 포작은 분명 다른 존재였다. 하지만 포작들이 수적으로 전환했을 가능성은 열어둬야 한다.

다음의 기록은 이러한 변환을 보여준다.

> 추자도 근처에 도서(島嶼)가 많은데 포작인들이 모여 수적 노릇을 하니 찾아서 쇄환하고 수색하여 토벌함이 어떠하리까[20]

추자도 근처의 포작들이 수적 노릇을 하고 있다는 기록이다. 물론 포작이라는 명칭을 쓰고 있는 것으로 보아 이들의 기본 업은 여전히 해산물 채취였겠다. 그런데 그런 그들이 이제 수적 노릇을 했다는 것이다. 아마도 전문적인 약탈 집단으로 전환하는 과정으로 보인다.

중국 영토 해랑도를 언급하며 제주유민의 해적 가능성을 거론하는 연구도 있다. 대표적으로 일본의 연구자 다카하시 기미아키는 해랑도를 해

---

20) 『중종실록』권44, 중종 17년(1522년) 5월 28일 癸酉, "楸子島近處多島嶼. 鮑作人等 聚爲水賊, 推刷搜討何如".

적의 섬으로, 해랑도의 제주 해민집단을 해적으로 설명했다(高橋公明, 2001: 351).

앞서 제주유민의 분포지역을 살필 때 중국 해랑도에 제주유민이 많이 도망해 들어갔음[21]을 보았다. 그 해랑도가 수적들에 의해 이용되기도 했었다. "해랑도 사이를 왕래하면서 수적 노릇을"[22] 했다는 중종 21년의 기록이나, 수적 고지종(高之宗)이 "해랑도·금주위(金州衛) 등 지역을 예사롭게 왕래하며"[23] 수적행위를 했다는 명종 1년(1546년)의 기록, "해랑도의 수적이 미곶(彌串)에서 양곡을 날라 오던 배를 약탈"[24]했다는 선조 36년의 기록이 이를 보여준다. 그렇다면 해랑도의 수적이 제주의 유민이었다고 추정해볼 수도 있겠다.

이처럼 제주유민은 언제든지 수적으로 전환할 가능성을 가지고 있었다. 일단 사료에 포작인으로 기록되었다는 것은 그 기본 생업이 해산물 채취임을 말해준다. 하지만 그들이 경우에 따라서는 포작업 외에 단순 약탈도 자행했을 것이고 더 나아가서는 전문적인 약탈 집단으로 변환하기도 했을 것이다.

---

21) 『성종실록』권268, 성종23년(1492년) 8월 10일 戊申, "濟州民, 多有逃入海浪島者".

22) 『중종실록』권57, 중종 21년(1526년) 11월 16일 乙未, "必往來于海浪島之間, 以爲水賊".

23) 『명종실록』권4, 명종 1년(1546년) 12월 15일 戊戌, "尋常往來於海浪島·金州衛等地".

24) 『선조실록』권164, 선조 36년(1603년) 7월 1일 乙卯, "海浪島水賊, 自彌串運來糧船, 潛搶之後".

2. 제주유민과 왜구와의 관계

한반도 연안에서 활동하던 약탈 집단은 수적만이 아니었다. 일본의 왜구도 빈번하게 출몰했다. 그런 상황에서 제주유민은 왜구와도 일정 정도 관계를 가지고 있었다. 특히 일부 제주유민들은 왜구로 위장하여 약탈을 자행하기도 했다. 이와 관련된 기사가 『조선왕조실록』에는 종종 등장한다.

> 포작인이 이따금 상선을 겁탈하고 사람과 재물을 약탈하며 살해하는데, 간혹 사람이 쫓아가는 바가 있으면 왜인의 신발[倭鞋]을 버리고 가서 마치 왜인이 그런 것처럼 한다 합니다.[25)]

> 사람들이 말하기를, '이 무리들이 거짓으로 왜복(倭服)을 입고 왜말을 하며 몰래 일어나서 도적질을 한다'고 하니[26)]

> 대체로 남쪽 사람들은 가끔 왜복을 입고 해상에 횡행, 자주 도적질을 하며 물화를 탈취할 목적으로 살인을 저지르니[27)]

위의 기사들은 제주유민의 특별한 형태의 약탈 행위를 소개하고 있다. 그들은 약탈을 자행하면서 일부러 왜인의 신발을 벗어놓고 간다든지, 왜

---

25) 『성종실록』권177, 성종 16년(1485년) 4월 12일 癸亥, "鮑作人往往刦奪商船, 掠殺人物, 或爲人所逐, 則遺棄倭鞋而去, 似若倭人然".

26) 『성종실록』권178, 성종 16년(1485년) 윤4월 11일 辛卯, "人言此徒詐爲倭服倭語, 竊發作耗".

27) 『중종실록』권91, 중종 34년(1539년) 7월 29일 甲午, "大抵南方之人, 往往變着倭服, 橫行於海上, 頻行盜賊之事 殺人于貨".

복을 입고 왜말을 하곤 했다. 자신의 정체를 숨겨 주변에서 자신들을 왜인으로 오인케 하려는 의도였다. 제주유민의 활동 범위가 넓었고 또한 왜인들도 한반도 남쪽 바다 일정 구역에서 합법적인 어로작업을 했으므로 제주유민과 왜인들의 교류는 충분히 가정할 수 있다.

왜인의 신발을 가지고 있었던 것이나 왜인의 옷을 입었던 것 그리고 왜말을 하고 있었다는 것은 단기간의 일회성 교류로는 어려운 현상이다. 그러므로 제주유민과 왜구의 교류는 지속적으로 광범위하게 전개되었다고 가정할 수 있다. 바다에서 생활하는 생활 조건이 유사한 상황에서 이들의 교류는 자연스러운 현상이었을 것이다.

여기서 제주유민이 약탈 행위를 하면서 왜인으로 위장했다는 것은 기본적으로 왜인들의 약탈 행위가 일상적으로 존재했음을 의미한다. 거기에 제주유민들이 편승했던 것이다. 그렇게 되자 왜구들뿐만 아니라 제주유민들도 이미 상시적으로 약탈 행위를 자행하며 살아갔던 것으로 생각된다. 규모가 크지 않고 비조직적 한계가 있었을지라도 이제 약탈 행위는 제주유민의 삶의 한 모습을 구성했던 것으로 여겨진다.

그런데 바로 이러한 모습을 근거로 일부의 일본 학자들은 제주민이 곧 왜구였다는 논지를 펼치고 있다. 앞서 소개한 다카하시 기미아키(高橋公明, 1987)뿐만 아니라 무라이 쇼스케(村井章介, 1993) 등이 그들이다. 이들의 공통된 특징은 중세 역사를 국가 중심이 아니라 지역 중심으로 서술하려 한다는 점이다. 그래서 단일한 일본이 아니라 지역별 역사로 설정하고 있다. 그중 북큐슈(北九州)와 이키 섬(壹岐島, 일기도), 쓰시마 섬(對馬島, 대마도) 지역의 해인들은 일본 본토 사람들과는 달리 한반도 남부, 제주도, 남중국 해안의 해인들과 사실상 하나의 권역을 이루며 동일한 생활문화권을 형성했다고 주장한다. 소위 환중국해 권역이 그것이며 그곳에서 해양 생활을 하는 자를 모두 포괄하여 왜구라고 칭했다. 즉, 왜구의 구성 주체는 일본인만이 아니라 조선인, 제주인, 중국인 등 다양했다는 주장이다.

그들은 그런 논리를 바탕으로 하고, 위의 기사들을 동원하여 제주유민을 사실상 왜구와 동일시했다. 물론 일본 학자들 사이에도 작은 견해 차이는 있다. 다카하시 기미아키의 경우는 14세기 왜구, 전기 왜구부터 이런 주장을 펼친 반면, 무라이 쇼스케는 전기 왜구보다는 주로 16세기 왜구, 후기 왜구를 중심으로 설명했다.

전기 왜구를 조선 수적 혹은 제주유민으로 설정하는 주장에는 허점이 많다. 전기 왜구는 14세기 현상인 반면 조선 수적은 15세기 중후반 이후에야 등장한다. 그러므로 이들은 시기적으로 맞지 않아 서로 이질적인 존재라고 할 수 있다(이영, 2005: 167).

반면 무라이 쇼스케의 후기 왜구가 다양한 민족으로 구성되었다는 주장은 어느 정도 설득력이 있다. 후기 왜구의 활동 시기와 조선 수적의 활동 시기, 제주유민의 활동 시기가 상당 부분 겹치기도 한다. 그리고 앞서 인용에서 보았듯이 조선 정부가 왜구와 수적을 구분하지 못하는 경우도 있었다. 또한 제주유민들이 왜구로 위장하는 모습도 보았다. 때문에 어찌 했든 이들 사이에 어떤 관계가 있었다는 것은 부정할 수 없을 것이다.

그러나 왜구가 일본인인가 조선인인가 하는 것보다 제주해민들이 왜인과 어떤 일체감을 공유하고 있었다는 점에 주목해야 한다며 사실상 제주유민을 왜구로 설정(村井章介, 1993: 34~37)하는 논지는 납득하기 어렵다. 무라이 쇼스케는 왜구의 민족 구성이 다양했다고 하면서 그 증거로 '일본 왜인'이라는 표현이 존재함을 내세웠다. 즉, '일본 왜인'이 있다면 조선 왜인도 중국 왜인도 있다는 논리이다. 그러나 여기서 '일본 왜인'에 대응하는 왜인은 조선 왜인, 중국 왜인이 아니다. 삼포에 거주하는 다시 말해 조선에 오래 전부터 거주하는 '항거 왜인(恒居 倭人)' 그리고 조선으로부터 관직을 받아 생활하는 '수직 왜인(受職 倭人)' 등이 일본 왜인에 대한 대응

항이 된다. 당시 조선에 거주하던 이들 왜인의 수는 3,000명을 넘었다(요시노 마코토, 2005: 178).

조선 정부의 기록에 수적, 왜구, 포작 등을 명백히 구분하여 서술했던 것은 이들의 존재가 달랐으며 당시 정부 관료들도 그렇게 구분하여 인식했다는 의미이다. 같은 약탈 집단이었다면 굳이 이렇게 구분하여 이들을 기록할 필요가 없었을 것이다. 기록에는 '가왜(假倭)', 즉 '왜인을 가장하여'라는 표현이 여러 차례 나온다.[28] 이런 표현 자체가 왜구와 수적 그리고 포작인에 의한 약탈을 구분하여 인식했다는 증거가 된다.

물론 구분이 명확했다고 해서 왜구의 일원으로 흡수된 사람이 없지는 않았을 것이다. 유사한 생활환경에서 민족의식이 존재하지 않았던 당시로서는 유리한 조건만 제시된다면 얼마든지 귀속 집단을 바꾸기도 했으리라 생각된다. 다만 그때부터 그는 수적이나 포작인이라는 명칭이 아니라 왜적이라는 명칭으로 기록되었을 것이다.

실제 왜구로 흡수된 사람들이 있었음을 전하는 기록들도 있다.

진(鎭)이 위기는 순식간에 달려 있었는데 마침 어떤 사람이 산꼭대기에 올라가서 크게 외치기를 '수사(水使)가 배 40척을 거느리고 온다!' 하여 그들을 속이자 왜적은 곧 물러갔으니, 그것은 필시 우리나라의 어부가 왜선 가운데 있어서 듣고 알았을 것이다 ⋯⋯ 이도 역시 우리나라 사람이 그들 배에 있었던 것입니다.[29]

---

28) 『성종실록』권35, 성종 4년(1473년) 10월 23일 辛巳 등.
29) 『중종실록』권45, 중종 17년(1522년) 7월 15일 己未, "鎭將勢甚迫, 有人登山頂, 大呼而給之曰: '水使領船四十隻而來.' 倭乃退去. 是必我國漁人在倭船之中, 聞而知之也 ⋯⋯ 遂退, 是亦我國人在其船矣".

연해의 포작한들이 변장의 침탈에 견디지 못해, 왜인에게로 들어가는
것으로 침탈을 피하는 방법으로 삼는다고 합니다.[30]

첫 번째 기사는 조선의 어부가 왜적의 뱃길을 안내하고 정보를 제공하
고 있음을 말해준다. 왜구의 배 안에 조선말을 알아듣는 사람이 있었고,
그 사람은 결국 조선의 어부일 것이라는 추측이다. 조선인이 왜구와 함께
동행하여 왜구의 배에 타고 있었기에 지원병이 온다는 조선말을 듣고 급
히 배를 돌려 도망갔다는 이야기이다.

두 번째 기사는 포작, 즉 제주유민들이 변방 장수의 침탈을 못 이겨 왜
인 집단으로 합류했음을 직설적으로 말하고 있다. 이들에게 중요한 것은
민족이 아니었다. 중세 민중 세계에는 민족의식이 존재하지 않았다.[31]
필요한 것은 생존이었다. 생존을 위해서 그들의 귀속 집단을 바꾸는 것은
아무런 문제가 되지 않았다. 때문에 제주유민이 왜구 집단으로 합류해 들
어갔던 것도 전혀 이상한 일이 아니었다. 왜구 세계가 생존에 유리했다면
얼마든지 자발적 편입이 가능했다. 특히 부역과 공납에 시달리던 사람들
에게 있어서는 이런 경우가 적지 않았을 것이다. 다음의 기사가 이런 점
을 잘 보여준다.

사화동이라는 자는 우리나라 진도 사람으로 왜노에게 잡혀가 온갖 충
성을 다한 자인데, 저에게 이르기를 '이곳은 풍속과 인심이 매우 좋아서
거주할 만하니, 너희는 두려워하지 말라. 조선은 부역이 매우 고되고,

---

30) 『명종실록』권20, 명종 11년(1556년) 5월 14일 辛未, "沿海鮑作干等, 困於邊將之侵
漁, 投入於倭, 以爲息肩之地".

31) 민족의식에 대해서는 앤더슨(2002)을 참고할 수 있다.

크고 작은 전복을 한정 없이 징수하여 감당할 길이 없으니, 이곳에 그대로 거주해라. 지난 연초에 마도와 가리포를 침범하려다가 바람이 불순하여 손죽도에 정박하였는데, 이는 내가 인도해준 것이다' 하였습니다.[32]

부역과 공납에 지친 조선 어부가 왜구 세력에 편입되어 그들의 길 안내를 했던 구체적인 기록이다.

그러나 그렇다고 하여 제주유민이 모두 왜구와 친화적이었던 것은 아니다. 유사한 생활환경은 때로는 협조를 요구했지만 때로는 경쟁을 유발했기에 대립적인 측면도 강했다. 성종 16년(1485년) 기사에 "왜적이 이(포작인)를 만나면 도리어 두려워하고 피해서 달아납니다"라든가 "왜선(倭船)을 만났을 때 이 돌을 사용하여 던져서 치면 부서지지 않는 것이 없다"라는 기록[33]이 나온다. 제주유민과 왜구의 경쟁 대립 관계를 보여준다.

연산 8년(1502년) 10월 21일 기사에서는 왜적을 잡은 포작에게 상을 주는 문제가 논의되고 있다.[34] 반면 중종 17년(1522년) 기사에서는 포작인들이 왜적에게 습격당해 의복과 식량 등을 빼앗기고 배도 소실당했던 기록이 나오고 있다.[35] 또한 중종 18년(1523년) 기사에서는 왜구와의 전투에서

---

32) 『선조실록』권22, 선조 21년(1588년) 11월 17일 丙寅, "有沙火同者, 我國珍島人也. 被擄而去, 因効忠於倭奴, 謂介同曰: '此地, 風俗人心甚好, 可居也, 汝可無懼. 朝鮮則賦役甚苦, 大小全鰒, 無限徵出, 不勝支當, 因留居此. 前年初, 欲犯馬島加里浦, 風候不順, 泊于損竹島, 此乃我之所嚮導也'.

33) 『성종실록』권177, 성종 16년(1485년) 4월 12일 癸亥, "倭賊遇之, 反畏避而去 ······ 遇倭船, 用此石投擊, 則無不破碎".

34) 『연산군일기』권46, 연산 8년(1502년) 10월 21일 庚申, "今捕賊倭論賞 ······ 鮑作人一等給縣布十匹, 二等六匹, 三等三匹何如".

패배했던 기록36)이 등장하는 반면, 명종 12년(1557년) 기사에서는 왜구와의 전투에서 150명의 왜적이 탄 배를 불태우고 사살했던 기록37)이 등장한다.

이처럼 왜구와의 관계에서 제주유민들의 선택은 단일한 게 아니었다. 필요에 따라서 교류하고 협력하고 혹은 그들에게 귀속되기도 했으나 반면 그들과 경쟁하여 갈등을 드러내며 전투를 벌이기도 했다.

하지만 전체적으로 보면 왜인에게 귀속된 경우나 그들과 전투하는 경우는 특수한 사례일 것 같다. 평소에는 유사한 생활환경에서 적지 않게 교류하는 모습으로 살아갔던 것으로 보인다. 제주유민과 직접적인 관계를 표현한 것은 아니지만 태종 11년(1411년) 기록에 "왜인의 흥리선이 늘 왕래하므로 거민들도 아무렇지 않게 생각해서"38)라든가, 세종 즉위년 기사에 "왜구가 중국에서 침탈한 재물을 가지고 우리나라의 남해 지역에서 배를 세워 해변의 백성과 교역한 지 오래이나"39)라는 기록, 세종 3년 기사에 "상인들이 왜관을 왕래하면서 법의 제한을 넘어 지나치게 무역을 행하고 있다"40)라는 기록 등은 왜인과 조선 해민 사이의 빈번한 교류 관계

---

35) 『중종실록』권45, 중종 17년(1522년) 6월 20일 乙未, "鮑作干等逢倭于甫吉島, 被奪衣糧雜物, 火其船隻", "鮑作干等逢倭于甫吉島, 被奪衣糧雜物, 火其船隻".

36) 『중종실록』권48, 중종18년(1523년) 6월 26일 乙丑, "鮑作船十二隻, 率驍勇軍百餘人, 入海搜討, 逢倭戰敗".

37) 『명종실록』권23, 명종 12년(1557년) 7월 7일 戊午, "鮑作干等進告于南桃浦權管蔡淵洪. 淵洪率軍官等進擊接戰, 一船之倭幾至一百五十餘名, 而權管等盡力射斬, 燒焚全船".

38) 『태종실록』권22, 태종 11년(1411년) 7월 15일 甲戌, "倭人興利船尋常往來, 居民視以爲常".

39) 『세종실록』권1, 세종 즉위년(1414년) 10월 3일 己卯, "倭賊侵掠中國, 以其所掠財物, 來泊我國南界, 與邊民互市久矣".

를 잘 보여주고 있다.

국가에서 왜인과의 사적인 교역을 금지했음에도 이를 무시하고 그들과의 교류를 일상화하고 있는 모습도 보인다. "더욱 철저하게 군민들이 은밀히 물화(物貨)를 가지고 왜관(倭館)에 가서 매매하는 것을 일체 금지시켰는데, 변방의 백성들은 원한을 품고 한 사람도 조정을 위해 협력하지 않았고 왜인과 마음을 같이 하였습니다"[41]라고 했을 정도였다.

어쩌면 이런 모습은 당연한 현상이었을 것이다. 남쪽 바다 사람들에게 왜인은 익숙한 존재였기 때문이다. 배를 타고 다니며 생계를 꾸리는 유사한 생활환경이 이들의 교류를 일상화시킨 것 같다. 그 교류의 일상화가 왜어(倭語)를 하는 제주유민, 왜인 복장을 한 제주유민을 만들었을 것이다.

하지만 이것이 그들 사이의 결합을 의미하지는 않는다. 교류하고 때로는 섞이고 때로는 전투를 벌였을지언정 그들이 하나의 집단을 형성했던 것은 아니다. 사서 기록 속에 그들이 다른 명칭으로 등장하는 것은 각각이 나름의 독립된 실체를 가지고 있었다는 의미이다. '가왜(假倭)'라는 표현이 그 구체적 증거가 된다.

3. 제주유민과 중국 수적과의 관계

16세기 명종 대가 되면 중국인 수적에 대한 기사도 등장한다. 그런데 이들의 특징은 많은 경우 왜인들과 섞여 있었다는 점이다. 앞서 언급했던

---

40) 『세종실록』권12, 세종 3년(1421년) 6월 9일 庚子, "商賈之徒, 出入倭館, 汎濫貿易".

41) 『중종실록』권96, 중종 36년(1541년) 9월 27일 庚戌, "使軍民人等, 潛帶物貨, 赴館買賣者, 一切禁斷, 而邊民抱怨, 無一人爲朝廷致力, 而與倭同心焉".

후기 왜구와 관련이 있다. 후기 왜구는 마구잡이식 약탈을 일삼던 앞의 14세기 전기 왜구와는 많이 달랐다. 이들은 16세기 이후에 출현한 왜구로서 조공무역과 중국의 해금(海禁)정책 속에서 등장했던 존재이다. 교역의 이윤을 얻기 위해 해금을 깨뜨리고 바다로 진출한 중국인들과 서양 상인들이 일본 규슈의 해민들과 이해관계를 같이하면서 서로 결합했다. 이러면서 왜구의 성격은 무조건적 약탈자에서 교역 중개자로 점차 변모해갔다(주강현, 2005: 181).

중국 상인들은 해금정책 아래의 조공무역으로는 만족할 수가 없었다. 당시 아시아로 진출한 포르투갈인들 역시 조공무역으로는 그들의 상업적 이익을 채울 수가 없었다. 그래서 그들은 왜구가 만들어놓은 사무역(私貿易) 시스템에 관심을 가졌다. 하지만 이 사무역은 사실상 불법 무역이었기에 필연적으로 폭력과 약탈이 동반되었다. 실제 중세까지의 해양 교역에서는 상업과 무력행사가 결코 별개의 일이 아니었다. 상인들은 때로 상업 활동을 하고 때로 해적질을 하고 때로는 그 둘을 동시에 했다(주경철, 2009: 168).

이렇게 하여 후기 왜구 안에는 중국 상인뿐만 아니라 포르투갈 상인들도 합류했다. 당시 왜구의 두목으로 알려진 사람은 중국 출신 왕직(王直)이었다. 이들에게 민족이라는 개념은 없었다. 필요에 따라 연대하고 약탈하다가도 다시 각기 흩어져 자신들의 이익을 챙겼다. 여기서 민족은 우선순위가 아니었다. 중세에는 민족이란 개념이 없었으며 특히 바다를 통한 교역에선 이처럼 가변적인 이해관계가 앞설 뿐이었다.

『조선왕조실록』에 등장하는 중국인 수적은 바로 이런 배경에서 나타났던 현상이다. 후기 왜구의 복잡한 민족 구성의 특징 때문에 조선 조정에서도 처음에는 이들의 정체 파악에 혼란을 겪었다. 중종 18년(1523년) 기사에서 "중국인이 일본인의 옷을 입었고 배도 없었다고 하였으니 이것은 왜선에 같이 타고 왔으면서 속이는 것이 틀림없다"[42]라며 그들의 실체 파악에 어느 정도 접근했음을 보인다.

하지만 그러면서도 "처음에는 원정(原情)의 형식으로 추문하고 그 뒤에는 평문(平問)하여, 표류되어온 이유를 끝까지 힐문하는 것이 가하다"[43]라는 기록에서 보듯이 중국인에 대한 조사는 상당히 조심스럽게 진행했다. '원정'의 형식으로 추문한다는 말은 사정을 하소연하면서 조사한다는 의미이며, '평문'한다는 말은 형구(刑具)를 사용하여 닦달하지 않고 그냥 신문한다는 말이다. 사대 관계 속에서 중국 해민을 대하는 태도가 드러나는 대목이다. 수적이라고 의심하면서도 왜구와는 달리 조심스럽게 취조하고 있다. 특별대우였던 셈이다.

그러나 명종 대로 들어서면 달라진다. 약탈을 자행하는 수적임을 명백히 파악했던 것이다. 명종 대에는 중국인 수적 이야기가 많이 나온다. 특징은 앞서 언급했던 것처럼 왜인과의 연합이었다. 다음의 인용 기사들은 명종 대에 왜구와 연합했던 중국 수적들을 보여준다.

중원(中原) 사람이 와서 수적이 된 일은 다 중대한 일입니다. 복건(福建) 사람이 왜노(倭奴)와 내통하여 이미 병기(兵器)를 주고 또 화포(火砲)를 가르쳐주었는데, 이것은 중국과 우리나라에 다 불리한 일입니다.[44]

---

42) 『중종실록』권48, 중종 18년(1523년) 7월 28일 甲午, "唐人衣倭衣, 且無船 必是乘倭船同來, 而諱之也".

43) 『중종실록』권48, 중종 18년(1523년) 7월 28일 甲午, "初以原情問之, 其後平問, 窮詰漂來根因可也".

44) 『명종실록』권5, 명종 2년(1547년) 4월 19일 更子, "但勑書見偸及中原人來爲水賊, 皆是重事. 福建人, 交通倭奴, 旣給兵器, 又敎火(炮)[砲], 此上國與我國, 皆是不利之事也".

중국인 수적의 등장을 중대 사안으로 파악했음을 보여준다. 구체적으로는 복건지방 사람들이다. 복건지방이라면 대만을 마주보는 중국 동남해안 지역이다. 후기 왜구의 주요 구성원인 중국 남부 해안지대 사람들의 거주지이다. 그들이 왜인에게 병기와 화포를 가르쳐주었다고 한다. 그래서 조선 조정에서는 나름 긴장하며 중대 사태라고 규정했다.

그러고는 바로 이어 명종 7년(1552년)부터 명종 11년(1556년) 사이 불과 5년 동안 이들에 대한 기사가 무려 5회나 등장한다. 본격적으로 후기 왜구가 들끓었던 시기이다.

　　이른바 왜인이란 자들은 절반이 중국인이고[45]

왜구 구성의 절반이 중국인임을 말하고 있다. 일본 학자들은 후기 왜구의 10~20%만이 일본인일 뿐 나머지는 중국인이 대다수를 이뤘다고 주장한다(이영, 1999: 299). 정확한 통계는 없지만 조선 조정에서마저 절반이 중국인이라고 파악했을 정도이다. 실제 중국인이 많았던 것 같다. 왜구 두목마저 중국인 왕직(王直)이라는 사람이 차지하고 있었던 것을 보면 주도권도 중국인이 쥐고 있었을 것으로 보인다. 그랬기에 일본인들이 오히려 중국옷을 입고 활동하는 경우도 있었다.

　　이는 분명히 왜인인데 의복은 중국의 것과 비슷합니다.[46]

물론 어느 쪽이 더 중심적이었는지는 중요하지 않을 수 있다. 다만 그

---

45) 『명종실록』권13, 명종 7년(1552년) 7월 30일 庚戌, "所謂倭人者, 唐人居半".
46) 『명종실록』권16, 명종 9년(1554년) 5월 25일 甲子, "明是倭人, 而衣服似同唐制云".

들의 결합 자체가 중요하다. 왜인이건 중국인이건 국적을 굳이 따질 필요가 없을 것이다. 그들에게는 민족이 중요한 게 아니라 다만 이익이 중요했기 때문이다. 그래서 중국인이면서도 왜인과 결합하여 중국인을 살해하고 노략질을 해댔다.[47]

그런데 문제는 여기에 조선 수적 혹은 제주유민도 가담했을 가능성이 있다는 점이다. 다음의 기사가 이를 암시한다.

> 그중에는 우리나라 말을 조금 아는 자가 있었다니, 이는 반드시 우리나라에 왕래하던 왜인일 것이고 …… 이 말은 모두 중국에서 사용하는 말이니, 이번에 침범해 온 자들 중에 또한 반드시 중국인이 있거나 …… 또한 왜인들은 '가정(嘉靖)'이란 연호(年號)를 쓰지 않는데 이번에는 '가정 34년'이라고 했으니 더욱 의심스럽습니다.[48]

우선 왜구 중에 우리말을 아는 자가 있다고 했다. 이를 두고 우리나라에 왕래하는 왜인일 것이라 추정했다. 그러나 반드시 그렇다고 볼 것만도 아니다. 우리나라를 왕래하는 왜인이 아니라 왜인과 접촉하던 우리나라 사람일 가능성도 있다. 유사한 생활환경 속에서 평소 왜인과 교류하던 조선 해민이라면 그들 집단의 구성원으로 가담했을 수도 있다.

또 다른 특징은 이 왜구 집단 안에 중국인이 존재했다는 점이다. 중국

---

47) 『명종실록』 권17, 명종 9년(1554년) 7월 12일 庚戌, "但此唐人交通倭賊, 殺掠中原之人, 爲中朝叛賊".

48) 『명종실록』 권18, 명종 10년(1555년) 5월 19일 壬子, "其中有稍解我國言語者云, 此必往來我國之倭 …… 皆中原所用語也. 今之來寇者, 亦必有中國之人也 …… 且倭人不奉嘉靖年號, 而今稱嘉靖三十四年, 尤可疑也".

에서 사용하는 말을 했다거나 특히 중국 연호 '가정'을 쓴다는 점은 단순히 중국인이 가담했다는 수준을 넘어선 것 같다. 일본 학자들의 주장대로 후기 왜구의 중심 세력이 중국인임을 보여주는 근거로 볼 수도 있겠다.

다음 해인 명종 11년(1556년) 기사에는 정체불명의 선박을 추적하면서 "중국 배인지 일본 배인지, 우리나라의 수적인지를 상세히 살펴 치계(馳啓)"[49]할 것을 요구하는 기록이 나온다. 이 기록 역시 후기 왜구의 특징을 보여주고 있으며 조선 수적까지 그들과 결합했을 가능성을 말해준다.

한편 왜구와의 관계를 언급함 없이 그대로 중국 수적을 표현한 기사도 있다. 선조 40년(1607년) 기사에 등장하는 중국 수적이었다. 이 중국 수적들은 공물 수송 선박을 약탈하려다가 조선 수군에 의해 체포당했다.[50]

이들 중국 수적을 체포하는 일에 제주유민이 나선 경우도 있었다. 배가 난파되어 충청도 어느 섬에 표류해 있는 중국 수적을 포작인이 체포하여 압송했던 경우이다.[51] 이러한 경우를 고려할 때 제주유민과 중국 수적의 관계도 단순하게 하나의 관계로 설명하긴 어렵다.

기록에 명확히 등장하지는 않지만 후기 왜구의 한 구성원으로 합류한 조선인들도 있었을 것이다. 중국 수적과 합류한 사람 중에 조선말을 알아듣는 자가 있었던 점을 보면 그렇다. 아마도 그런 사람은 바다 생활을 하던 조선 해인일 가능성이 크다. 그렇다면 제주유민일 수도 있다. 이런 사

---

49) 『명종실록』권20, 명종 11년(1556년) 3월 23일 壬午, "唐, 倭船與我國水賊與否, 詳察馳啓事".

50) 『선조실록』권207, 선조 40년(1607년) 1월 19일 癸未, "本州貢物, 載船上京次, 行到睡鴨島, 則荒唐船揚旗追逐 至泊於本州十里許玄地浦口 判官定將, 率軍兵馳進, 軍兵等踴躍往捕 觀其行止, 水賊無疑, 盡數縛結. …… 牧使, 判官親領唐人, 入州拘囚".

51) 『중종실록』권48, 중종 18년(1523년) 7월 20일 戊子; 7월 28일 甲午.

람들에 대한 기록이 존재하지 않는 것은 그들이 중국 수적에 합류하는 순간 그들을 제주 포작인이 아니라 중국 수적으로 분류하여 기록되었기 때문일 것이다.

그러나 중국 수적을 체포 압송하는 포작에 대한 기록을 봐서 알 수 있듯이, 중국 수적과 대척점에 선 제주유민들도 분명히 있었다. 그러므로 일본 학자들의 주장처럼 후기 왜구의 주요 구성원으로 제주 포작인을 단순하게 설정하기는 어렵다.

물론 형편에 따라서 연합하고 약탈하고 또 흩어지고 했을 수는 있다. 후기 왜구가 중국인, 포르투갈인 등 다민족으로 구성되었던 점을 생각할 때, 여기에 제주유민도 함께 합류했을 가능성은 충분히 있다. 민족이나 국적에 관계없이 해양생활 속에서 이해관계에 따라 묶이고 흩어지던 게 그들이었기 때문이다. 다만 제주 포작인이 왜구의 한 주체가 되었다는 직접적인 기록은 없다. 그러므로 제주유민이 곧 왜구라고 섣불리 단정하는 것은 설득력이 없다. 하지만 그렇다고 해서 그 가능성 자체마저 부정하는 것 또한 옳지 않다. 기록만으로 볼 때는 후기 왜구에 가담한 제주 포작인이 많았다고 생각하기는 어렵다. 다만 열려 있는 가능성으로만 생각해볼 수 있을 뿐이다.

후기 왜구와 무관하게 제주유민과 중국 수적과의 관계를 생각해야 할 대목이 있다. 중국 해랑도의 수적 문제이다. 후기 왜구보다 오히려 해랑도 수적의 경우에서 제주유민과 중국 수적의 결합 가능성이 높다. 앞의 고찰에서 중국 해랑도가 수적의 근거지가 되었음을 보았다. 그리고 그 해랑도에 제주유민이 살고 있음도 확인했다. 따라서 제주유민이 해랑도 수적이 되었을 가능성은 충분했다.

이들 해랑도 수적은 주로 황해도와 평안도 연해 지방에 출몰하여 양곡 수송선을 약탈했다(서인범, 2011: 366). 선조 임금이 통탄했듯이 해랑도를 시작으로 그 일대의 도적들이 해상을 횡행하여 조선인의 의복과 양식을 약탈[52]했을 뿐만 아니라, 심지어 나포(拏捕)에 나선 병선을 빼앗기까지 하는 등 그 위세가 대단했다.[53]

중종 23년(1528년) 당시 해랑도에는 중국인 수천 명과 조선인 400~500명이 거주했었다.[54] 한편 연산군 6년(1500년) 해랑도 토벌을 나가 그 일대에서 체포해온 사람은 중국인이 78명, 조선인이 34명이었다.[55] 전체 인구 중에 몇 %가 수적 활동을 했을지는 알 수 없다. 다만 여기서 중요한 것은 중국인과 조선인이 함께 거주했다는 점이며 또한 체포당한 자들 역시 중국인과 조선인이었다는 점이다. 그렇다면 해랑도 수적은 중국인, 조선인 혼합 수적이라고 볼 수 있다. 그리고 그 조선인 중에는 제주유민이 들어 있을 가능성도 또한 많다고 할 수 있다.

한편 일본 학자 다카하시 기미아키(高橋公明, 2001)는 중국 원명 교체기에 절강성 주변 주산열도(舟山列島)의 해상 세력 반란인 '난수산(蘭秀山)의 난'을 주목했다(高橋公明, 2001: 364). 그 난에서 패배한 해상 세력 일부가 제주도로 도망 왔고, 그들이 다시 전라도 고부 땅에서 활동했던 것을 중국 수적 현상에 연결시켰다. 난수산 세력의 이러한 이동 생활은 이미 해상 세력 간의 네트워크가 형성되어 있었기에 가능했던 일이라고 본 것이다. 따라서 제주의 해상 세력과 중국 남부 해상 세력은 일찍부터 연결되

---

52) 『선조실록』권211, 선조 40년(1607년) 5월 2일 甲子, "攘奪我國人衣糧者也".

53) 『선조실록』권209, 선조 40년(1607년) 3월 13일 丙子, "而今此賊, 猶橫行海上, 至於 搜捕兵船見奪, 極爲痛愕".

54) 『중종실록』권62, 중종23년(1528년) 8월 6일 乙巳, "海浪島中, 中原人數千, 我國人四 五百居之".

55) 『연산군일기』권38, 연산 6년(1500년) 6월 28일 庚戌, "捕唐人七十八, 我國人三十四 而還".

어 있었다고 주장했다. 그리고 그것은 곧 16세기 중국인 왜구의 뿌리가 깊다는 의미라고 했다.

물론 타당한 지적일 수는 있다. 해상 세력 사이의 교류는 일찍부터 있었을 것이다. 그러나 14세기 말 '난수산의 난' 사건을 가지고 16세기 현상을 설명하는 것은 아무래도 설득력이 떨어진다. 바탕에 해상 세력 간의 네트워크라는 게 형성되어 있었을 수는 있다. 그러나 그것이 곧바로 16세기 중국 수적과 제주유민의 결합을 보증하기는 어렵다.

이상에서 살핀 제주유민과 중국 수적과의 관계를 정리하면 다음과 같다. 비슷한 생활환경 속의 해상 세력인 까닭에 교류의 가능성, 연합의 가능성이 없지는 않다. 그러나 직접적으로 그들이 연합하여 하나의 세력을 형성했다는 기록은 없다. 뿐만 아니라 중국 수적을 체포 압송하는 모습을 보인 기록이 있어 오히려 그 반대의 모습이 두드러진다. 하지만 16세기의 후기 왜구가 중국인, 일본인, 포르투갈인 등 다민족으로 구성되었던 점을 생각한다면 제주유민 역시 일부는 이들 집단에 합류했을 가능성은 있다. 합류 이전에 교류했을 가능성 역시 열어둬야 할 것이다.

제6장

임진왜란과 제주유민

하루 안에 제주도와 한반도 연안을 왕복하는 항해 능력,[1] 한반도 모든 연해와 중국 해랑도까지 펼쳐진 활동 범위 등은 제주해인의 해양 능력을 보여준다. 이 때문에 제주인들이 대거 출륙유랑하던 15세기 성종 대부터 이들의 능력을 활용하자는 논의가 조정에서도 제기되었다.

"선체는 왜인의 배보다 더욱 견실하고, 빠르기는 이보다 지나치는데"[2]라는 특징에 주목하고 "사람됨이 날래고 사나우며 그 배가 가볍고 빠르기가 비할 데 없어서, 비록 폭풍(暴風)과 사나운 파도(波濤)라 하여도 조금도 두려워하고 꺼려함이 없으며, 왜적이 이를 만나도 도리어 두려워하고 피해서 달아납니다"[3]라고 평가하면서 이들의 군사적 활용을 논했던 것이다.

---

1) 『예종실록』권3, 예종 1년(1469년) 2월 29일 甲寅, "乘夜出陸, 朝往夕返".

2) 『성종실록』권83, 성종 8년(1477년) 8월 5일 己亥, "船體視倭尤牢實, 而迅疾則過之".

3) 『성종실록』권177, 성종 16년(1485년) 4월 12일 癸亥, "爲人勇悍, 其船輕疾無比, 雖暴風虐浪, 略無畏忌 倭賊遇之, 反畏避而去".

이 무리들은 이미 배[舟楫]로써 생활하고 있으니, 바다를 방어하는 데 이용하면 곧 국가의 이익입니다. 소재지[所在官]의 만호(萬戶)에게 부근의 가까운 곳에 분치(分置)하도록 이미 법을 세웠으니 …… 만일 변방(邊方)에 위급한 일이 있으면 이 무리들이 가장 수상(水上)에서 쓸 만한 군사가 될 것입니다.[4]

이 무리들은 배를 잘 다루니, 만약 그들을 활용한다면 왜적을 당할 수 있을 것이니 진실로 유익할 겁니다.[5]

제주유민의 배 부리는 능력을 높이 사면서 그것을 활용하여 왜적에 대비하자고 논의하고 있다. 이들을 군사적으로 활용하기 위해 소재지의 만호에게 포작인들을 분치하도록 법까지 세웠다고 한다. 그런데 성종 대의 이런 논의는 논의에서 그친 듯하다. 분치까지는 했을지 모르겠는데 이들을 군사적으로 활용하자는 건의에 대해서 왕은 대신들에게 잘 의논해보라는 정도의 반응[6]만을 보였다. 아직은 군사적 활용보다도 소요나 일으키지 않게 안집(安集)시키는 게 우선이었던 것 같다.

하지만 시간이 지나면서 군사적 활용에 대한 논의는 결실을 맺었다. 제주유민 중 일부가 조선 수군에 편입된 것이 확인되는 기록은 중종 대에

---

4) 『성종실록』권178, 성종 16년(1485년) 윤4월 19일 己亥, "但此輩旣以舟楫爲生, 用以防海, 乃國家之利也. 所在官萬戶傍近處分置, 旣已立法 …… 則萬一邊上有警, 此輩最爲水上可用之兵也".

5) 『성종실록』권262, 성종 23년(1492년) 2월 8일 己酉, "然此輩善操舟, 若用之以當倭賊, 誠爲有益".

6) 『성종실록』권262, 성종 23년(1492년) 2월 8일 己酉, "上曰 船隻事, 其論觀察使 頭無岳事, 其令該司議啓".

보인다. 전라 우수영에 소속된 포작들을 제주도로 쇄환하려 하자 병부와 전라도 관찰사가 이를 강력히 반대했다. 왜적에 맞서 배를 작동할 사람이 없어진다는 논리였다.[7]

언제 처음 편성된 것인지, 그리고 그 규모가 어떠했는지는 드러나지 않고 있다. 하지만 중종 대에 이들이 전라도 우수영 관할 속에서 군사적 역할을 담당했다는 것만큼은 확실히 나타나고 있다. 물론 이들의 예속 정도가 어느 정도인지는 분명치 않다. 예속의 정도가 강했다면 이미 이들은 정착 생활에 가까웠을 것이며, 예속의 정도가 느슨했다면 수군에 등록된 채 관내 지역 안에서는 여전히 특정한 정주처 없이 떠돌이 생활을 했을 것이다. 그래도 전라도 우수영에 소속되었다는 점만으로도 이전 성종 대보다는 예속의 정도가 심화되었으며 그런 만큼 그들 나름의 자율성은 많이 상실되었다고 말할 수 있겠다.

이들의 전투력이 구체적으로 드러난 것은 임진왜란 때이다. 국가와 국가 간의 충돌이 발생하자 비교적 국가의 통제로부터 자유롭게 생활하던 포작인들도 국가 무장력 중 일부로 편성되어 그 역할을 담당했던 것으로 보인다. 이것은 일본 측에서도 마찬가지였다. 임진왜란 당시 선봉장에 나섰던 고니시 유키나가(小西行長)도 해적 겸 무역상 출신의 해상 세력이었다(이민웅, 2004: 66). 비교적 자율권이 강했던 그들 역시 국가 간 전쟁이 발발하자 국가 권력 안에 묶여 들어갈 수밖에 없었다.

제주유민 역시 전쟁 안으로 휩쓸려 들어갔다. 조선 수군은 이들을 절실

---

7) 『중종실록』권87, 중종 33년(1538년) 2월 11일 乙卯, "今若水營所屬鮑作漢, 一切勒還, 則凡干緩急, 制船無由, 防備疎虞, 至爲可慮"; 『중종실록』권92, 중종 35년(1540년) 1월 10일 癸卯, "右道水營案付鮑作漢, 亦在刷還中 其時柳泓爲水使, 啓以爲, 彼人等, 皆被刷還本(道)[島], 無操舟人云".

히 필요로 했다. 하지만 때로는 일본군의 일부로 살아가기도 했다. 그들이 가진 해상 능력은 전쟁의 두 당사자 모두가 탐내는 재능이었기 때문이다.

1. 조선 수군으로서의 제주유민

이순신의『난중일기』를 번역한 김경수(2004)의 해설에 따르면 임진왜란 당시 조선 수군이 승리할 수 있었던 주요한 요인 중 하나가 바로 포작의 전시 투입이었다고 한다(김경수, 2004: 85). 일정한 거처 없이 해상을 떠돌며 고기잡이로 생계를 영위하던 포작은 본래 육군 훈련만 받아 바다에 익숙하지 않았던 이순신에게 해전 승리의 주요 요인이 되었다는 것이다.

조원래(2003) 역시 포작과 같은 비정규군이 임진왜란 이전에 이미 전라도의 수군편제와 연계되어 있었다는 사실이 훗날 수군이 승첩하는 한 요인으로 작용했다고 말한다(조원래, 2003: 58).

당시 조선 수군의 구성을 본다면 이들의 이야기가 전혀 근거 없지만은 않다는 것을 알게 된다. 본래 수군의 충원은 양인 계층의 연해민(沿海民)이 원칙이었다. 그러나 연해민 확보가 어려운 실정이라 실제는 연해민과 산군인(山郡人)을 고루 나누어 포진(浦鎭)에 이속(移屬)시켰다(방상현, 1991: 33). 그런데 이들 수군은 육군과 달리 1년에 6개월을 근무했으며 식량, 무기, 군복도 자체 조달해야 했고, 그 외에 노역이나 함선 건조, 소금 생산, 진상물 마련 등도 담당해 부담이 컸다. 그렇기 때문에 기피 대상이 되어 충원하기가 쉽지 않았다(오붕근, 1991: 222). 그래서 실제는 천인 계층이나 범죄인으로 충당하기도 했다(조원래, 2003: 56).『경국대전』에는 수군의 총수가 4만 8,800명으로 규정[8]되어 있었지만 실제 그 수를 채우기는 힘들었다. 이순신의 장계에 "이름만 군적에 올랐을 뿐이지 그중에는 어중이떠중이가 절반이나 되어 그 실제의 수는 아주 적습니다"[9]라고 했을 정도로 실제 수군의 수는 많지 않았고 그마저도 바다에 익숙지 않은 사람들이었다.

이순신마저도 사실은 바다에 익숙한 사람은 아니었다. 이 때문에 제주유민인 포작의 활용 가치는 매우 높았던 것이다.

임진왜란 발발 직후 이순신의 첫 출전에서부터 제주유민의 활동이 드러난다. 1592년 5월 4일 새벽의 모습이다. 이순신의 제1차 옥포승첩을 아뢰는 계본(啓本)인「옥포파왜병장(玉浦破倭兵狀)」[10]에는 "여러 장수들과 판옥선(板屋船) 24척, 협선 15척, 포작선 46척을 거느리고 출전하여"[11]라는 대목이 나온다.

임진왜란의 첫 해전부터 제주유민이 동원되고 있었다. 전체 85척의 배 중에 제주유민이 타고 다니던 포작선이 46척이었다. 여기서 협선 15척은 승선 인원이 5명 이하인 소형 부속선에 불과했다(이민웅, 2004: 79). 그렇다면 정작 주력은 판옥선과 포작선이라고 할 수 있다. 그중 포작선의 수가 판옥선의 거의 2배에 이른다.[12] 그만큼 전쟁 초기부터 포작인들이 중요한 역할을 담당했음을 알 수 있다.

여기서는 임진왜란 초기부터 조선 수군의 일원으로 활동했던 제주유

---

8) 『경국대전』번차도목(番次都目) 수군(水軍) 조졸(漕卒).

9) 『영인 이충무공전서(影印 李忠武公全書)』,「청연해군병양기전속주사장(請沿海軍兵糧器全屬舟師狀)」, 성문각(成文閣), 1989, 120쪽, "名雖載籍 雜頎居半其實鮮少".

10) 만력(萬曆) 20년(1592년) 5월 10일자 계본.

11) 『영인 이충무공전서』,「옥포파왜병장」, 76쪽, "諸將 板屋船 二十四隻 狹船 十五隻 鮑作船 四十六隻 領率發行".

12) 그런데 제2차 출전 때부터는 포작선에 대한 기록이 보이지 않는다. 그것은 아마 제1차 출전 때 정식 군선으로 등록되지 않았던 포작선들이 제2차 출전 때부터는 정식 군선으로 등록되면서 다른 명칭으로 기록된 게 아닌가 싶다.

민을 그 역할별로 나누어 하나씩 살펴보면서 그들의 모습에 가까이 접근하고자 한다. 이들은 전쟁 수행 과정에서 때로는 긍정적 역할로 때로는 부정적 행위로 자신의 모습을 드러내었다.

1) 수로 안내인

앞에서 제주유민들의 이동 범위가 중국 해랑도까지 미침을 보았다. 그런 까닭으로 임진왜란 이전에도 지방관들은 이들 제주유민이 지닌 수로(水路) 정보를 활용하고 있었다. 성종 17년(1486년) 경상도 관찰사(慶尙道觀察使) 손순효(孫舜孝)가 연안 방비책을 조정에 올리면서 하던 말 중에 다음과 같은 구절이 있다.

> 신이 곤양·사천·고성에 이르러 제주에서 와 사는 두무악 등 남녀를 불러 모아놓고 술을 먹이고 국령(國令)을 유시(諭示)하며, 또 수로를 자세히 물으니, 각각 소견을 아뢰는데, 뭇사람의 말이 한결같았습니다. 대마도에서 남해 미조항까지 그 사이에 크고 작은 섬이 벌여 있어 서로 연하였는데 …… .13)

남녀 두무악들을 모아 술을 먹여가며 물길 정보를 캐고 있다. 국가의 명령임을 엄하게 알리고서 조사하는 것인지라 두무악들이 허투루 말하지는 않았을 것 같다. 그런데 그들이 하는 말이 모두 일치했다. 그들이 제

---

13) 『성종실록』 권197, 성종 17년(1486년) 11월 22일 癸亥, "臣到昆陽·泗川·固城, 招集濟州來居頭無岳等男女饋酒, 諭以國令, 且詳問水路, 各陳所見, 衆口如一 自對馬島至南海彌造項 ……".

공한 정보는 대마도에서부터 남해 미조항까지의 여러 섬과 물길에 대한 정보였다. 성종 대의 기록인지라 제주유민이 조선 수군에 편제되기 이전 상황이다. 그런 까닭에 단순히 관찰사에게 물길 정보만을 제공하고 있다.

그러나 중종 대에는 이들이 수군의 일원으로서 물길을 직접 안내하고 다녔다. 그런데 다시 쇄환 논의가 일어 이들의 거취에 대한 문제가 발생했다. 병조(兵曹)에서는 당연히 이들의 쇄환을 반대했다.

> 허다한 여러 섬에서 왜적을 수색하거나, 혹 대양(大洋)에서 갑자기 적선 (賊船)을 만나 공격하는 등의 일은 수로에 익숙한 자가 아니면 할 수가 없습니다. 지금 수영(水營)에 소속된 포작한을 일체 억지로 쇄환하면 모든 위급한 일이 생길 적에 배를 작동하게 할 방법이 없어서 방비가 소홀하여지고 잘못되는 일이 있을까 매우 우려됩니다.[14]

"慣知水道者(관지수도자)", 즉 수로에 익숙한 자가 아니면 적선을 만났을 때나 왜적을 수색할 때 제대로 대응하지 못한다는 논리였다. 그러니 쇄환하지 말게 해달라고 건의하고 있다. 이에 임금은 의논한 대로 하라며 쇄환을 중지시켜주었다. 남해안 다도해의 그 복잡한 지형을 생각할 때 지형에 따른 물길을 제대로 알고 있는 자가 그만큼 필요했을 것이다.

임진왜란이 시작되자 이들의 역할은 더욱 커졌다. 이순신의 장계에도 물길 안내인의 필요성을 언급하는 대목이 있다. 다음은 전쟁 발발 보름만인 1592년 4월 30일 이순신이 올린 장계 「부원경상도장(赴援慶尙道狀) 2」

---

14) 『중종실록』권87, 중종 33년(1538년) 2월 11일 乙卯, "但許多各島倭賊搜討, 或於大洋, 卒遇賊船, 勦擊等事, 非慣水道者, 不能. 今若水營所屬鮑作漢, 一切勒還, 則凡干緩急, 制船無由, 防備疎虞, 至爲可慮".

중에 나오는 내용이다.

신의 외로운 타도(他道)의 군사로는 그 도(道)의 물결이 험하고 평탄한
것을 알 수 없고, 물길을 인도할 배도 없으며[15]

당시 이순신은 전라 좌수사였다. 그리고 원병을 요청했던 원균은 경상
우수사였다. 경상좌도는 이미 완전히 유린당했고, 경상우도의 수군절도
사였던 원균은 절대적인 힘의 열세를 느꼈다. 그래서 전라좌도 수군절도
사 이순신과 전라우도 수군절도사 이억기에게 원병을 청했던 것이다.

원균의 요청을 듣고 이순신이 경상도로 출병했다. 그러나 이순신은 출
병하면서도 물길을 몰라 힘들어했다. 물길을 모르는 상태로 "경솔하게 행
동을 개시한다는 것은 또한 천만뜻밖의 실패가 없지도 않을 것"[16]이기 때
문이다. 위의 기록은 그 답답한 심경으로 올린 장계 내용 중 일부이다. 원
문의 "孤單客兵(고단객병)"을 '타도의 군사'로 번역했는데, 이는 '경상도의
물길을 전혀 모르는 전라도의 군사'를 말한다.

그 당시에는 자세한 해도(海圖)가 없었고, 남해의 다도해는 평상시에도
조류와 암초, 그리고 바람의 움직임이 복잡해서 구역별로 수로 안내인이
필요했다(이순신역사연구회, 2005a: 198). 물길을 아는 병사로는 포작인 말
고도 이순신의 장계에 자주 등장하는 '토병(土兵)'이 있었다. 그들도 물길
을 알기는 했다. 그러나 그들은 토병이라는 말 그대로 그 지역의 물길만
을 알 뿐이었다. 즉, 그들은 구역별 수로 안내인이었다.

─────

15) 『영인 이충무공전서』, 「부원경상도장 2」, 75쪽, "臣之孤單客兵未諳同道水路險夷
　　旣無引路之船".
16) 같은 책, "輕易啓行亦不無千里意外之慮".

하지만 포작은 구역별 안내인이 아니었다. 모든 해안을 두루 다녔던 존재이기 때문에 남해안 전체 지역의 물길을 알고 있었다. 앞서 인용한 기록에서 보면 대마도에서 남해도 미조항까지의 물길을 일관되게 설명해 줄 정도였다.

전쟁 중이라 적의 기동함대가 매복하고 있을 가능성도 높았다(이순신역사연구회, 2005a: 198). 이 때문에 이순신은 1차 출동 때 원균 수사에게 수로 안내인을 보내달라고 요청했던 것이다. 그러나 원균은 아무도 보내주지 않았다.[17] 그래서 당시 이순신 함대는 무척 애를 먹었다.

---

17) 원균 수사가 이순신에게 수로 안내인을 보내지 않은 것은 당시 수군 편제의 특성 때문이다. 본래 조선 전기의 지방 방어 체제는 진관(鎭管)체제였다. 진관체제는 각 지역의 방어를 그 지역에서 책임지고 해결하는 방식이다. 각 지역별 사령관이 따로 있고 각각 지역은 독자적으로 외적을 방어했다. 그러나 병농일치의 양인개병(良人皆兵) 원칙이 흐릿해지며 대립제(代立制)가 성행하고 결국 방군수포제(放軍收布制)로까지 변질되자 실제 병사가 되는 사람은 극히 적어졌다. 적은 수의 병사로는 진관체제를 유지할 수 없었다. 그래서 중앙에서 장수를 파견하고 주변 여러 고을의 병사를 불러 모아 대오를 편성하는 제승방략(制勝方略)체제로 전환할 수밖에 없었다. 제승방략체제는 을묘왜변 후 제주 목사 김수문의 제의에 의해 만들어졌다. 임진왜란 때의 신립 장군이 대표적인 경우이다. 사령관 신립이 지방에 급파되어 그 지방의 군대를 끌어 모아 싸웠다. 물론 완패였다. 지역 실정을 모르고 또 평소에 지휘관과 병사 간의 관계 형성이 전혀 되어 있지 않는 방식이라 약점이 많았다. 물론 약점을 알면서도 전환할 수밖에 없었던 게 당시의 현실이었다. 그런데 수군은 이런 전환을 하지 않았다. 육군과 달리 바다라는 특성이 있었기 때문이다. 수군에 대한 지휘는 중앙에서 파견되어 오는 고위 지휘관이라 하더라도 해전의 경험도, 배 타는 능력도 없는 자들이 절대다수를 차지하고 있어 제승방략체제로의 전환이 어려웠기 때문에 진관체제를 고수했다. 그런데 진관체제의 단점은 바로 이순신의 요청을 원균이 무시한 데에서 알 수 있듯이 지역별 수군을 통괄할 사령관이 따로 없다는 점이다. 임진왜란 초기 경상 우수사 원균, 전라 좌수사 이순신, 전라 우수사 이억기는 같은 수사로서 동급이었다. 이들은 같이 작전을 수행하면서도 통일적인 작전을 펴기가 어려웠다. 최고사령관이 따로 없는 각각 독자적인 방어체

이 과정을 거치면서 이순신은 수로 안내자의 필요성을 절실히 느꼈다. 제주유민 포작들이 이순신 함대로 유입된 것은 이순신의 이런 경험에서 비롯되었다. 물길 안내인을 충원한 결과 첫 출전에서 포작선 46척이 등장했다. 그러고는 3일 뒤 첫 해전, 즉 옥포해전[18]은 이순신 수군의 승리로 끝났다.

2) 선박 조종인

제주유민 포작들의 배 다루는 능력이 주목받은 것도 유민 발생 초기부터였다. 다음의 성종 17년(1486년) 기사는 이들의 배 다루는 능력을 말해준다.

> 곤양·진주·사천·고성에 두무악 등을 나누어두면, 모두 배를 잘 부려서 물결에 달려가는 것이 나는 새와 같으니, 그들을 어루만져 편히 살게 하면 급할 때에 쓸 수 있을 것입니다.[19]

역시 포작의 가치를 높이 평가하여 활용 방안을 논의하는 내용이다. 그런데 그들이 배 부리는 솜씨를 "正如飛鳥(정여비조)", 즉 나는 새와 같다고 비유했을 정도이다.

─────

제였기 때문이다. 이런 단점을 보완하기 위해 나중에 삼도수군통제사가 만들어진다. 이순신이 삼도수군통제사가 되었던 때는 1593년 8월이었다(오봉근, 1991: 201; 차문섭, 2003a: 245).

18) 옥포해전은 1592년 5월 7일에 있었다.

19) 『성종실록』권197, 성종 17년(1486년) 11월 22일 癸亥, "昆陽·晉州·泗川·固城分置頭無岳等, 皆能操舟逐浪, 正如飛鳥, 撫以安業, 緩急可用".

반면 조선 수군의 배 다루는 능력은 많이 떨어졌다. 조정의 정책 자체가 해상방위를 적극적으로 고려하지 않았기 때문이다. 조선의 수군으로 일본군을 막아내기 어렵다고 속단하여 처음부터 육상방위에 주력할 것을 고집해왔던 것이다. 즉, 일본군은 해전에 능한 반면 조선군은 육전에 능한 것으로 오판하여 적이 쳐들어올 경우 그들을 육지로 끌어올려 대적할 수 있다고 생각했다(조원래, 2003: 57).

『중종실록』에도 조선 수군의 배 다루는 기술이 떨어졌음을 지적하는 기사가 등장한다.

> 이른바 수군이라는 것도 직접 배를 움직이는 법을 익힌 사람들이 아니라 모두 고용되어 배를 탄 사람들로서, 이들이 수군의 역사(役事)를 대신하고 있습니다. 이리하여 수군 자신은 집에 있으므로 전혀 배를 조종할 줄 모르는 자가 파다하여 비록 배는 있다 하더라도 이를 다룰 수 있는 사람이 없으니, 이 또한 매우 우려되는 일입니다.[20]

> 왜인들의 우월한 기술은 배를 잘 운행하는 것이어서, 우리나라의 특기는 아니다.[21]

수군이라고 해봐야 배를 움직이는 법을 아는 자가 거의 없었다. 전문적으로 배 다루는 법을 익힌 자가 아니라 그냥 고용된 사람들이었기 때문이

---

20) 『중종실록』권48, 중종18년(1523년) 6월 26일 乙丑, "其所謂水軍, 亦非親習舟楫, 皆雇於騎船, 以代其役, 身則在家 專不知操舟者頗多 雖有船而無人 是亦甚可慮也".

21) 『중종실록』권45, 중종 17년(1522년) 6월 22일 丁酉, "且倭人之長技, 在舟楫, 而非我國之長技也".

다. 그러니 배가 있다 하더라도 무용지물이었던 게 당시 조선 수군의 현실이었다. 또한 왜인과 비교하며 조선 수군의 배 다루는 능력이 떨어짐을 말하고 있다.

그런데 초기부터 그랬던 것은 아니었다. 그것은 1510년 삼포왜란을 계기로 성곽 시설이 없던 수군기지에 성곽을 쌓으면서부터 나타난 현상이었다. 성곽을 쌓은 이유는 함대가 조운(漕運) 등의 일로 어디 가고 없거나 해상전투에서 실패한 경우에도 적을 방어할 수 있다는 생각에서였다. 즉 만약 바다에서 패전하더라도 성곽을 바탕으로 적의 상륙을 저지할 수 있다고 판단했던 것이다.

그러나 이 조치가 반드시 긍정적인 효과를 가져왔던 것만은 아니다. 수군기지에 성곽을 쌓은 후부터는 첨사, 만호 등이 이전과는 달리 성안에 틀어박혀 해안 방어를 소홀히 하는 경향이 나타났다(오붕근, 1991: 198). 즉 "성을 쌓고 방어한 뒤부터는 배를 타고 방어하는 제도가 폐기"[22]되어 수군의 배 조종 능력이 현격히 떨어지게 되고 말았다.

임진왜란이 시작되었을 때 이순신도 이 문제를 심각하게 생각했던 모양이다.

신의 어리석은 생각으로는 적을 막는 방책에 있어서 수군이 작전을 하지 않고 오직 육전에서 성을 지키는 방비에만 전력하였기 때문에, 나라의 수백 년 기업(基業)이 하루아침에 적의 소굴로 변해진 것입니다.[23]

---

22) 『중종실록』권99, 중종 37년(1542년) 8월 15일 壬辰, "自築城防禦而後, 乘船防禦之制廢".
23) 『영인 이충무공전서』, 「옥포파왜병장」, 80쪽, "臣之妄意禦敵之策不以舟師作綜進退而全務陸戰守成之備使 國家數百年基業一朝變成賊藪".

1592년 5월 10일 제1차 옥포승첩을 아뢰는 장계를 올리면서 했던 말이다. 수군이 배를 타지 않고 성을 쌓아 육전만을 생각하며 바다를 스스로 포기했기 때문에 너무나 쉽게 부산 등지를 내줬다는 탄식이다.

그랬기에 이순신에게 포작은 더없이 소중한 병력이었다. 전염병과 군량 부족, 전투에서 죽어간 병사들 중 포작에 대해 특히 애석해 하는 글이 남아 있다.

건강하고 활 잘 쏘며 배도 잘 부리던 토병과 포작24)

1593년 8월 10일자 왜군의 정세를 아뢰는 장계 중에 나온 표현이다. 건강하고 활 잘 쏘며 배 잘 부리던 포작이었다. 그중 특히 '배를 잘 부렸다'는 것은 포작인들의 본래적 특질을 정확히 묘사한 것으로 보인다. 이순신 수군이 포작인을 수용한 것도 본래 그들의 배 다루는 기술을 높이 샀기 때문이다.

『선조실록』에도 두 차례 비슷한 기사가 나온다. "전선(戰船)은 포작한(鮑作干)이 없으면 운행할 수가 없습니다"25)라든가 "육지에 있는 수군은 배 다루는 것을 전혀 몰라 번(番)이 되면 목포(木布)를 마련하여 해변에서 포작인을 고용해서 대립(代立)시키는데"26)라는 기록이 그것이다.

이처럼 선박 조종 능력이 모자랐던 조선 수군에 포작인의 존재는 해전 승리의 중요한 바탕이 되었을 것이다.

---

24)『영인 이충무공전서』,「진왜정장」, 111쪽, "壯健能射慣熱舟楫土兵鮑作之輩".

25)『선조실록』권121, 선조 33년(1600년) 1월 4일 己酉, "戰船無鮑作, 則不得制船".

26)『선조실록』권136, 선조 34년(1601년) 4월 1일 戊辰, "陸地水軍, 全不解操舟, 當番則責木布, 雇立海邊鮑作人".

3) 전투병

임시로 편성된 비정규군이라고 할지라도 전쟁의 참화는 포작인들을 비껴가지 않았다. 물길 안내와 선박 조종만으로 그들의 역할이 끝난 게 아니었기 때문이다. 전쟁은 상황에 따라 모든 병사를 전투병으로 내몰기도 한다.

임진왜란 중 제주유민들도 마찬가지였다. 앞서 '건강하고 활 잘 쏘며 배도 잘 부리던' 포작이라고 표현했던 이순신의 글을 봤다. 포작인들은 배도 잘 부렸지만 전투 능력도 뛰어났던 모양이다. 이들이 실제 전투에도 참여했음을 보여주는 기록들이 있다.

이순신이 전쟁 중에 올린 장계 안에는 전사자, 부상자를 보고하는 내용이 있다. 이순신은 출전 때마다 메모 형식의 선상 일지를 적어놓고 귀항 후 이를 문장으로 고쳐서 조정에 장계를 올렸다(이순신역사연구회, 2005a: 15). 그 안에 전사자, 부상자 명단이 들어갔던 것이다.

만력 20년(1592년) 6월 14일 올린 장계 「당포파왜병장(唐浦破倭兵狀)」[27]의 말미에는 "접전할 때 사졸로서 화살이나 철환을 맞은 사람이 있는데 그중에는"[28]이라며 전사·부상자의 직함과 이름을 차례대로 나열하고 있다. 모두 47명의 이름이 나온다. 정병(正兵)부터 진무(鎭撫), 사부(射夫), 사노(私奴), 격군(格軍) 심지어 목자(牧子)까지 그 지위가 다양하다. 그중 포작은 내은석(內隱石), 남산수(南山水), 문세(文世), 말손(末孫), 흔손(欣孫)이라는 이름으로 5명이 나온다.

---

27) 이 장계는 1592년 6월 2일의 당포해전과 6월 5일의 당항포해전의 경과를 보고한 장계이다.

28) 『영인 이충무공전서』, 「당포파왜병장」, 87쪽, "接戰時 士卒逢箭中丸人中".

그중 내은석은 철환에 맞아 죽었으며, 남산수와 문세는 철환에 맞았으나 중상에 이르지는 않았고, 말손과 흔손은 화살에 맞았으나 중상에 이르지는 않았다.

전사자는 전체가 13명이며 이 중 포작은 1명이다. 그리고 부상자는 34명 중에 4명이 포작이다. 전사자와 부상자를 합하면 전체 47명 중에 포작인은 5명, 대략 10%가 된다. 이 비율을 그대로 적용하여 당시 수군의 구성을 엿볼 수도 있겠다. 물론 전투 참가자와 전사·부상자의 비율이 같지 않을 수도 있다. 하지만 부족한 자료를 감안하여 추론할 때 유사하다고 가정할 수 있을 것이다. 그러므로 당포와 당항포해전에서 제주유민의 전투 참여 비율은 대략 10% 내외라고 말할 수 있겠다.

반면 토병은 전체 47명 중에 3명으로 약 6%이다. 현지에서 징발된 토병보다 남해안 전체의 물길을 아우르는 포작인의 비율이 높다. 그만큼 임진왜란에 말려들어간 포작인의 수가 많다는 의미겠다.

1592년 7월 15일 올린 제3차 한산도 승첩을 아뢰는 계본 「견내량파왜병장(見乃梁破倭兵狀)」[29]에도 말미에는 전사자와 부상자의 명단이 실려 있다. 전투의 규모가 컸던 만큼 앞의 당포해전보다는 전사·부상자의 숫자가 많다. 전사자는 19명, 부상자는 115명으로 전체 134명의 직함과 명단이 실려 있다.

이 중 포작은 15명이다. 포작 장동(張同), 고풍손(高風孫), 본영 일선 수군 포작 이보인(李甫仁), 낙안 격군 포작 업동(業同), 세천(世千), 이담(李淡), 손망룡(孫望龍), 포작 화리동(禾里同), 홍양 일선 포작 고읍동(高邑同), 남문동(南文同), 진동(進同), 본영 삼선 격군 포작 이문세(李文世), 발포 이선 포

---

29) 이 장계는 1592년 7월 8일의 한산대첩의 경과를 보고한 장계이다.

작 마구지(馬仇之), 망이(望己), 흔복(欣福) 등이 그들이다. 비율로 보면 약 11%가 되어 앞의 당포해전에서의 비율과 유사하다. 다만 특징적인 점은 이 전투에서는 포작 사망자가 한 사람도 없었다는 점이다. 전체 사망자가 19명인데 여기에 들지는 않았고, 철환에 맞았으나 중상에까지는 이르지 않은 부상자 명단에 15명이 들어가 있다. 그러나 그것만을 가지고 포작이 덜 위험한 자리에 있었다고 생각되지는 않는다.

1592년 9월 17일 제4차 부산포 승첩을 아뢰는 장계「부산파왜병장(釜山破倭兵狀)」30)에도 사상자 보고가 실려 있다. 철환에 맞아 사망한 자는 5명이다. 그중 하나가 포작 김숙연(金叔連)이었다. 그리고 부상자는 25명이며 그중 포작은 김억부(金億富), 김개동(金開東), 북개(北開), 금동(今同) 등 4명이었다. 전체적으로 보면 30명 중에 5명으로 약 16.7%의 비율이다.

이순신이 올린 위의 세 장계를 통해 확인할 수 있는 점은 다음과 같다. 임진왜란 중에 제주유민은 물길 안내나 선박 조종만이 아니라 실제 전투에도 참가했다. 그 과정에서 철환에 맞아 전사하거나 혹은 부상을 입었고 화살로 부상을 입은 자들도 있었다. 전사, 부상병 가운데 포작의 비율을 보면 10~17% 정도가 된다. 이 비율은 전체 전투에 참가한 수군 가운데서 포작의 비율로도 추정해볼 수 있겠다. 즉 임진왜란 당시 조선 수군 구성에서 제주유민은 전체의 10% 이상이 되었다는 말이다. 배 다루는 능력과 물길 안내의 능력 때문에 타 지방민에 비해 훨씬 높은 전투 참여 비율을 보여준다고 하겠다.

---

30) 이 장계는 1592년 9월 1일의 부산포해전의 경과를 보고한 장계이다.

4) 정보 제공인

포작인의 특징 중 하나는 유랑생활이었다. "작은 배에 처자를 싣고 해곡(海曲)으로 떠돌아다니며 우거하는데, 이르는 곳이 만약 마음에 맞지 않음이 있으면, 곧 도망하여 흩어져서 거취(去就)가 일정함이 없었다"[31]라는 기록에서 보듯이 그들은 정착생활을 하는 사람들이 아니었다. 이 때문에 유랑 속에 여러 지역의 정보를 가지게 되었다. 특히 해양 정보를 많이 가지게 되었고, 이들이 가진 정보는 관에서도 필요한 것이었다. 수로에 관한 정보만이 아니라 왜구의 동향은 특히 관에서 관심을 가진 분야였다.

왜구의 동향을 파악하는 문제는 임진왜란 이전부터 포작에게 많이 의존했다. "포작간이 고하기를 '왜선 4척이 평두도(平斗島)에 왔다'고 하기에, 신이 즉시 좌우로 나뉘어 쫓아나가"[32]라거나 "포작간들 말이 '매년 9월 초승이면 왜적들이 삼도(三島)에 와서 정박하고 옷과 양식을 약탈해 가니, 만일 복병(伏兵)해놓고 기다린다면 잡을 수 있을 것이다' 하므로, 수사(水使) 방호의(方好義)가 초이튿날 군사를 거느리고 바다로 내려가"[33]라는 중종 대의 기록과 "왜선 한 척이 초도(草島)에 정박했는데 포작간 등이 남도포 권관(南桃浦權管) 채연홍(蔡淵洪)에게 보고했습니다. 연홍이 군관 등을 데리고 진격해서 접전하여 한 배에 왜적이 거의 150여 명이나 되었는데도 권관 등이 힘껏 사살하고 배를 불태웠습니다"[34]라는 명종 대의 기

---

31) 『성종실록』권178, 성종 16년(1485년) 윤4월 19일 己亥, "專以捉魚爲業. 扁舟載妻子, 流寓海曲, 所至之處如有不愜, 旋卽逃散 雖去就無常".

32) 『중종실록』권55, 중종 20년(1525년) 9월 22일 戊寅, "鮑作干告云 '倭船四隻, 至平斗島' 臣, 卽分左右進逐".

33) 『중종실록』권56, 중종 21년(1526년) 2월 9일 壬戌, "鮑作干等云 每年九月初生, 倭賊來泊三島, 刼奪衣糧. 若伏兵而待之, 則可得捕捉 水使方好義, 初二日領兵下海".

록이 이를 잘 보여준다. 왜적 토멸에서 포작이 제공해주는 정보를 많이
활용했던 것이다.

이러한 현상은 임진왜란 중에도 계속되었다.

> 항해 중 올라오는 포작인을 연이어 만나 하도(下道)의 왜적 형세를 자세
> 히 물어보니, 왜적의 배가 3~4척, 혹은 8~9척씩 영광 이남의 여러 섬에
> 들어가 살육을 자행하니 지극히 참혹하며[35]

임진왜란 중인데도 위 기사 속의 포작인들은 여전히 이동생활을 했다.
이들은 조선 수군에 편제되지 않았던 포작인인 듯하다. 관에서는 이들에
게 하도 왜적에 대한 정보를 묻고 있었다. 자연스레 포작인들은 정탐인,
정보 제공인의 역할을 떠맡게 되었던 것이다.

5) 밀사

전쟁 중에는 전투만 있는 게 아니다. 앞에서는 전투를 하고 뒤에서는
막후 협상을 한다. 임진왜란 당시에도 이것이 많았다. 주지하다시피 특히
명군과 왜군 사이에는 협상 사절들이 여러 차례 오갔다.

조선 수군 역시 왜병과 여러 차례 협상을 벌였다. 그런 과정에서 제주

---

34) 『명종실록』권23, 명종 12년(1557년) 7월 7일 戊午, "倭船一隻, 依泊于草島, 鮑作干
等進告于南桃浦權管蔡淵洪 淵洪率軍官等進擊接戰, 一船之倭幾至一百五十餘名,
而權管等盡力射斬, 燒焚全船".

35) 『선조실록』권93, 선조 30년(1597년) 10월 13일 庚午, "在海中時, 連遇上來鮑作人,
詳問下道賊勢, 則賊船或三四隻, 或八九隻, 入靈光以下諸島, 殺擄極慘".

유민인 두모악이 일종의 밀사 역할을 맡기도 했다. 바다에서 이동생활을 하는, 비교적 덜 속박적인 존재라서 그런 역할을 담당했던 모양이다.

> 우병사가 송충인(宋忠仁)·두모악 김아동(金牙同) 등을 부산포 왜장 평행장(平行長)에게 보내 밀약을 했다.[36]

부산포 정탐병이 보고한 내용을 도원수 권율이 인용하며 말하는 대목이다. 왜장 가토 기요마사(加藤淸正)를 유인하여 동시에 참살하기로 했다는 내용의 밀약이었다. 권율도 이 보고를 언급하면서 황당하다고 하여 신뢰하지는 않았다. 그러나 밀약의 사실 여부를 떠나 밀사로 파견되었다는 사람을 주목할 필요는 있다. 두모악 김아동이라는 이름이 보인다. 제주유민을 말하는 것이다. 제주유민은 임진왜란 중에 이처럼 밀사 역할도 담당했다.

밀사라면 권력자의 측근일 가능성이 크다. 제주유민 중에 당시 수군 사령관에게 신임을 얻은 자가 몇 있었던 모양이다. 이순신의 일기에도 이순신 막후에서 중요 실무를 담당했던 것으로 보이는 포작의 이름이 나온다.

1597년 9월 1일 일기에 "포작 점세(占世)가 제주에서 소 다섯 마리를 싣고 와 바쳤다"라는 기록[37]이 있다. 그런데 그 포작 점세가 며칠 뒤인 1597년 12월 5일 일기 속에 다시 등장한다. "포작 수색을 책임진 정응남이 새로 만드는 배의 부정 사실을 적발할 일로 점세를 데리고 함께 진도로 떠

---

36) 『선조실록』권85, 선조 30년(1597년) 2월 20일 辛巳, "右兵使令 宋忠仁 豆毛岳金牙同等, 釜山浦倭將平行長處, 使送密約".

37) 초고 필사본에만 있고 『영인 이충무공전서』에는 존재하지 않는 기록이다. 전서(全書)를 편찬하는 과정에서 누락시킨 것으로 보인다(이순신, 2004a: 381 참고).

났다"[38]라는 대목이다. 배를 검열하는 일에 파견된 정응남이 포작 점세를 데리고 갔다. 앞서 제주도에서 소 다섯 마리를 싣고 온 것도 어떤 임무 수행의 한 과정이 아닐까 생각된다. 정확히는 알 수 없지만 이순신 휘하에서 중요 실무를 맡은 포작인 것 같다.

6) 탈영병

수군역(水軍役)은 조선 초기부터 고역으로 인식되어 회피의 대상이었다. 게다가 전쟁이 시작되자 기아와 전염병 그리고 전상에 대한 두려움 때문에 더욱 꺼려하는 역이 되었다. 이순신 함대의 수군 중에도 이런 참혹한 상황에서 벗어나려는 도망자가 발생했던 것은 당연하다. 포작 역시 그런 상황에서 다르지 않았다.

다만 약간의 특이한 점을 엿볼 수 있다. 다음의 〈표 6-1〉은 이순신의 『난중일기』를 토대로 작성한 1593~1594년 사이의 수군 도망자 발생 상황이다.

표에 의하면 1593~1594년의 2년 동안 『난중일기』에 기록된 탈영병 사건은 모두 10건이다. 그런데 그중 3건이 포작과 관련이 있다. 비율로 보면 높은 편이다. 앞서 전투병의 경우 비율이 10~17%였는데 탈영병 비율에서는 30%에 이른다. 포작은 본래 정규군도 아니었고 또한 이동생활을 하던 자들이라 탈영이 더 심했던 것 같다.

비율만 높은 게 아니라 그 방식이 특이하다. 탈영 방식을 보면 이들의 높은 탈영 비율을 이해하는 데 도움이 될 것이다.

---

38) 초고 필사본에만 있고 『영인 이충무공전서』에는 존재하지 않는 기록이다. 전서를 편찬하는 과정에서 누락시킨 것으로 보인다(이순신역사연구회, 2006b: 353 참고).

〈표 6-1〉 1593~1594년 사이의 수군 도망자 발생 상황

	일시	내용	처벌
1	1593.02.03	귀환 포로 80여 명 도망, 70명 되찾아 전선 배치	주모자 2명 처형
2	1593.05.07	발포 수군 도망가다 잡힘	처형
3	1593.07.13	순천 거북선 격군 태수 도망치다 잡힘	처형
4	1594.02.01	도망자 신고 가는 배 8척 붙잡음	2일 결죄
5	1594.05.13	경상 우수영 포작들이 격군 신고 도망가다 발각	우수사 관할
6	1594.05.30	도주 유도한 광양 1호선 군사와 경상도포작 3명	처벌
7	1594.06.12	본영 격군 7명 도망	없음
8	1594.07.04	도망 병사 1명 처형	처형
9	1594.07.26	도망자 8명 체포	주모자 3명 처형
10	1594.08.26	흥양 포작 막동 30명 신고 도망하다 잡힘	막동 처형

* 이민웅, 2004: 143의 표를 약간 변형시켜 다시 작성했다.

1594년 5월 13일 일기에 나오는 탈영은 "경상 우수사에 속한 포작들이 격군을 싣고 도망가다가"[39) 붙들린 사건이었다. 그냥 도망이 아니라 격군을 싣고 도망했던 경우이다.

1594년 5월 30일 일기에는 "아침에 도망가자고 꾄 광양 1호선 군사, 경상 포작 3명을 처벌했다"[40)라는 구절이 있다. 포작이 혼자만 도망가는 게 아니라 다른 병사들을 꾀어내다가 붙잡혀 처형당했다. 다른 병사에 비해 이탈의 경향이 더 커 보인다.

1594년 8월 26일자엔 "장흥의 군사 30명이나 몰래 자기의 배에 싣고 도망친 죄로 흥양 포작 막동이란 자의 머리를 베어 효시했다"[41)라는 구절이

39)『영인 이충무공전서』, 179쪽, "慶尙右水使所屬鮑作等載格軍而逃".

40) 같은 책, 180쪽, "逃遯誘引光陽一船軍慶尙鮑作三名決罪".

41) 같은 책, 185쪽, "興陽鮑作莫同者長興軍三十名潛載其船逃出故行刑梟示".

나온다. 역시 혼자만 했던 탈영이 아니다. 군사 30명을 싣고 도망쳤다.

여기서 특이한 점은 포작이 자신의 배를 이용해 군사 혹은 격군을 빼돌린 점이다. 전쟁의 와중에서도 포작은 여전히 자신의 배를 부리고 자신의 배를 이용해 탈영하고 있었다. 이것은 다른 군사에 비해 이들이 국가에 대한 예속 정도가 상대적으로 높지 않았음을 말해주고 있다. 그런 점이 포작의 높은 탈영 비율을 말해주는 것 같다. 다른 병사는 탈영하려고 해도 교통수단을 가지고 있지 못했기에 어려웠던 반면, 포작은 자신의 배가 있었기에 그게 쉬웠던 것으로 보인다.

포작 단독의 탈영이 아니라 격군 혹은 군사를 싣고 탈영했던 것도 바로 포작이 가진 배 때문으로 생각된다. 포작이 자신의 배를 가지고 유인했을 수도 있고, 아니면 일반 병사가 포작의 배를 염두에 두고 포작에게 접근했을 수도 있겠다. 아무튼 이순신 수군에서의 탈영은 자신의 배를 가지고 있었던 포작과 관련이 깊어 보인다.

임진왜란 이전 1555년 을묘왜란 당시의 탈영에서도 포작의 배가 활용되었다. 군졸들이 탈영을 위해 포작과 연결하여 배를 확보했던 기록이 있다.[42] 그만큼 수군에서의 탈영은 배가 있어야 결행하기 쉬웠고, 그 때문에 포작의 탈영 관련 사건도 많았던 것이다.

그래서인가 1597년 12월 5일 일기에는 '포작 수색을 책임진 정응남'이라는 구절이 나올 정도이다. 이 말은 평소 포작들이 수색과 단속의 대상이 되었다는 의미이다. 포작의 높은 탈영 비율은 반(半)독립성, 비(非)정착성 때문에 나온 현상인 것 같다. 그래서 전문적으로 포작을 수색해야 하는 상황까지 발생했던 것으로 생각된다. 그들은 본성적으로 어디에 속한

---

42) 『명종실록』권19, 명종 10년(1555년) 8월 19일 辛巳, "加里浦守城軍卒, 於昏夜之間, 交通鮑作干之船, 多數逃散".

사람들이 아니었기 때문일 것이다.

7) 기타

기록에 나타난 포작의 활동 중 부정적인 면들도 적지 않다. 원균이 포작들을 왜인으로 변장시켜 조선 피난 어민들의 목을 벤 후 일본군의 목이라고 속여 전공을 세우는 데 활용한 경우가 대표적이다.

『난중일기』1593년 2월 28일자에는 "경상 수사의 군관과 가덕첨사의 탐색선 두 척이 섬 사이를 들락날락하였다. 그 하는 꼴이 황당하여 잡아다가 경상 수사에게 보냈다. 그랬더니 수사가 크게 화를 내었다. 그 본래 뜻이 군관으로 하여금 고기잡이 하는 사람들의 머리를 베어 오는 데 있었기 때문이다"[43]라는 구절이 나온다.

『난중일기』1953년 7월 28일자에도 "사도첨사가 매복을 섰을 때 사로잡은 포작 10명이 왜인복 차림을 하고 있었다. 하는 짓이 뭔가 이유가 있을 것 같아서 다그쳐 물었더니 경상 수사가 시킨 일이라고 하였다".[44]

원균이 포작을 시켜 어민의 목을 베고 왜병의 목을 벤 것처럼 위장하다가 이순신 군대에 적발되는 장면이다. 포작이 이런 데에도 동원되고 있다. 전쟁 과정 중에 장수가 자신의 공을 세우기 위해 자국 국민의 목을 베고 전공으로 삼으려는 행동은 분명 비정상적인 현상이다. 이런 비정상적인 사건에 동원되는 군인들도 역시 일반 병사보다는 특별한 병사일 가능

---

43) 『영인 이충무공전서』, 155쪽, "慶尙水使軍官及加德僉使伺候船幷二隻出沒島嶼其情態荒唐故縛送于元水使則水使大怒其本意皆在送軍官搜得漁採人首故也".
44) 같은 책, 164쪽, "蛇渡僉使伏兵時所捉鮑作十名倭衣變着所行綢繆故窮問則慶尙水使所使云".

성이 크다.

조선 수군의 정식 편제에 들지 않았던 존재 즉 비정규군이었기 때문에 포작은 이런 궂은일에도 쉽게 동원되었던 것 같다. 나쁜 일을 하다가 적발되더라도 비정규군인 까닭에 책임 소재를 흐릴 수 있기 때문이다.

또한 『난중일기』 1597년 8월 25일 자에는 "당포45)의 포작이 놓아먹이던 소를 훔쳐 끌고 가면서 헛소문을 퍼뜨리되 '왜적이 왔다, 왜적이 왔다' 라고 하는 것이었다. 나는 이미 그것이 거짓임을 알고 헛소문을 퍼뜨린 2 명을 잡아 곧바로 목 베어 효시하니 군중의 인심이 크게 안정되었다"46)라는 구절이 있다. 포작의 탈법 행위이다. 물론 포작이 아닌 일반인들도 이런 탈법 행위를 했을 것이다. 그런데도 특별히 포작의 탈법 행위는 기록이 되었다. 이것은 아마도 포작이 뜨내기적인 존재인 까닭에 범죄 자행의 가능성도 높았고 또 그만큼 주변으로부터 쉽게 의심의 대상이 되었기 때문에 나타난 현상으로 짐작된다.

2. 왜병으로서의 제주유민

현재 한국인의 일반 상식과는 달리 임진왜란 당시 조선인으로서 왜병에 가담했던 사람의 수는 상당한 정도이다. 때문에 제주유민이 임진왜란 당시 왜병의 일원으로 행동했던 것도 특별한 현상은 아니다. 다만 그들이 가진 물길 정보나 배 부리는 기술 등은 왜병 측에서도 많이 활용했을 것

---

45) 현재의 통영시 산양읍 삼덕리이다.

46) 같은 책, 246쪽, "唐浦鮑作偸牛牽去而虛警賊來余已知其誣拿虛警者二名卽令斬之軍中大定".

임으로 일반인에 비해 더 많이 왜병에 가담했을 수는 있겠다. 하지만 기록상으로 큰 차이를 찾아보긴 어렵다.

포작인들이 왜병에 가담했던 것은 임진왜란 이전부터 있었다. "연해의 포작간들이 변장(邊將)의 침탈(侵奪)에 견디다 못해 왜인에게로 들어가는 것으로 침탈을 피하는 방법으로 삼는다"[47]라는 기록이 『명종실록』에 보인다. 당시 이들에게 민족은 중요한 게 아니었다. 엄밀한 의미에서 중세 때 민중에게는 민족의식이라는 게 존재하지 않았다(앤더슨, 2002). 중요한 것은 민족이 아니라 생존이었다. 생존을 위해서는 얼마든지 왜인 집단에 들어갈 수 있는 상황이었다.

임진왜란이 시작되자 그러한 현상은 더욱 심하게 나타났다. 평소 조선 정부의 학정이 심했기 때문인지 왜병이 들어오자 왜병을 환영하거나 왜병에 가담하는 경우가 종종 있었다.

1592년 4월 13일 부산에 상륙하여 파죽지세로 밀고 오는 왜병을 피해 조선 조정은 4월 30일 새벽 경복궁을 버리고 북으로 피난을 시작했다. 5월 1일 개성에 도착하고 다시 5월 3일 개성을 출발하여 평양을 향했다. 다음의 인용문은 평양으로 향하던 5월 4일 조정 회의에서 던진 임금의 질문과 윤두수의 답변이다.

> 임금이 '적병이 얼마나 되던가? 절반은 우리나라 사람이라고 하던데 사실인가?' 하니 윤두수가 아뢰기를 '그 말의 사실 여부는 모르겠습니다'라고 답했다.[48]

---

47) 『명종실록』권20, 명종 11년(1556년) 5월 14일 辛未, "沿海鮑作干等, 困於邊將之侵漁, 投入於倭, 以爲息肩之地".

48) 『선조실록』권26, 선조25년(1592년) 5월 4일 癸亥, "賊兵幾何 半是我國人云 然耶 斗

확인된 정보는 아니지만 왜병의 절반이 조선인이라고 한다. 이게 사실이라면 지독한 민심이반을 보여주는 기록이다. 물론 윤두수의 답변대로 사실 여부는 밝혀지지 않았다. 아무래도 절반이라는 것은 과장되어 보인다. 어쩌면 평소 민에 대한 수탈을 심하게 했던 정부가 필요 이상의 피해의식을 가지고 상상한 숫자일 수도 있겠다. 어쨌든 이런 논의가 불과 전쟁 시작 20일 뒤에 나왔다. 전쟁 초기부터 민심이반이 심했음을 말해준다.

며칠 뒤의 조정 회의에서 윤두수가 비슷한 상황을 보고했다. "어제 임진에서 얻은 지도를 보니 강화(江華)·교동(喬桐) 등지의 뱃길의 거리를 자세히 적어서 왜적에게 준 것이었습니다. 인심이 이러하니 매우 통분스럽습니다."[49] 앞서 임금의 질문에 대한 윤두수의 대답이라 할 수 있겠다.

비슷한 시기의 다음 기록은 민심이반의 현장을 더욱 생생하게 보여준다. 역시 조정 회의의 한 대목으로 한음도정(漢陰都正) 이현(李俔)의 보고 중 일부이다.

> 싸우러 가던 병사들도 병기를 질질 끌고 도망가면서 '임금이 왔으니 이제는 살아 있구나. 기꺼이 적군을 맞이해야지' 하였습니다.[50]

'임금이 왔으니 이제는 살아 있구나'라는 대목은 『서경(書經)』 「상서(商書) 중훼지고(仲虺之誥)」에 나온 구절로써, 학정에 시달리던 백성들이 침

壽日 此言 不知虛實矣"

49) 『선조실록』권26, 선조25년(1592년) 5월 23일 壬午, "昨見臨津所得地圖, 江華·喬桐 等地水路遠近, 歷歷書之, 以給倭賊 人心如此, 極爲痛憤".

50) 『선조실록』권26, 선조25년(1592년) 5월 14일 癸酉, "軍民之赴難者 曳兵而赴曰 '后 來其蘇 簞食可迎'".

구해온 나라의 군대를 환영한다는 뜻이다. 상(商)나라 때 갈백(葛伯)이 학정을 하여 성탕(成湯)이 이를 쳤는데 이때 성탕이 이르는 곳마다 "우리 임금을 기다렸었는데 이제 오셨으니 이제는 살아났구나"라고 했다는 데서 유래한 구절이다.

왜병을 '우리 임금 성탕'에 비유했을 정도라면 민심이반이 극에 달했음을 말해준다. 이런 상황에서 조선인들이 왜에 투탁했던 것은 어쩌면 전혀 이상한 일이 아니었다. 수군에서도 이런 상황이 감지되었다.

이순신이 1592년 5월 10일 올린 장계에는 다음과 같은 구절이 나온다.

> 그 왜적들이 어제 이 포구로 와서 여염집에서 빼앗은 재물을 우마로 싣고 가서 그들의 배에 나눠 싣고서는 초저녁에 배를 바다 가운데에 띄워 놓고 소를 잡아 술을 마시며 노래하고 피리를 불며 날이 새도록 그치지 않았는데, 숨어서 그 곡조를 들어보니 모두 우리나라의 곡조였습니다.[51]

왜병에 갔다가 다시 도망 나와 귀화한 향화인(向化人) 이신동(李信同)의 보고 내용이다. 왜적이 밤새 술 마시고 노래하고 피리를 부는데, 곡조가 모두 우리나라 곡조였다는 것이다. 왜적이 우리나라 노래를 불렀다는 것은 그 출신이 조선인이었음을 의미한다. 전쟁 시작 한 달이 안 되었는데 이런 현상이 나타났다. 이들이 전쟁 전부터 왜병에 가담했던 자들인지, 아니면 전쟁 개시 이후에 왜병에 들어간 자들인지는 분명치 않지만 어쨌든 조선인으로서 왜병에 가담했던 경우가 결코 적지 않았음을 보게 된다.

---

51) 『영인 이충무공전서』, 「옥포파왜병장」, 78쪽, "賊徒所爲則倭賊等昨日到此浦口閭閻所掠財物牛馬駄去分載其船夜初更泛舟中流屠牛飮酒唱歌吹笛達曙不止暗聽其曲調則皆是我國之音"(1952년 5월 10일자).

이순신은 얼마 뒤 이러한 보고를 현장에서 직접 확인했다. 1592년 6월 2~5일 당포·당항포해전 때의 일이다. 해전에서 수세에 몰린 왜적들이 배를 버리고 육상에 올라 이순신 함대에 총격을 가했다. 산 위와 언덕 아래 그리고 배를 지키는 세 곳에서 왜적들이 철환을 쏘아댔는데 "간혹 우리나라 사람들도 섞여서 쏘고 있었다."[52] 이순신은 이를 직접 목격하고 장계에 그 기록을 남겼다.

물론 강제로 동원된 조선인일 수도 있겠다. 하지만 다음의 이순신의 장계 기록을 보면 꼭 그것만도 아니라는 생각이 든다.

　　왜인들 속에서 3분의 1은 우리나라 사람들로서 서로 섞여 일하고 있다.[53]

왜인들 속의 3분의 1이 조선인이었다고 한다. 어쩌면 이것이 중세 전쟁의 실상을 보여주는 것이라 할 수 있겠다. 조선인이라고 해서 모두 조선을 위해 싸웠던 게 아니다. 일반 민중은 그냥 하루하루의 삶을 살아갔을 뿐이다. 지배자가 일본인이든 조선인이든 그들에게는 상관이 없었다. 하루의 일상을 꾸려가는 데 유익한 쪽을 찾아갔던 것은 어쩌면 너무도 당연했던 현상이다.

특히 전쟁이 장기화되면서 왜병의 영토로 변한 영남지방에서는 이런 일이 일상이 되었다. 왜병에 잡혀갔다가 탈출하여 온 제만춘을 심문한 내

---

52) 『영인 이충무공전서』, 「당포파왜병장」, 81쪽, "間或我國人相雜發射"(1592년 6월 14일자).

53) 『영인 이충무공전서』, 「진왜정장」, 110쪽, "倭人三分之中一分則我國人相雜役事"(1593년 8월 10일자).

용 중에는 이런 모습이 잘 묘사되어 있다.

> 우리나라 사람들이 수많이 살면서 적들과 사귀어 왕래하기를 조금도
> 꺼려하지 않았는데, 소인은 이틀 동안 머물다가 양산 땅 사대도에 사는
> 사람들이 배를 가지고 지나가므로 그 편으로 사대도에 이르러 본즉, 천
> 성 가덕의 수비하던 수군들이 무려 400여 호나 살면서 왜적 20명을 추
> 장이라 일컬으며 농사짓기와 추수하기를 평상시와 같이 하는 것이었습
> 니다.[54]

부산 동래 남면의 상황을 설명한 대목이다. 전쟁 전 일상의 모습과 다
를 게 없다. 농사짓고 추수하고 사람들과 어울리며 조금도 꺼려함이 없
다. 다만 그 사람이 조선인에서 일본인으로 바뀌었을 뿐이다. 섬기는 권
력자도 조선 양반이 아니라 추장이라 불리는 왜적 20명으로 바뀌었다. 하
지만 그게 본질은 아니다. 전쟁 전에도 그들은 피지배민이었고 전쟁 후에
도 여전히 피지배민이었다. 조선 양반이나 왜적 추장 20명이나 그들에겐
다르지 않았다. 그래서 그들은 전쟁이 소강상태에 들어간 국면에서 전쟁
전과 마찬가지의 일상을 살아가고 있었다.

다음의 기록은 훈련주부(訓鍊主簿) 김경상(金景祥)이 부산의 적세를 탐
심한 뒤 서계를 올린 내용 중 일부이다. 당시 부산의 일반 민중의 삶의 모
습이 묘사되어 있다.

---

54) 『영인 이충무공전서』, 「등문피로인소고왜정장(登聞被擄人所告倭情狀)」, 114쪽,
"我國人物 數多巨生 與賊交通 少無忌憚 小人留二日矣 梁山地蛇代島居人等 持船過
涉到蛇代島 則天城加德 入防水軍 無慮四百餘戶 居生倭賊二十餘名 稱爲酋長 耕農
牧獲 有如平日"(1594년 9월 4일자).

또 시장을 개설하여 왜적의 남녀 및 우리나라 백성들이 날마다 물화(物 貨)를 교역하고 있었습니다. 동평(東平)으로부터 범천(凡川)에 이르기 까지 우리나라 사람으로서 거접하는 자는 300여 호나 될 정도로 많았습 니다. 좌자천(佐子川) 근처에 포작하며 거접하는 자가 또 100여 호나 되 었습니다.55)

시장을 개설하여 왜적의 남녀와 우리나라 백성이 매일 교역하고 있었 음을 보여준다. 그중 포작인들도 100여 호나 그들과 접하여 살고 있었다. 역시 일상 삶의 모습이다. 전쟁 전과 전쟁 개시 이후의 삶이 똑같다. 당시 부산은 일본의 점령지로서 일본의 통치권이 행사되고 있었다. 그러니 사 실상 일본 영토라 할 수 있고 또 그곳 백성들은 이제 일본의 백성이라고 도 할 수 있을 것이다. 민족이 다르고 언어가 달랐을지언정 백성들은 전 쟁 전과 하등 다를 바 없는 일상의 삶을 살아가고 있었다.

그러니 포작들이 일본군에 가담했다고 하는 게 민중의 입장에서는 어 쩌면 전혀 특별한 일이 아니었을 것이다. 그러나 조선의 지배층은 포작이 일본군에 투항하는 행위를 상당히 못마땅하게 생각하고 기록에 남겼다.

영남의 포작한들이 이익만을 탐해 처자를 거느리고 잇달아 적에 투항 하니 그 정상을 따지면 아주 통탄할 일입니다.56)

---

55) 『선조실록』권69, 선조 28년(1595년) 11월 2일 庚午, "又設市場, 倭賊男女及我國人 民, 日日物貨交易矣. 自東平至凡川, 我國人居接者, 多至三百餘戶, 佐子川近處, 鮑 作居接者, 又百餘戶".

56) 『선조실록』권64, 선조 28년(1595년) 6월 14일 乙卯, "嶺南鮑作之輩, 惟利是甘, 挈其 妻子, 連續投入, 原其情狀, 極爲痛惋".

포작의 왜적 투항에 대해 '極爲痛惋(극위통완)'이라는 표현까지 써가면서 불쾌감을 드러내고 있다. 앞서 기록에서 보았듯이 일반 백성들이 왜인과 교역하고 섞여 사는 것에 대해서는 그렇게까지는 분노하지 않았다. 하지만 포작의 투항에 대해서는 상당할 정도로 민감해 했다. 분명 일반 백성들의 투항과는 또 다른 무엇이 있었다. 그 이유는 다음의 기록을 통해 확인할 수 있다.

> 적이 우리나라의 포작한(鮑作干)을 많이 잡아갔기 때문에 해로의 형세에 대해 허실을 이미 알고 있을 것이다.57)

문제는 바로 '海路形勢(해로형세)', 이것 때문이었다. 적이 조선의 해로를 상세하게 파악하게 된다면 상황은 몹시 불리해진다. 그런데 당시 한반도 연해의 해로를 전체적으로 파악하고 있던 존재들이 포작인들이었다. 그 때문에 왜병은 조선의 포작인, 제주유민들을 많이 잡아갔다. 그러니 조선 조정으로서는 위기감을 느낄 수밖에 없었고 그야말로 통탄했던 것이다.

그런 상황에서 포작들은 때로는 왜적에게 또 때로는 조선 수군에게 가서 생활을 영위했다. 두모악 김담손(金淡孫)이라는 자는 왜병에 가담했다가 다시 도망하여 조선 수군으로 옮겨 오기도 했다.58) 이처럼 제주유민 포작들은 임진왜란 전쟁 내내 조선 수군과 왜병 사이에서 두 가지 얼굴로 살아가야만 했다.

---

57) 『선조실록』권121, 선조 33년(1600년) 1월 29일 甲戌, "賊多擄我國鮑作干等, 海路形勢, 虛實已知之".
58) 『선조실록』권86, 선조 30년(1597년) 3월 24일 甲寅, "附賊逃還人豆毛岳金淡孫".

3. 수전과 포작선

임진왜란 당시 제주유민의 활동이 주목받게 된 것은 전적으로 그들의 해상생활 능력 때문이었다. 그리고 그 해상생활은 그들이 타고 다니던 배의 능력과도 관련이 깊다.

제주인들은 일찍부터 뛰어난 배 건조 기술을 가지고 있었다. 섬이라는 환경조건 때문이었다. 고려시대 현종 3년(1012년) 탐라인이 고려 정부에 대선(大船) 2척을 바쳤다는 기록59)이나 원종 9년(1268년) 원나라가 탐라에 100척의 배를 건조할 것을 명했던 기록60)이 이를 잘 보여준다.

그와 같은 배 건조 기술이 있었기에 일찍부터 해상교역으로 나설 수 있었던 것이며 또한 생존이 위협받는 상황이 발생하자 바다로 나가 유랑민이 되기도 했다. 그뿐만 아니라 전쟁이 발발했을 때 그들의 배는 다시 한번 주목을 받게 되었다. 이순신의 첫 해전인 옥포해전에서 포작선 46척이 동원되었음은 앞에서 살펴보았다.

그것은 전쟁 이전부터 제주배61)의 성능을 조선 정부가 알고 있었기 때문에 가능한 일이었다. 처음 제주유민 문제가 심각하게 대두되었던 성종 때부터 조정은 포작선을 주목했다.

---

59) 『고려사』 권4, 세가 현종 3년(1012년) 8월 壬寅, "耽羅人 來獻大船二艘".

60) 『고려사』 권26, 세가 원종 9년(1068년) 10월 庚寅, "耽羅 已與造船之役 不必煩重 如其不與 棄令別造百艘".

61) 『조선왕조실록』에는 제주배를 가리키는 용어로 두독야지선 1회(성종 20년 12월 10일), 제주선 1회(성종 22년 4월 11일), 두무악선 1회(중종 5년 8월 20일) 그리고 포작선이 9회(연산 3년 5월 29일 기사 등) 등장한다. 본 책에서는 이들이 모두 같은 배라고 가정하고 가장 많이 쓰인 포작선으로 통일하여 기술하고자 한다.

선체는 왜인의 배보다 더욱 견실하고, 빠르기는 이보다 지나치는데[62]

그 배는 가볍고 빠르기가 비할 데 없어서[63]

위에서 인용한 기록은 포작선이 왜인의 배보다 견실하고 가벼우며 속도가 빨라 비할 데가 없다고 말한다. 조선 조정이 주목했던 이유가 바로 포작선의 이러한 특성이었다. 이러한 특성으로 인해 곧바로 군사적 활용 논의로 이어졌다. 그 결과 변고가 생기면 "근처 두무악선(頭無岳船)을 많이 모아서 들어가, 구원하려는 성세(聲勢)를 크게 벌여서 성원할 것"[64]을 건의하거나 "아울러 포작선(鮑作船)을 초발(抄發)하여 기계의 수리를 완비하고 병졸과 화포(火炮)의 제구를 극진히 정선하여 훌륭한 장수를 얻어서 나누어 거느리게 하고, 날짜를 약속하여 아울러 나아가 위와 아래에서 협격(挾擊)"할 것을 건의하기도 했다. 즉 포작선을 직접 작전에 투입하자는 논의였다.

그뿐만 아니라 포작선을 본 따 배를 만들어서 변란에 대비하자는 논의도 계속 이어졌다.

청컨대 여러 포구(浦口)의 병선(兵船)을 이것에 의거하여 만들도록 하여 위급한 데 쓰도록 하소서.[65]

---

62) 『성종실록』권83, 성종 8년(1477년) 8월 5일 己亥, "船體視倭尤牢實, 而迅疾則過之".

63) 『성종실록』권177, 성종 16년(1485년) 4월 12일 癸亥, "其船輕疾無比".

64) 『중종실록』권12, 중종5년(1510년) 8월 20일 癸卯, "多聚近處頭無岳船, 大張入救之 勢, 以爲聲援".

65) 『성종실록』권85, 성종 8년(1477년) 10월 16일 庚戌, "請諸浦兵船, 依此造作, 以爲緩

왜선이 도둑질할 때 바람이 순하면 돛을 달고 바람이 없으면 노를 젓는
데, 오로지 배가 경쾌(經快)하여 쓰기에 편리하기 때문입니다. 청컨대
여러 포(浦)에 두독야지선(豆禿也只船)의 체제에 의하여 가벼운 배를 만
들어서 예기치 못할 일에 대비하게 하소서.[66]

　포작선 체제에 따른 가벼운 배를 만들어 변란에 대비해야 하는 이유를
설명하고 있다. 왜적의 배가 경쾌하여 속도가 매우 빠르기 때문에 그를
따라잡을 배로 포작선과 같은 배를 건조해야 한다는 논의였다.
　그런 논의 끝에 임진왜란 전부터 이미 포작선을 작전에 활용하고 있었
다. 그것은 해랑도 수적을 토멸하러 갔을 때 "포작선 26척에 나누어 타게
하여 녹도(鹿島)를 거쳐 밤중을 이용하여 이튿날 아침에 소장산도(小長山
島)에 이르러 남녀 70명을 사로잡았습니다"[67]라는 기록에서 확인할 수 있
다. 그만큼 포작선은 수전에서 활용하기에 유용했던 선박이었다고 볼 수
있겠다.
　그렇다면 구체적으로 포작선이 어떤 구조로 만들어졌는지를 살펴볼
필요가 있다. 먼저 규모이다. 군용과 조운을 겸용했던 맹선(猛船)과 비교
했던 다음의 기사를 참고하자.

　대맹선은 선체가 크고 경쾌하지 못하여 위급할 때는 쓸 수 없었으므로

急之用".

66) 『성종실록』권235, 성종 20년 12월 10일 癸巳, "倭船作賊, 風順則懸帆, 無風則搖櫓,
全是舟楫輕快, 利於行用故也 請於諸浦, 依豆禿也只船體制造輕船, 以備不虞".

67) 『연산일기』권38, 연산 6년(1500년) 7월 9일 辛酉, "分乘鮑作船二十七艘, 由鹿島乘
夜而往, 平明至小長山島, 捕獲男女七十口".

모두 포작선을 모아 사용하였었습니다. 만일 대대적으로 거병(擧兵)할 경우라면 마땅히 맹선을 써야 하겠지만 갑자기 서로 싸우게 될 경우에는 작은 배를 쓰지 않을 수 없습니다.[68]

대맹선은 선체가 커서 많은 군사를 실어 나르기에는 적합하지만 반면에 속도가 느려 갑작스러운 소규모 전투가 발생할 때는 비효율적이라고 했다. 갑작스러운 상황에서는 오히려 포작선을 사용하는 게 낫다는 것이다. 그 이유로 든 것이 '작은 배[小船]'라는 점이다.

여기서 추론할 수 있는 것은 포작선은 대맹선보다 작다는 점이다. 『경국대전』에 따르면 대맹선의 정원은 80명, 중맹선은 60명, 소맹선은 30명이었다.[69] 그렇다면 포작선은 정원이 80명보다 작은 소형 선박으로 추론할 수 있겠다. 게다가 굳이 소맹선도 아니고 포작선을 활용했다는 점을 고려해보면 포작선은 소맹선보다도 규모가 작았을 것으로 생각된다. 즉 정원이 30명에 미치지 않는 소형 선박일 가능성이 크다.

포작선이 소형 선박이었음을 전하는 기록이 또 있다.

주사(舟師)는 전선이 매우 적어 갑자기 갖추기가 어려워 포작선으로 대신 편성하였는데, 작은 배가 300여 척이었습니다.[70]

---

68) 『중종실록』권48, 중종18년(1523년) 6월 26일 乙丑, "大猛船體大不快, 非緩急可用者也, 皆聚鮑(昨)[作]之船用之. 若大擧則當用猛船, 卒然相戰, 不可不用小船".

69) 『경국대전』兵典 諸道兵船.

70) 『선조실록』권142, 선조 34년(1601년) 10월 19일 癸未, "且舟師戰船極少, 倉卒難辦, 鮑作之船, 盡皆作綜, 小船凡三百餘隻".

정규 작전용 전선이 몇 되지 않아 대신 포작선으로 군사대오를 편성했는데, 그 포작선을 설명하면서 소선범(小船凡)이라고 했다. 아마 비교 대상은 정규 전투선인 판옥선(板屋船)이었을 것이다. 판옥선에 비하면 포작선은 작았다. 그러나 그것이 비거도선(鼻居刀船)[71]만큼 작은 소형이었는지, 그보다 조금 큰 중형이었는지는 확실치 않다.

그들의 생활 형태를 묘사한 기록 중에도 배의 크기를 짐작하게 하는 내용이 있다.

　작은 배에 처자를 싣고 해곡으로 떠돌아다니며[72]

원문에는 '편주(扁舟)'라고 나와 있다. 이 정도면 아주 작은 배로 여겨진다. 물론 문학적인 표현일 수도 있긴 하겠지만 어쨌거나 작은 배임은 틀림없다. 그 작은 배에 처자를 싣고 다녔다. 단편적인 기록으로 정확한 판단이 서지는 않지만 여러 가족이 아니라 한 가족만이 탑승했다는 느낌이다. 물론 포작선이라고 해서 모두 같은 크기는 아닐 것이다. 경우에 따라서는 조금 큰 배도 있겠고 위의 예처럼 한 가족이 탑승할만한 규모일 수도 있겠다.

선행연구 중에는 포작선을 제주 덕판배와 동일시하는 경우가 있다(송성대, 1997: 298~303; 김나영, 2008: 44 등). 단정적으로 이 견해가 옳다고 판단할 근거는 없다. 문헌상 덕판배와 포작선이 같은 배라고 기록된 것은 없

---

71) 비거도선의 규모는 대략 대맹선의 1/10보다 약간 큰 정도로 여겨진다. 배 건조에 소요되는 목재의 조수가 대맹선은 230조, 중맹선은 210조, 소맹선은 110조가 소요되는 반면 비거도선은 24조만이 소요된다(김재근, 1989: 200 참고).

72) 『성종실록』 권178, 성종 16년(1485년) 윤4월 19일 己亥, "扁舟載妻子, 流寓海曲".

기 때문이다. 물론 제주도에서는 어선을 '낚배'라 하고 연륙선(連陸船)·상선(商船)·진상선(進上船)을 일반적으로 덕판배라고 했다는 주장도 있다(고광민, 2004a: 306~309).

하지만 확정하긴 어렵다. 그러나 거꾸로 그것을 부정하기도 어렵다. 1996년 복원된 덕판배의 구조와 기능이 문헌 속 포작선의 기능을 담보할 만하기 때문이다. 제주와 육지를 하루 만에 오갈 정도의 배라면 복원된 덕판배 정도의 견고성과 기능, 속도 등을 갖춰야 하기 때문에 비록 동일한 배가 아니라 할지라도 덕판배는 포작선을 계승한 배라고 추정할 수는 있다. 포작선 역시 제주 특유의 배이며, 덕판배 역시 그러하기 때문이다. 따라서 이 책에서는 덕판배를 포작선이라 확정하지 않고, 다만 유사성, 계승성이 있을 것이라는 가정하에 참고하는 수준에서 소개한다.

고광민(2004a)은 1794년 기록인 「일보초등록(日報草謄錄)」이라는 고문서를 소개하며 덕판배의 크기는 대부분 중강(中舡)급으로 1척의 배에 진상 말을 평균 30마리씩 실었다고 한다. 그리고 1996년 복원한 덕판배의 실측 크기가 길이 약 9m, 폭이 약 2.7m 그리고 높이가 약 1.4m라고 소개했다(고광민, 2004a: 306~309). 또 다른 연구에서는 최부의 『표해록』을 인용하며 1척에 43명이 승선했다고 소개하고, 보통 2세대 가족이 살 수 있는 규모라고 했다(송성대, 1997: 298~303).

이상에서 살핀 것을 종합하면 80명 정원의 대맹선보다는 훨씬 작았지만 30마리의 말을 싣고 다닐만 했던 규모라고 추정할 수 있겠다. 물론 그보다 더 작은 편주 급의 소형 선박도 있었을 것이다.

다음으로 바닥의 모양이다. 전통적으로 한선(韓船)은 바닥 모양이 凵형인 평저형(平底型)의 선박이었다(김재근, 1989: 12~18). 평저형 배는 간조시 바닥에 배를 대어도 기울어지지 않는 점, 안정성, 방향 전환 등에서 장점을 갖는다. 그러나 속도가 느리다는 단점이 있다. 또한 파도가 거센 바다에서는 파도를 제어하고 진행하기가 쉽지 않기 때문에 주로 섬이 많아 파도가 거의 없는 연안용 배로 사용했다. 앞서 언급했던 맹선이나 임진왜란 때 주력선이었던 판옥선 등은 모두 평저형이었다. 방향 전환에 뛰어나서 포를 자유자재로 쏠 수 있었지만 속도가 느린 단점은 어쩌지 못했기 때문에 항상 속도 빠른 거도선(居刀船)이나 사후선(伺候船) 등의 보조 선박을 곁에 두고 작전을 펼쳤다(김재근, 1989: 200).

반면 바닥이 V형인 첨저형(尖底型) 배는 거센 파도를 제어하고 선박의 운항을 용이하게 할 수 있기 때문에 주로 연해와 심해를 왕래하는 데 유리했다(최완기, 1989: 211~212). 또한 강선(江船)과는 달리 해선(海船)의 경우 흘수(吃水)가 깊고 배의 바닥이 좁은 첨저선을 주로 사용했다는 연구(최병문, 2004: 172)도 있다. 이런 연구 결과를 놓고 볼 때, 제주 포작선은 V형의 첨저형 구조를 가졌을 가능성이 높다. 첨저형이 아니고서는 앞의 사료에서 자주 언급하는 속도를 담보할 수 없기 때문이다. 또한 거친 제주바다를 건너갔던 배라면 의당 첨저형 구조였을 것으로 판단된다. 앞서 언급한 복원 덕판배도 용골 포재(布材)가 부착된 V형의 첨저형 구조로 되어 있다.

물론 제주도의 배가 모두 첨저형이었던 것은 아니다. 『탐라순력도(耽羅巡歷圖)』속의 고선(古船)은 평저형의 배였다(이창억, 2000: 179). 『탐라순력도』의 40개의 도면 중 '우도점마(牛島點馬)', '정방탐승(正方探勝)', '명월조점(明月操點)', '애월조점(涯月操點)', '병담범주(屛潭泛舟)', '호연금서(浩然琴書)'라는 그림 속에 배가 등장한다. 그런데 그 그림 속의 배는 주로 가까운 연안에서 사용했던 배들이다. 그러니 첨저형보다 안전성이 강한 평저형이 적절했을 것이다. 그러나 먼 바다를 항해해야 했던 포작선은 연안의 유희용 배와는 용도가 달랐기 때문에 필연적으로 첨저형이었을 것으로 추정된다.

다음으로는 동력의 문제이다. 이는 기술 발전 수준과 선박의 규모에 따라 달라진다. 대양 항해용으로는 선박 규모가 크면 노를 사용하여 추진하기에는 선박구조, 운항비용 등에서 무리가 있다(최근식, 2005: 99). 반면 포작선처럼 규모가 크지 않은 배는 노를 사용하는 게 유리하다. 그렇다고 노만 사용하는 게 아니라 바람을 이용하기도 했다. 즉, 범(帆)전용선이 아니라 범노(帆櫓)겸용선이었다는 말이다. 이를 확인해주는 기록이 있다.

> 대맹선(大猛船)은 바탕이 무거워서 역풍(逆風)을 만나면 가지를 못하니 왜적을 만날지라도 잡을 이치가 없습니다. 그러나 포작선은 가볍고 빨라서 비록 역풍을 만날지라도 노만 저으면 갈 수 있으며[73)]

대맹선은 큰 배라서 역풍에 추진력이 약했다. 맹선 역시 범노겸용선(김재근, 1989: 98)이라고는 하지만 역풍 속에서 노 젓는 힘만으로는 왜적을 따라잡지 못했다. 반면 포작선은 가벼워서 역풍 속에서도 그것이 가능했다. 역풍에서도 노만 저으면 갈 수 있었다는 것으로 보아 포작선이 범노겸용선이었음이 확인된다.

북해에서 활약했던 바이킹선 역시 범노겸용선이었다(김재근, 1980: 78). 범노겸용선은 보편적으로 선형과 구조가 간략하고 별로 크지도 않았다. 바이킹선의 경험은 오히려 크지 않은 범노겸용선이 전투에서는 실용적이었음을 말해준다. 포작선이 수전에서 적극적으로 활용되었던 것은 같은 이치에서였다고 하겠다.

하지만 실제 성능 비교를 해본 결과를 보면 포작선의 속도는 왜선만큼 못했다.

---

73) 『연산군일기』권26, 연산 3년(1497년) 8월 17일 丙戌, "大猛船質重, 遇逆風不得行, 雖遇倭賊萬無捕獲之理. 鮑作船輕疾, 雖遇逆風, 若能搖櫓則可行".

신이 순행(巡行)하면서 여러 포구에 이르렀는데, 고공(篙工)으로 하여 금 시험 삼아 왜선·제주선(濟州船)·조선(漕船)을 새로 만들도록 하여 동시에 출발시켜 물이 흐르는 쪽으로 따라 내려가게 하였더니, 왜선이 가장 빨랐고 제주선이 그 다음이었으며 조선이 가장 느렸습니다. 그리 고 거슬러 올라가게 하였는데도 역시 같았습니다. 이것은 다름이 아니 라 왜선은 판자가 얇아 빨리 가기에 편리하기 때문입니다.[74]

순방향일 때나 역방향일 때나 모두 왜선이 가장 빨랐다고 했다. 다음이 제주선 즉 포작선이었고 당연히 조운선은 늦었다. 왜선이 그렇게 빠른 이 유는 무엇보다 판자가 얇아 가벼웠기 때문이라고 했다. 이것을 뒤집어 해 석하면 포작선은 판자가 두꺼웠다는 말이 된다. 제주도는 해안지형이 대 부분 현무암으로 되어 있어 배가 단단하지 않으면 접안 시 파손되기 때문 에 제주 포작선의 판자는 당연히 왜선보다 두터웠을 것이다. 하지만 그 때문에 속력은 조금 뒤떨어졌을 것으로 보인다. 그럼에도 조선 수군의 입 장에서는 포작선을 중시할 수밖에 없었다. 주력 전투선인 판옥선의 단점을 보완해주었고 또한 물길에 익숙한 제주 포작들이 타고 있었기 때문이다.

이순신의 첫 출전이었던 1592년 5월 4일 새벽에 판옥선 24척, 협선(狹 船) 15척과 함께 포작선 46척이 등장[75]했던 것은 그 때문이다. 하지만 다 음 전투 기록부터는 포작선이 등장하지 않았다. 그것에 대해 이민웅(2004)

---

74) 『성종실록』권252, 성종 22년(1491년) 4월 11일 丙辰, "臣巡到諸浦, 令篙工試令新造 倭船·濟州船·漕船, 一時發之, 順流而下, 則倭船最疾, 濟州船次之, 漕船最遲; 逆流 而上亦然, 此無他, 倭船板薄便疾故也".
75) 『영인 이충무공전서』, 「옥포파왜병장」, 76쪽, "諸將 板屋船 二十四隻 狹船 十五隻 鮑作船 四十六隻 領率發行".

은 '협선과 포작선은 몇 척이나 동원되었는지에 관해서는 생략하는 경우가 많았다. 협선과 포작선은 1차 출동 때와 비슷한 숫자가 동원된 듯하다'(이민웅, 2004: 122)라고 했다. 그의 분석대로 포작선은 기록에 등장하지 않지만 계속해서 동원되었던 것으로 보인다. 왜냐하면 이후에도 전투에 참여했던 포작인들에 대한 이야기가 지속적으로 나오기 때문이다.

제7장

제주유민의 성격

지금까지 본 책은 조선시대 제주유민 현상을 이해하기 위해 제주유민의 발생 배경부터 발생 시기, 그들에 대한 명칭, 그 규모와 확산 범위, 유민의 구성, 유사집단과의 비교 그리고 그들의 생활 중 특히 임진왜란 당시의 생활을 살펴보았다.

그 과정을 통해 테마별로 나누어 그들의 모습에 접근할 수 있었다. 이제 7장에서는 지금까지의 고찰 과정에서 분절적으로 접했던 제주유민의 모습을 종합하여 전체적으로 조망하면서 그들의 성격을 하나씩 규정해 보고자 한다.

또한 성격 규정의 과정에서 논의를 더욱 확장할 것이다. 제주유민 현상이 역사 속에서 그리고 오늘날 중세 역사 연구에서 어떤 의미를 가지고 있는지도 함께 찾아본다. 성격 규정의 과정을 통해 제주유민 현상에 대해 좀 더 깊은 이해가 가능해질 것이며, 함의(含意)를 밝히는 과정에서 역사 인식의 지평이 더욱 확대되리라 생각한다.

한 사회의 기본적 성격은 그 사회를 둘러싼 물적 환경과 그에 대응하는 인간의 작용 사이에서 형성되는 상호교호적인 관계에 따라 그리고 그 관계가 역사적으로 구조화될 때 규정된다(신행철, 1995: 7). 마찬가지로 사회 집단의 성격도 그 집단을 둘러싼 물적 환경과 그에 대응하는 인간의 작용 사이에서 규정될 수 있을 것이다.

조선시대 제주유민 현상을 분석함에도 그러하다. 그들을 둘러쌌던 물적 환경과 이에 대한 그들의 대응 과정 속에서 만들어지는 상호작용의 결과에서 성격은 추출될 수 있을 것이다. 그러므로 이들에 대한 성격 규명 작업도 조선시대 제주사회를 둘러싼 물리적 환경부터 접근하면서 시도하려 한다. 조선시대 제주사회의 물리적 환경 중에 가장 대표적인 것이 제주도를 둘러싼 바다이다. 제주사회는 바다로 둘러싸인 섬이라는 공간에서 형성되었음을 주목해야 한다는 의미이다. 이는 브로델의 모델에 따르면 거의 변하지 않는 역사를 잉태하는 요소이기도 하다. 이들의 성격에 대한 논의에서 먼저 해양성에 주목하는 것도 그 때문이다.

1. 해양적 성격

조선시대 제주유민의 성격을 무엇보다 우선 해양성으로 규정할 수 있겠다. 물론 해양성이라는 용어가 명확히 정의된 것은 아니다. 연구자에 따라 다양하게 의미 부여를 할 수는 있다. 그렇다 하더라도 바다에 거주하고, 바다를 생업의 터전으로 삼은 존재에게 해양성이라는 성격 규정은 그다지 무리한 작업은 아니라고 생각한다.

해양적 성격은 제주유민과 다른 지역 유민을 확연히 구분해준다. 제주도가 아닌 육지의 여러 지역에서 나타났던 유민 현상은 기본적으로 농민적이었다. 바다로 나가는 게 아니라 더 깊은 산 속으로 들어가 화전을 일

구거나 도시, 특히 서울지역으로 유망하는 경우가 많았다(변주승, 1995,: 10~11).

이는 물리적 환경이 달랐기 때문에 나타났던 필연적인 현상이다. 정치적·경제적의 모순 속에서 국가가 이를 통제할 수 없을 때 유랑민이 발생(오창훈, 1984: 1)한다는 점은 제주유민이나 타 지역 유민이나 공통적이었다. 하지만 이처럼 주변의 물리적 환경이 다르면 유민 현상도 다르게 나타나고 있다. 제주도의 물리적 환경은 기본적으로 바다로 둘러싸인 섬이라는 점이다. 이것이 타 지역 유랑민과는 다른 현상을 만들어냈던 것이다.

그런데 제주유민의 해양성이 반드시 물리적 환경 때문에만 나타났던 것은 아니다. 물리적 환경에 따른 경제구조의 변동도 해양성을 만든 하나의 요인이다. 아놀드 토인비(Arnold Toynbee)는 '도전과 응전'으로 역사 현상을 설명했다. 제주민들이 15세기 이후 바다로 나간 것 역시 그들 앞에 놓인 도전, 즉 제주 경제의 기반 붕괴라는 상황에 대한 응전이었다.

만약 조선 전기 제주의 경제구조가 농업을 중심으로 구성되어 있었다면 응전의 방식은 달랐을 것이다. 유리걸식하거나 한라산 깊은 곳으로 숨어들어 관의 수취를 피하며 화전을 일구며 살았을 가능성이 높다.

전근대사회는 보편적으로 농민과 토지의 지배를 통한 물적 토대의 확보로 국가 체제를 유지했다. 그런 상황에서 농민이 토지에 긴박되지 않고 유망한다는 것은 국가의 수취체제를 무너뜨리는 결과가 되어 국가로서는 민감하게 반응할 수밖에 없었다(정형지, 1996: 185). 그러나 제주지역의 경우는 이와 달랐다. 인민의 노동력 장악은 공통점이었지만 물적 토대가 되었던 것은 토지가 아니었기 때문에 유민 현상도 다른 모습으로 나타날 수밖에 없었다.

조선 전기 제주도의 경제적 토대는 말이었다. 말교역의 유통 경제가 핵심이었다. 그래서 그들의 응전이 다르게 나타났던 것이다. 말자유교역이 통제를 받아 경제기반이 무너지긴 했지만, 그들에겐 배를 몰아 장사를 나다녔던 경험이 풍부했다. 응전의 방식이 출륙 해양유랑이라는 방식으로 나타났던 건 그 때문이다. 그래서 그들의 성격을 무엇보다 해양성으로 규정할 수 있을 것이다.

그들은 배를 몰고 나가 한반도 연해에서 우거했다. 한곳에 정착하는 것이 아니라 필요에 따라 이곳저곳으로 옮겨 다니며 살았다. 배와 항해 능력이라는 해양성을 기본적으로 갖추고 있었기에 출륙유랑이 가능했던 것이다.

> 신이 전일(前日)에 연해의 여러 고을을 두루 살펴보니, 포작간이 해변
> (海邊)에 장막[幕]을 치고 일정한 거처(居處)가 없이 선상(船上)에 기생
> (寄生)하고 있는데[1]

"無定居 寄生船上(무정거 기생선상)" 즉 일정한 거처 없이 배 위에서 살아갔다는 말이다. 육지의 유랑민과는 확연히 다른 모습이다. 농사짓던 사람들이 아니어서 정착할 수가 없었다. 바다를 끼고 교역하던 사람들이라 평상시에 배 위에서 살았던 것이다. 이들의 이런 모습을 이선위가(以船爲家),[2] 즉 '배를 집으로 삼았다'라거나 창해위가(滄海爲家),[3] 즉 '너르고 큰 바다를 집으로 삼았다'라고 사관(史官)들은 묘사했다. 이 표현은 단지 문학적인 수식이 아니었다. 실제 그들의 삶을 그대로 보여주는 표현이었다.

---

1) 『성종실록』권177, 성종 16년(1485년) 4월 12일 癸亥, "臣前日歷觀沿海諸邑, 鮑作干
   結幕海邊, 無定居, 寄生船上".
2) 『성종실록』권197, 성종 17년(1486년) 11월 22일 癸亥.
3) 『중종실록』권11, 중종 5년(1510년) 6월 25일 己酉.

물론 항상 바다 위에서만 살았던 것은 아니다. 때로는 연안에 잠시 내려 장막을 치고 임시로 거주하기도 했다. 하지만 그것은 정착이 아니었다. 일정한 거처가 없었다는 표현은 계속적인 이동생활을 했다는 의미이며 배를 타고 옮겨 다녔다는 말이다.

배를 타고 다녔던 게 육지인들과는 달리 이들에겐 큰 어려움이 아니었다. 이들은 해양유민이었기 때문이다. "비록 폭풍과 사나운 파도라 하여도 조금도 두려워하거나 꺼려함이 없으며"4)라고 했을 정도였다.

그렇게 거친 바다를 오갔지만 젊은 남성들만이 선상생활을 했던 것도 아니었다. 가족이 한꺼번에 출륙해서 함께 바다 위에서 살았다.

> 작은 배에 처자를 싣고 해곡으로 떠돌아다니며 우거하는데, 이르는 곳
> 이 만약 마음에 맞지 않음이 있으면, 곧 도망하여 흩어져서, 비록 거취
> 가 일정함이 없었다.5)

'載妻子(재저차)', 즉 가족을 싣고 다녔다는 기록이다. '재처자'라는 표현은 중종 5년(1510년) 6월 25일의 기록에서도 나온다. 그 외에 '率妻子(솔처자)'라는 기록,6) 즉 '처자를 이끌고'라는 표현도 이들이 가족과 함께 해상 유랑생활을 했음을 말해준다. 교역 혹은 어로작업 등 경제생활을 위해 바다로 나갔던 게 아니다. 경제활동이 아니라 거주 자체가 바다에서, 배 위

---

4) 『성종실록』권177, 성종 16년(1485년) 4월 12일 癸亥, "雖暴風虐浪, 略無畏忌".

5) 『성종실록』권178, 성종 16년(1485년) 윤4월 19일 己亥, "扁舟載妻子, 流寓海曲, 所至之處如有不愜, 旋卽逃散 雖去就無常".

6) 『성종실록』권178, 성종 16년(1485년) 윤4월 19일 己亥, "鮑作人等無家舍, 率妻子寄生於船上".

에서 가족과 함께 이뤄졌다.

이들의 생업 역시 바다를 끼고 이뤄지는 작업이었다. 앞의 제4장 4절에서 이들의 생업을 살폈다. 물고기잡이, 미역 등 해산물 채취, 그리고 그것을 팔아 식량을 구입해서 살았음을 보았다.

지금까지 살펴본 것처럼 조선시대 제주유민은 거주와 생업이라는 기본적인 면에서 철저한 해양성을 보여주고 있다. 해양성이야말로 육지의 다른 지방에서 발생한 유민 현상과는 확연하게 다른 성격이라고 하겠다. 그러기에 이 해양성은 여러 성격 중 하나라고 말하기보다는 제1의 성격 혹은 근본적 성격이라고 말하는 게 옳을 것 같다. 한마디로 이들을 해양 유민이라고 부를 만하다.

이들 해양유민의 존재는 중세 한국사를 풍부하게 구성하는 데에 기여한다. 한국사 안에서 창해위가 혹은 이선위가의 존재가 지금까지 주목받은 적은 별로 없다. 지금까지의 한국사회 연구는 주로 사람들이 발 딛고 선 육지에서의 현상에 국한된 경향이 강했다. 이것은 역사 연구에서도 마찬가지이다. 그만큼 지금까지는 바다 혹은 해양문화에 대한 관심이 부족했다는 의미이다. 이는 기본적으로 인간이 육상동물이기에 응당 육지에 흔적을 많이 남겼던 데에서 기인한다.

그러나 그렇다고 해서 육지에서만 역사를 일궜던 것은 아니다. 특히 제주도의 경우 섬이라는 특성으로 인해 바다의 중요성은 매우 컸다. 다만 윤명철(2002)이 말한 것처럼 해양문화의 '불보존성'(윤명철, 2002: 212) 때문에 그동안 관심 밖에 내쳐졌을 뿐이다. 하지만 지금까지 고찰한 제주 해양유민의 예에서 보듯이 사료의 한계가 없지는 않지만 불보존성도 어느 정도는 극복할 수 있다.

어쩌면 해양성은 육지의 논리가 아니라, 바다 자체의 특질을 넣은 새로운 관점일 수도 있다. 실제 바닷길은 때로는 육로보다 훨씬 효율적이었다. 특히 철도나 항공운송 수단이 발명되기 전까지는 수로가 좀 더 많은 물량 수송에 더욱 적합하기도 했다. 서두르거나 당황하지 않고 일기의 변화를 충분히 관찰하여 항해한다면 평온한 바다만큼 안전하고 쾌적한 교통로는 없었다. 바다는 장벽이기도 하지만 사람과 사람을 연결시켜주는 길이기도 하며 특히 고요한 바다는 넓고 안정적인 교통로였다(아미노 요시히꼬, 2003: 36~39).

이런 관점에서 제주의 해양유민 현상을 바라볼 필요가 있다. 그래야만 육지의 논리로 볼 수 없는, 구체적 실상에 접근할 수 있다. 하루 안에 제주와 육지를 왕복하는 항해 능력[7] 등은 육지의 상상력으로는 도저히 생각하기 어려운 구체적 사례였다.

표류민 송환 시스템이 체계적으로 갖춰진 도요토미 정권 이후 메이지 유신까지, 일본에서 송환되어온 조선인의 사례가 약 1,000건에 이르렀는데 그중 단일지역으로는 제주 출신이 130건으로 가장 많았던 것도(이훈, 2003: 109) 해양의 관점에서 살펴야 한다. 그만큼 중세의 제주인들이 바다로 많이 나갔다는 말이다. 그런데도 이를 외면하고 육지의 역사만으로, 육지의 논리만으로 중세 제주사를 복원한다는 것은 어려운 일이다.

정리해서 말하자면 제주유민의 가장 두드러진 성격은 해양성이며, 이 해양성은 중세 역사인식에서 육지가 아닌 바다를 터전으로 살았던 사람들에게도 정당한 눈길이 주어져야 함을 촉구한다고 하겠다.

---

7)『예종실록』예종 1년(1469년) 2월 29일, "乘夜出陸, 朝往夕返".

2. 교역경제인적 성격

앞의 제4장 4절에서 제주유민의 생업을 살폈다. 이들은 자신들이 유랑우거하는 한반도 해안에서 해산물을 채취하고 그것을 팔아 식량을 구해 먹고살았다. 이들은 한국 중세사를 대표하는 농민, 토지에 긴박된 농민이 아니었다. 그들의 명칭, '포작인'이라는 이름 속에 이미 이들의 생업이 드러나 있다. 이들은 해산물 채취인이기도 했지만 궁극적으로는 그것을 팔아 생계를 꾸렸던 교역경제인이었다.

이들의 존재는 근대 사학의 과학적 법칙성에 문제를 제기한다. 이들이 지닌 교역경제인적(交易經濟人的) 성격 때문이다. 마르크스주의 역사학을 포함한 대부분의 근대 사학은 과학적 법칙성을 중시한다. 생산력 발전을 사회진보의 원동력으로 간주하기에 전근대사회에 대해서는 자연스럽게 농업에 초점을 둔다. 그리하여 자연경제에서 교환경제로, 자급자족경제에서 상품화폐경제로 이행한다는 법칙을 하나의 공식으로 설정한다.

그러나 근래에 와서는 이러한 '진보의 공식'이야말로 커다란 편견이라는 지적들이 제기되고 있다. 아미노 요시히코(2002)는 이러한 주장을 펴는 대표적인 학자인데, 그는 상품생산, 즉 교환과 교역을 목적으로 하는 생산이 반드시 근대 자본주의 경제의 산물만은 아니라고 말한다. '자급자족'이라는 경제활동은 학자들이 만들어낸 환상이며 또한 물건을 생산하지 않는 유통·운수·상업·금융 등의 활동 역시 인류의 역사만큼이나 오래된 것이라는 주장을 폈다(아미노 요시히꼬, 2003: 12~14).[8]

---

8) 그가 이를 증명하기 위해 동원한 것은 고고학적 발굴 성과이다. 이미 죠몬(일본의 신석기 시대) 시기에도 일상적인 교역·교류를 배경으로 많은 인구의 대규모 집락이 안정된 정주생활을 영위하고 있었다는 것이다. 또한 13세기 가마쿠라 후기에 이

오호츠크 해역의 소수민족을 연구한 오스트레일리아의 테사 모리스-스즈키(Tessa Morris-Suzuki) 역시 인류의 진화는 수렵, 채집, 사육이나 농업, 도시, 산업사회라는 단계를 거쳐 하나하나 진보해나가는 것이라고 하는 인습적인 이미지는 이제 우리에게 어떤 지침으로써 아무 도움도 못 될 것이라며 '진보라는 관념의 유령'에서 벗어날 것을 주문했다(모리스-스즈키, 2006: 30~32).

왜구가 창궐했던 것도 농업보다 해상활동에 유리한 조건을 가진 사람들이 많았기 때문일 것이다. 이것은 비단 일본의 경우에 국한된 게 아니다. 동인도회사로 상징되는 네덜란드 사람들의 해양 진출도 농업에 적합하지 않은 저지대와 자연환경의 악조건 때문이었다는 지적(오카 야스마사, 2003: 346)도 같은 맥락에서 볼 수 있다.

이것은 제주의 경우도 마찬가지였다. 앞서 중세 제주의 산업이 발전사관의 공식에 따른 농업이 아니라, 해산물 채취와 해양교역, 그리고 말교역이었음을 밝혔다. 이것은 근대 자본주의 경제 이전의 교역 경제였다. 농업이 아닌 교역 경제도 근대 이전부터 하나의 경제 양식으로 존재하고 있었다는 의미이다.

미 액면가 십관문짜리 환어음이 유통될 정도로 전국적인 하천교통 역시 발달해 있었다고 한다. 그러면서 그는 전근대사회가 유동성이 떨어지는 농업사회였다는 주장은 이미 '신화'에 불과하다고 단언한다. 다시 말해 표박과 정주, 편력과 정착은 인간 생활의 두 가지 존재방식이지 그 두 요소가 단계적 발전을 이룬 것은 아니라는 의미이다. 환경이 농업에 적합하면 농업에 종사했고, 오히려 농업보다 교류·교역에 유리하면 또한 그에 맞게 생활했다는 것이다. 그러면서 그는 농업에 종사하지 않은 전근대 사람들의 유형으로 해상교역자, 소금 제조자, 숯 제조업자, 상인, 직인 등 다양한 생활인들을 복원해내었다. 그렇게 함으로써 그는 산·들·강·바다의 세계와 그곳에서 살던 사람들의 생활을 살펴며 이전까지 진보사관이 무시하고 차별하던 세계에까지 시야를 넓혔다.

말 사교역이 통제를 당한 뒤 출륙한 제주민은 이제 표박·편력생활로 들어갔다. 그러나 이것 역시 단계론적 발전 사관으로 재단할 일이 못된다. 단계론적 발전 사관으로 본다면 표박·편력생활은 정착 이전의 단계에 불과하다. 그러나 농업경제보다 교류·교역의 경제가 유리한 환경이었다면, 농업이 아닌 교류·교역 혹은 약탈이 그 사회의 핵심 경제가 되었을 것이다.

표박보다 정주가, 편력보다 정착이 더 발전한 단계라는 주장은 신화에 불과하다. 두 가지가 모두 인간의 존재 방식이며 자신의 환경에 적합한 것을 인간이 단지 선택할 뿐이다. 제주유민은 자신들 앞에 놓인 환경에서 표박·편력을 택했다. 이것은 역사 발전 과정에서의 역행을 의미하는 것이 아니다.

정리해서 말하자면 제주유민은 교역경제인적 성격을 가지고 있었으며, 이것의 함의는 근대 이전에도 상업 교역이 하나의 경제 양식으로 존재하고 있었음을 증명한 점이라 하겠다.

3. 약탈적 성격

이들의 주된 생업은 앞서 언급한 해산물 채취와 교역이었다. 그러나 그것만으로 살아갔던 것은 아니다. 종종 약탈을 자행했다. 해산물 채취와 교역만으로는 생존하기 어려웠을 것이다. 그래서 동원한 수단이 약탈이었다.

이들의 약탈 행위가 적지 않았음은 다음의 사례를 통해서 확인할 수 있다. 다른 도적 집단이 약탈을 자행하면서 제주민을 사칭했던 경우이다.

낙안 장교(樂安將校) 김배(金倍)와 순천(順天)에 거주하는 사노 배영달(裵永達)·옥산(玉山)·박장명(朴長命) 등 30여 인이 작당하여 네 척의 배를 타고 궁시(弓矢)를 가지고서 혹 왜인(倭人)이라 속이고, 혹은 제주인(濟州人)이라 하며, 여러 섬에 정박하여 해산물을 채취하는 사람을 겁탈하고, 또 변방 고을에서 방화(放火)하여 도둑질을 한다.9)

낙안의 장교와 순천의 사노 등이 저지른 약탈 행위와 관련된 기록이다. 명백히 제주유민은 관계가 없다. 그런데도 주목할 가치가 있는 기사이다. 약탈 받는 측의 인식을 역이용했던 사례이다. 제주유민을 사칭하면서 약탈을 자행했다는 것은 평소 제주유민의 그런 행위가 적지 않았음을 말해준다. 남해안 주민들 인식 속의 제주유민은 약탈자였고 그런 만큼 남해안 주민들은 제주유민을 두려워했다는 증거이다.

정부에서의 인식은 의심과 확신, 두 가지로 나타난다. 성종 8년(1477년)의 "이 말을 다 믿을 수는 없더라도, 또한 허망하다고 이를 수도 없다"10)라는 기록을 포함하여 『조선왕조실록』에는 제주유민을 의심하는 기사가 4회 등장한다.11)

반면 제주유민들이 약탈을 자행하고 있다고 단정적으로 기술한 경우는 "몰래 도적질을 한다"12)라는 성종 14년(1483년) 기사를 포함하여 『조선

---

9) 『성종실록』권15, 성종 3년(1472년) 2월 27일 甲午, "樂安將校金倍, 順天居私奴裵永達·玉山·朴長命等三十餘人作黨, 乘四船, 持弓矢, 或詐爲倭人, 或爲濟州人, 依泊諸島, 劫掠採海人, 又於邊邑放火作賊".

10) 『성종실록』권83, 성종 8년(1477년) 8월 5일 己亥, "是言未可盡信, 亦不可謂虛妄也".

11) 『성종실록』권85, 성종 8년(1477년) 10월 15일 己酉, "近來海賊殺人者, 疑是此人也"; 『성종실록』권246, 성종 21년(1490년) 10월 24일 壬申, "皆疑此輩"; 『성종실록』권262, 성종 23년(1492년) 2월 8일 己酉, "國家疑水賊必此輩所爲".

왕조실록』에 6회 등장한다.13)

약탈 대상으로는 남해안 주민, 상선, 진상선 등이 기록되어 있다. 이는 민간에 대한 소규모 도둑질에서부터 국가를 상대로 한 노략질에 이르기까지 대상과 규모가 다양했음을 말해준다. 또한 인명 살상도 경우에 따라서는 병행되었다.14)

특이한 경우는 숙종 30년(1704년)의 기록이다. 숙종 30년이면 출륙유랑이 시작된 뒤 200년이 더 지난 시점이다. 처음 출륙했던 제주유민들의 자손이라면 이제 고향에 대한 기억도 없는 존재들이다. 남해안에 유랑 우거하던 그들이 이제는 거꾸로 제주도에 가서 노략질을 했다.

> 호남(湖南) 연해 포구의 백성들이 탐라 3읍에서 몰래 채취하고 약탈하
> 며 해치는 폐단이 이미 오래 되었습니다. 전 목사(牧使) 이형상(李衡祥)
> 이 장계(狀啓)하여 금포(禁捕)하기를 청한 것도 이로부터 말미암은 것
> 인데, 포작이 당(黨)을 결성해 몰래 채취하는 습성이 여전하니15)

---

12) 『성종실록』권161, 성종 14년(1483년) 12월 6일 乙丑, "潛行剽竊".

13) 『성종실록』권145. 성종 13년(1482년) 윤8월 12일 戊寅, "侵掠採海人民";『성종실록』권177, 성종 16년(1485년) 4월 12일 癸亥, "刦奪商船, 掠殺人物";『성종실록』권178, 성종 16년(1485년) 윤4월 11일 辛卯, "竊發作耗";『중종실록』권44, 중종 17년(1522년) 5월 28일 癸酉, "鮑作人等聚爲水賊";『숙종실록』권39, 숙종 30년(1704년) 5월 17일 乙卯, "掠奪戕害".

14) 『성종실록』권85, 성종 8년(1477년) 10월 15일 己酉, "爲近來海賊殺人者 疑是此人也";『성종실록』권177, 성종 16년(1485년) 4월 12일 癸亥, "鮑作人往往刦奪商船, 掠殺人物".

15) 『숙종실록』권39, 숙종 30년(1704년) 5월 17일 乙卯, "湖南沿海浦民之偸采於耽羅三邑, 掠奪戕害, 爲弊已久 前牧使李衡祥之狀請禁捕, 蓋由於此, 而鮑作之結黨潛採, 其習如前".

이 기사를 통해 몇 가지를 확인하게 된다. 우선 호남 연해에서 거꾸로 이들의 본래 출신지인 제주도에 약탈하러 갔다는 점이다. 그런데 이들의 제주 약탈 행위가 오래전부터 있었다고 했다. 비교적 장기간에 걸쳐 제주 유민 혹은 그들의 후손들이 남해안 일대뿐만 아니라 제주도를 오가며 약탈 행위를 저질렀다는 의미이다. 유랑민에게 고향은 중요한 개념이 아니었다. 이들의 관심은 오로지 생존 그 자체였을 것으로 보인다. 생존이 급했던 제주유민들에게 어쩌면 약탈은 자연스러운 선택이었을 것이며 약탈 대상지 역시 가릴 게 못 되었을 것이다. 약탈이라고 하는 이들의 선택을 도덕으로 재단할 바는 못 된다. 또한 반대로 이들의 약탈적 성격을 무시하고 진취적 존재라며 무작정 긍정적으로 묘사하는 이데올로기적 활용도 바람직하지 못하다. 과거의 역사적 현상을 최대한 있는 그대로 밝히려는 노력만이 중요할 뿐이다.

정리해서 말하자면 제주유민은 약탈적 성격을 가지고 있었으며, 이 약탈적 성격은 앞의 교역경제인적 성격과 마찬가지로 주어진 환경에 따라 농업이 아닌 또 다른 경제 방식이 있었음을 알려주는 의미를 갖는다고 하겠다.

4. 용병적 성격

용병(mercenary)은 일정한 대가를 받고 복무하는 병사를 말한다. 용병은 매춘과 함께 세상에서 가장 오래된 직업(기쿠치 요시오, 2011: 17)이라고 할 정도로 역사가 길다. 이들은 군역, 즉 징병제도에 의한 의무병과는 달리 급료나 기타의 계약조건에 따라 임시로 고용되는 병사이다. 양인개병제를 원칙으로 하던 조선사회에서 용병은 임시적이며 비정규적인 병사라

할 수 있다.

물론 제주유민을 용병이라고 표현한 기록은 없다. 다만 이들의 복무 형태가 용병적(傭兵的)인 모습을 띠고 있을 뿐이다. 이들은 일정한 거처가 없이 해상을 유랑하던 사람들이라 정규군에 편성시킬 수가 없었다. 조선시대 군역 부과는 일정한 거주지에 정착해 살던 사람들에게만 가능했다. 제주유민처럼 바다를 유랑하는 사람들은 임시적으로 그 지역에 우거할 때에만 수군 편성이 가능했다. 그러기에 이들은 임시적인 비정규군 즉 용병적 성격을 띤다고 말할 수 있다.

또한 양인개병의 원칙에 의해 군역을 진 일반 정병의 경우는 의무군역이었기 때문에 급료를 받지 못했다(차문섭, 2003b: 214). 반면 제주유민들은 그들의 해양 능력으로 인해 일정한 대가를 받고 고용되는 경우가 종종 있었다. 이 역시 이들의 용병적 성격을 말해주는 요소이다. 다음의 기사는 이를 잘 보여준다.

> 전선은 포작한(鮑作干)이 없으면 운행할 수가 없습니다. 그런데 대가
> (代價)를 지급하지 않으면 전장(戰場)에 나가려 하지 않기 때문에[16]

포작인들이 있어야만 전투선을 조종할 수 있다고 했다. 이는 제주유민의 해양 능력을 말해준다. 바로 그 해양 능력, 구체적으로는 선박 조종 능력으로 일반 수군과는 다른 대접을 받았다. 대가를 받고서야 전장에 나갔던 것이다. 대가를 받아야 전장에 나가는 것은 전형적인 용병의 모습이다. 인용문은 대가를 지급받지 못하면 전장에 나가려 하지 않았기 때문에

---

16) 『선조실록』권121, 선조 33년(1600년) 1월 4일 己酉, "戰船無鮑作, 則不得制船, 鮑作
不給價, 則不肯赴戰".

선박 운행에 차질을 빚었던 상황을 전하고 있다.

　그러나 그렇다고 해서 이들이 완벽한 용병은 아니었다. 몸값은 자신들이 결정하는 게 아니라 관에서 무휼(撫恤) 차원에서 내리는 정도에 불과했다. 즉 이들에게 선택권이 있는 게 아니라 관에서 이들을 동원한 뒤 그에 대해 대가를 지불하는 형식이었다.

　그러나 그 정도의 대가도 지불되지 않으면 동원에 응하지 않고 도망가는 방식으로 소극적 선택권이나마 행사했다. 그렇기 때문에 완벽한 형태의 용병이라고 말할 수는 없다. 하지만 급료가 없는 의무병으로서의 일반 수군과는 확실히 달랐다. 그렇기에 용병적 성격을 지녔다고 말할 수 있다.

　관에서 대가를 지불하여 포작인을 고용하는 것과 달리, 일반 수군이 대립가(代立價)를 지불하고 이들을 고용하는 경우도 있었다. 물론 대립가가 높지 않았을 것이기에 회피하는 경우가 많았던 것 같다.

　　육지에 있는 수군은 배 다루는 것을 전혀 몰라 번(番)이 되면 목포(木布)
　　를 마련하여 해변에서 포작하는 사람을 고용해서 대립(代立)시키는데,
　　그 포작하는 무리들도 모두 흩어져 도망가고 없어[17]

　이 기사 역시 제주유민의 항해 능력부터 말하고 있다. 수군 중에서도 배를 운행할 수 없는 자가 많았다. 그런 사람들은 제주유민의 항해 능력에 매달릴 수밖에 없었다. 제주유민을 대신 내세우고 그 대가를 지불하는 방식으로 자신의 군역을 수행했던 것이다. 그러나 이에 응하는 제주유민은 많지 않았다. 고역이면서도 대립가가 높지 않았기 때문으로 추정된다.

---

17)『선조실록』권136, 선조 34년(1601년) 4월 1일 戊辰, "陸地水軍, 全不解操舟, 當番則
　　責木布, 雇立海邊鮑作人, 而鮑作之輩, 亦皆散亡".

어쨌거나 제주유민은 대가를 받고 고용되는 성격, 즉 용병적 성격을 여기서도 보여주고 있다.

이순신의 『난중일기』 1597년 12월 5일자 "김돌손(金乭孫)이 봉학(奉鶴)을 거느리고 함평 땅으로 가서 포작을 모았다"[18]라는 기록도 제주유민의 용병적 성격을 드러내준다. 일반 수군이 아니라 굳이 포작을 모았다는 것은 그들의 항해 능력 때문일 것이다. 그 해양 능력으로 인해 의무병적 징발 대상이 아니라 선택적 모집 대상이 되었던 것으로 보인다.

제주유민은 불법적 이탈자였기에 본래부터 쇄환 대상자였다. 쇄환되어 출신지인 제주도에서 군역을 져야 했다. 그러나 남해안 현지의 수군 사령관들은 이들의 쇄환을 반대하고 자신의 수군에 편입시키려 애썼다.[19] 이 역시 배 부리는 능력 때문이었다. 본적지에서 정규군에 편입되지 않고 유랑처의 수군에 편입된다는 모습 자체도 용병적인 면모이다.

유랑처 수군에 편입된다는 것은 영속성을 담보하지 못했다. 한 장소에 정주하지 않는 한 이들은 계속해서 유랑했다. 때문에 특정 수군에 고정적으로 편성되지는 않았다. 필요한 때에 현지에서 이들을 불러 모아 활용할 수밖에 없었다. 임시적이고 비정규적인 병사라고 하겠다. 그래서 "이들을 어루만져 편히 살게 하면 급할 때에 쓸 수 있을 것"[20]이라 했고, 그렇게 안집시켜 관리하다가 실제로 "수색 토벌해야 할 상황이 생겼을 때에 연해의 각 고을에 와 살면서 포작하는 사람들을 골라 뽑아 병선에 나누어

---

18) 『영인 이충무공전서』에는 누락된 내용이라서, 이순신(2004a: 404)의 내용을 인용했다.

19) 『중종실록』권92, 중종 35년(1540년) 1월 10일 癸卯, "右道水營案付鮑作漢, 亦在刷還中 其時柳泓爲水使, 啓以爲, 彼人等, 皆被刷還本(道)[島], 無操舟人云 大臣與該曹議之, 使敬差官, 水使(一)[眼]同, 可留者留之".

20) 『성종실록』권197, 성종 17년(1486년) 11월 22일, "癸亥, 撫以安業, 緩急可用".

태워"21) 작전을 수행했다. 이처럼 이들은 상비군이 아니라 상황 발생 시 임시적으로 골라 뽑혀 고용되던 병사들이었다.

또한 용병은 본래 성격상 급료나 기타의 계약조건에 따라 고용되기에 아군이나 적군을 가리지 않고 수시로 소속을 바꾸기도 한다. 변방 장수의 침탈을 피해 왜병에 의탁하고 그들에게 고용되어 살아갔던 제주유민의 경우22)가 이들의 또 다른 용병적 성격을 보여주기도 한다. 용병에게는 국가나 영원한 소속집단 같은 것은 없다. 필요에 따라서 자신의 존재를 판매할 뿐이다.

이들의 용병적 성격은 체제의 안과 밖을 넘나들며 때로는 조선 수군으로, 때로는 왜병으로 살아가던 존재가 중세 역사 속에 존재했음을 보여준다. 중세에는 토지에 긴박된 농민만이 존재했던 게 아니다. 병농일치(兵農一致)의 정군(正軍)만이 군역을 졌던 게 아니다. 토지에 긴박되지 않은 비정규군 더 나아가 왜적의 병사로까지 고용되던 사람들이 있었다. 이것이 제주유민의 용병적 성격이 가진 함의이다.

5. 국제적 성격

해양국가는 취약한 토지생산을 보충하기 위해 바다를 통한 대외교역과 유통에 관심을 가지게 되며, 그를 위해 원거리 지역으로의 이동이 불

---

21) 『중종실록』권48, 중종 18년(1523년) 5월 28일 丁酉, "諸道搜討時, 沿海各官來居鮑作等, 抄擇分騎兵船等事".

22) 『명종실록』권20, 명종 11년(1556년) 5월 14일 辛未, "沿海鮑作干等, 困於邊將之侵漁, 投入於倭, 以爲息肩之地".

가피해진다. 또한 이에 따라 보다 넓은 범위의 네트워크를 형성하게 되며 그러한 네트워크를 유지하기 위해 다른 집단이나 공동체에 대해 개방적인 태도를 취할 수밖에 없다(박종기, 2008: 32).

중세시대 제주도 역시 마찬가지였다. 취약한 토지 생산성으로 인해 일찍부터 바다로 나가 대외교역을 했다. 그 과정에서 다른 지역과 자연스레 네트워크를 형성했을 것이며 그만큼 다른 집단에 대해서도 개방적인 자세를 가졌을 것이다.

이는 앞서 제5장에서 제주유민과 유사집단을 다루면서 확인했던 내용이다. 제주유민은 자연스레 왜인들과 섞였다. 사료에 구체적으로 명시되지는 않았지만 중국 해인들과도 섞였을 가능성은 충분했다. 특히 이러한 현상은 16세기 이후 중국인 중심의 왜구가 동아시아 해역에서 크게 활동하면서부터는 더욱 빈번하게 나타났다. 다음의 기사들은 제주유민들이 왜인들과 적극적으로 섞이며 교류했음을 증명한다.

의복은 왜인과 같으나, 언어는 왜말도 아니고 한어(漢語)도 아니며[23]

제주의 떠돌아다니는 백성들이 …… 해중에 출몰하며 왜인의 말을 배우고 의복을 입고서[24]

제주유민들이 왜인의 옷을 입고 왜인의 말을 배우며 해중에 출몰하고 있던 상황을 전하고 있다. 이것은 제주유민과 왜인들 사이의 교류가 활발

---

23) 『성종실록』 권83, 성종 8년(1477년) 8월 5일 己亥, "衣服混於倭人, 言語非倭非漢".
24) 『성종실록』 권145, 성종 13년(1482년) 윤8월 12일 戊寅, "濟州流移人民 …… 出沒海中, 學爲倭人言語衣服".

했음을 보여주는 증거이며 또한 이들이 가진 국제적 성격을 말해준다.

이들 사이의 교류는 당연한 일이었다. 중세의 바다에는 국경이 없었기 때문이다. 이를 이해하기 위해서는 육지의 논리가 아니라 바다 자체의 특질을 시야에 넣은 바다의 논리가 필요하다. 더하여 1국적 역사인식도 극복해야 한다. 바다의 논리와 1국적 역사인식 극복은 중세 인민의 생활, 특히 바닷사람들의 생활을 이해하는 데 있어서 필수적인 요소이다.

민족은 '상상의 공동체'일 뿐이며 원초적 구성물이 아니라 근대국민국가 성립기에 만들어진 역사적 산물(앤더슨, 2002)이라고 설파한 베네딕트 앤더슨의 지적에 귀를 기울일 필요가 있다. 근대 국민국가 성립 전까지만 해도 일반 인민 사이에 민족적 결속감 같은 것은 없었다는 주장이다. 물론 이에 대한 반론도 여전히 만만치 않다. 하지만 인식의 확대를 위해서 '내셔널 히스토리' 극복의 목소리[25]에도 충분히 관심을 가져볼 만하다.

실제 중세 조선의 일반 백성들은 민족의식을 가지고 살진 않았다. 하루의 생업이 그들의 주된 관심일 뿐 조선인으로서의 정체성 같은 것을 의식하고 산 것은 아니었다. 이는 임진왜란 당시 일반 백성들이 보여준 태도에서도 충분히 짐작할 수 있다.

지금은 왜적이 변경에 머물러 있은지가 오래 되었고 세월도 많이 흘렀습니다. 살육이 약간 줄어들었고 또한 거짓으로 온화한 체하면서 서로

---

25) 이를 주도하는 그룹은 임지현 등이 포진해 있는 '당대비평'이다. 이들은 2002년에 『당대비평』 특집호 등을 통해 '내셔널 히스토리'의 해체를 주장했다. 근대의 국민국가가 개인의 기억을 모두 장악하여 공식화·제도화하고 있다며, 내셔널 히스토리 해체를 통해 침묵을 강요당했거나 역사의 하위 범주로 종속된 민중의 기억을 복원해야 한다고 말했다.

침포(侵暴)하지 말자 하고 먹을 것을 주니, 본성(本性)을 잃고 기아에 시달리던 어리석은 백성들이 분분히 서로 이끌고 그들에게로 돌아감을 금할 수도 없습니다. 왜적을 위하여 농사를 지어 조세를 바치고 그들의 노역에 이바지하면서도 부끄러운 줄을 모르며 세월이 갈수록 거의 그들과 동화하여 서로 간의 관계를 잊고 있습니다.

전해 들으니, 동래·부산·김해 등지에는 밭 가는 자들이 들녘에 가득한데 3분의 2가 모두 우리나라 백성들이며 그들 중에는 이따금 머리를 깎고 이를 물들이는 등 그들의 풍속을 따른 자들도 있다고 하고, 또한 먼 지방의 장사꾼들이 각각 그들의 물건을 가지고 왕래하며 적진 속에서 장사를 하는데도, 조금도 금지시키지 않는다 하니, 이보다 더 한심한 일이 없습니다.26)

도원수 권율이 올린 장계 속의 내용으로 임진왜란이 시작되어 불과 3년밖에 지나지 않은 시점의 상황이다. 겨우 3년밖에 지나지 않았는데 왜병이 주둔하고 있는 경상도 지역은 사실상 일본국의 일상과 별로 달라 보이지 않는다.

백성들의 입장에서는 조선 선조 아래에서의 일상이나 일본 도요토미 히데요시 아래에서의 일상이나 다를 바가 없었다. 밭에 가서 일을 하고, 장사를 하고, 왜국에 세금을 내고 노역을 제공했다. 언어와 풍습이 조금

---

26) 『선조실록』권61, 선조 28년(1595년) 3월 1일 甲戌, "賊久居邊境, 歲月旣多, 而殺戮稍戢, 又佯爲煦濡之狀, 不相侵暴, 資以飮食, 則愚民之失其常性, 困於飢餓者, 已紛然相率而歸之, 不可禁抑. 爲之耕田納租, 以供其役而不恥, 日往月來, 幾與之化而相忘焉. 傳聞東萊·釜山·金海等處, 耕犁滿野, 三分之二, 皆爲我國之民, 而往往有剃髮·染齒, 以從其俗者. 又有遠處買賣之人, 各持其物往來, 互市於賊陣, 略無防範界限, 事之寒心, 無過於此".

달랐을 뿐 백성들의 일상은 사실상 마찬가지였다. 풍습 역시 그랬다. '머리를 깎고 이를 물들이는 등' 일본인의 풍습도 자연스레 받아들였다. 중세 인민들에게 민족은 없었기 때문이다. 그들에게 필요했던 것은 생존이었을 뿐, 국가나 민족의식이 아니었다. 국가나 민족의식은 민을 자신의 지배하에 두려했던 권력층에게만 중요했던 요소이다.

중세의 인민들에게도 민족이 있었다는 말은 신화에 불과하다. '실제로 어떠했는가' 하는 경험적 인식을 뛰어넘어 곧바로 '마땅히 그래야 했다'라는 규범적 인식을 그 신화는 우리에게 강요해왔다. 그리고 그 규범적 인식은 다시 신화적 이해를 사실로 규정하고, 사실로 상징된 신화는 다시 규범적 인식을 정당화하는 순환 논법의 덫에 우리를 가둬왔던 것이다(임지현, 1999: 5).

제주유민이 왜인들과 쉽게 교류하고 때로는 합류했던 것은 바로 이 때문이었다. 조선시대 인민들에겐 지금과 같은 민족의식이 없었다. 바다를 끼고 사는 삶의 조건이 유사했기에 중국 수적이든, 왜구이든 필요에 따라서 교류하고 협력하고 때로는 경쟁하고 갈등하고 쟁투를 벌이면서 살았을 뿐이다.

이것은 근대에 성립한 국가의 영역이나 그 영역의 사람들, 즉 '국민'이 단위가 되어 지금까지 오랜 인류의 역사가 전개되어온 것이 아니기 때문이다(이성시, 2001: 137). 근대 이전의 사람들은 이처럼 국가라는 단위와 무관하게 자신의 삶을 전개하고 있었다. 특히 바다는 무정부성이 더욱 컸다. 중세 바다에는 국경이 없었기 때문이다. 또한 해양문화의 무정부성은 더 큰 역동성을 가져오는 요소이기도 했다(윤명철, 2002: 211).

정리해서 말하자면 제주유민은 국제적 성격을 가지고 있었고, 그 국제적 성격은 중세 역사에서의 '내셔널 히스토리' 극복이라는 함의를 우리에게 던진다고 말할 수 있겠다.

6. 경계인적 성격

경계인(marginal man, 境界人)이란 집단이나 사회의 주변부에 위치하여 성원(成員)으로서의 지위나 역할을 완전하게 갖고 있지 않은 이른바 '주변인'의 의미로 사용되는 말로서, 일반적으로는 성질이 크게 다른 두 개 이상의 집단 또는 사회에 동시에 소속하여 그 때문에 행동의 기준 틀이 대단히 불안정한 사람을 말한다(이태신, 2002).[27]

두 개 이상의 집단에 속하면서 그 어느 쪽의 중심에도 들어가지 못해 오히려 더 불안한 것이 경계인의 특징이다. 이는 제주유민의 모습에도 그대로 투영되어 있다.

조선의 백성으로 남해안 지방에서 해산물 진상을 맡았으면서도[28] 지방 수령(守令)들이 고의로 호적에 편입시키지 않아 백성이 아닌 것처럼 만들어놓았다.[29] 또한 "여러 고을 수령이 복작간(鰒作干)이라고 일컬으며 모든 진상하는 해물을 오로지 이들에게 의뢰하여 채포(採捕)하는 까닭에 이들을 사랑해 보호하여 편안히 살 수 있도록"[30] 해주면서도, 한편으로는

---

27) 이 용어는 나치즘을 등지고 미국으로 향한 쿠르트 레빈(K. Lewin, 1890~1947)이 미국인 사회 속으로 이주해온 유대인과 같이 다수자 집단과 소수자 집단의 경계에 있는 사람을 경계인으로 부르면서부터 널리 사용되었다고 한다[이종수, 『행정학사전』(대영문화사, 2009)]. 한편 송두율은 경계인이라는 단어가 본래 잉글랜드와 스코틀랜드 국경지방에 출몰하던 마적을 의미했다고 하며, 경계의 이쪽에도 저쪽에도 속하지 못하고 마치 좁은 수평대 위에 서 있는 체조선수처럼 불안한 모습을 하고 있는 자신의 처지에 빗대어 말하기도 했다(송두율, 2002).

28) 『성종실록』권177, 성종 16년(1485년) 4월 12일 癸亥, "沿海諸邑封進海産珍品, 皆鮑作人所採也".

29) 『성종실록』권178, 성종 16년(1485년) 윤4월 11일 辛卯, "守令以故不編戶爲民".

30) 『성종실록』권226, 성종 20년(1489년) 3월 15일 癸酉, "故諸邑守令, 稱爲鰒作干, 凡

심하게 침책(侵責)하여 이들이 "다른 고을로 떠나서 정처 없이 옮겨 다니게"[31] 만들어버리기도 했다.

이처럼 이들은 어느 한 집단 안에 안착하지 못했던 존재이다. 그런 만큼 모순적 존재이기도 했다. "비록 역을 정하지 아니하였다 하더라도 오로지 진상을 위하여 해산물을 채포하였으니, 역이 없다고 이를 수 없습니다"[32]라는 기록에서 보듯이, 역이 정해지지 않았으면서도 역을 지고 있는 존재였다. 즉 체제 밖의 존재이면서도 체제 안에 묶여 있는 존재였던 셈이다.

그러기에 한때는 "녹안하여 수(數)만 파악하고 역은 정하지 말도록"[33] 하자는 의견이 개진되기도 했다. 장부에 이름을 올려 녹안한다는 것은 조선의 지배 체제 안에 백성으로 포함한다는 의미이다. 그러나 이들의 유동성이 컸기에 실제 그들에게 역을 지우기는 쉽지 않았다. 그러니 역을 정하지 말자는 의견이 나왔던 것이다. 하지만 역을 정하지 않는다는 것은 조선의 체제 밖에 위치 지워진다는 의미이다. 이렇게 이들은 체제의 안과 밖을 넘나들면서 안착하지 못하는 모순적이고 이중적인 존재들이었다.

이들은 소속도, 거처도 불분명했다. 제주인이면서도 남해안 연안의 유랑민이어서 두 개의 집단에 동시에 속했다. 그러나 제주도는 이미 떠났기에 제주사회의 중심에는 들어가지 못했다. 그렇다고 해서 남해안의 정착

進上海物, 專賴此人捕採, 因而愛護之, 其人亦愛守令, 得安其生".

31) 『성종실록』권226, 성종 20년(1489년) 3월 15일 癸酉, "若遇侵責, 則移寓他官, 遷徙無定, 常態也".

32) 『성종실록』권226, 성종 20년(1489년) 3월 15일 癸酉, "雖不定役, 專爲進上捕採海物, 則不可謂之無役也".

33) 『성종실록』권226, 성종 20년(1489년) 3월 15일 癸酉, "錄案知數, 勿定役".

주민이 된 것도 아니었다. 역시 주변에서만 맴돌 뿐이었다.

전쟁 때에는 조선 수군의 역할을 수행했다. 하지만 기회가 닿으면 탈영을 시도했다.[34] 그러고는 심지어 왜병의 측에 가담하기도 했다.[35] 역시 한 집단의 중심에 들어가지 못하고 두 집단 사이를 오가는 모습이다. 왜인의 옷을 입었으면서도 왜어도 아니고 한어도 아닌 말을 썼던 것도 유사한 모습이다.[36]

한마디로 말해서 하나의 정체성을 가질 수 없었던 존재, 즉 경계인적 존재였다. 이순신의 장계에서도 이들 존재는 경계인으로 나타난다. 일반 조선 백성과는 다른 존재로 파악했던 것이다. 다음의 장계가 이들 존재의 특성을 보여준다.

> 그중에서도 귀화인과 포작인들이 부모처자들을 데리고 이웃 친척과 함께 본영 성내로 들어오는 자가 연속부절인데, 전후 의탁해온 수가 거의 200명에 달했습니다.[37]

임진왜란 전쟁의 와중에 이순신 부대에 삶을 의탁해온 피난민에 대한 설명이다. 그런데 의탁해온 포작인 집단이 귀화인 집단과 병렬적으로 서술되고 있다. 귀화인은 조선으로 투항한 왜인[38] 혹은 왜인 측에 가담했

---

34) 『명종실록』권19, 명종 10년(1555년) 8월 19일 辛巳 ,"於昏夜之間, 交通鮑作干之船, 多數逃散".

35) 『명종실록』권20, 명종 11년(1556년) 5월 14일 辛未, "沿海鮑作干等, 困於邊將之侵漁, 投入於倭, 以爲息肩之地".

36) 『성종실록』권83, 성종 8년(147년) 8월 5일 己亥, "衣服混於倭人, 言語非倭非漢".

37) 『영인 이충무공전서』, 「당포파왜병장」, 85쪽, "其中如向化鮑作之輩携親挈家率其隣族自投營城者連續不絶前後來托之數幾至二百餘名"(1592년 6월 14일자).

다가 도망하여 온 사람 혹은 왜인들에게 잡혀갔다가 돌아온 사람들을 뜻한다. 어쨌거나 일반 백성과는 다른 존재이다. 이런 귀화인과 병렬적으로 포작인 집단을 서술했다는 것은 포작인 역시 일반 백성과는 다른 존재로 받아들여졌음을 뜻한다. 완전한 조선 백성도 아니면서 그렇다고 해서 왜인도 아닌 존재, 여기에도 저기에도 끼지 못한 이중적 존재 즉 경계인이었음을 보여준다.

이순신의 1592년 6월 14일 계본에는 "경상도 연안의 포작들이 화살에 맞아 죽은 왜적의 머리를 많이 베어서 신(臣)에게 갖고 왔지만, 신은 타도의 대장으로서 그것을 받는다는 것이 사리에 맞지 않기에 원균에게 갖다 바치라고 타일러 보냈다"라는 대목이 나온다. 경상우도의 포작 즉 원균 휘하의 포작인데도, 전라좌도 수사인 이순신에게로 갔던 것이다. 자신의 소속이 어디인지 분명하게 파악하지 못하는 모습이다. 이순신이 보기에는 경상우도 포작이었겠지만 이들 스스로는 경상, 전라를 모두 휘젓고 다녔기에 특정 지역을 자신의 소속지로 생각지 않았던 것이다. 역시 이중적 소속이면서 그 어느 쪽의 중심에도 들어가지 못하는 주변인 즉 경계인의 모습이다.

기독교로 개종한 유대인 집안 출신으로 그 자신 스스로가 이방인이기도 했던 게오르그 지멜(Georg Simmel)은 이 책에서 말하는 경계인, 주변인을 '이방인'이라는 이름으로 그 특징을 설명했다. "이방인은 비록 비유기적으로 집단에 덧붙어 있는 존재이기는 하지만 어디까지나 집단의 구성원이다. 집단의 통일적 삶은 이방인이라는 요소를 특별한 조건으로 포함하고 있기 때문이다. 이방인의 지위가 지니는 독특한 통일성은 일정한 정

---

38) 임진왜란 당시 일본 병사로서 조선 측에 투항한 사람은 1만 명에 이르렀다(한일공통역사교재 제작팀, 2005: 64 참조).

도의 가까움과 일정한 정도의 멂으로 구성되어 있다고 말할 수 있다. 이 가까움과 멂의 정도는 다양한 조합을 통해서 모든 관계에 특성을 부여하는 바, 어느 일정한 비율과 상호 긴장 속에서 '이방인'에 대한 특별하고 형식적인 관계를 초래한다"(짐멜, 2005: 88).

제주유민 역시 게오르그 지멜이 말하는 이방인이었다. 조선 통치체제라는 유기체에 비유기적으로 붙어 다시 유기체를 이뤘다. 다만 그 체제와의 거리가 멀고 가까움에 따라 그 경계인성이 크고 작았을 뿐이다. 하지만 조선이라는 하나의 통일적 유기체로 보면 제주유민 같은 비유기적 존재 역시 특별한 조건으로 포함하고 있었다. 그 특별한 조건을 만드는 가까움과 멂의 정도에 따라 이들 제주유민의 경계인적 성격은 강해지고 약해졌을 것이다.

이들 경계인으로서의 제주유민의 존재는 전근대사회가 유동성이 떨어지는 농업사회였다는 주장에 의문을 제기한다. 중세의 인민들이 기본적으로 토지에 긴박되어 있었다는 것은 국가주의 사관, 중앙 중심의 사관에서 나온 것이다. 그러나 중앙을 벗어나 변방적 시선으로 중세를 바라보면 수많은 경계인들을 만날 수 있다. 체제의 안과 밖을 넘나들며 살았던 사람들이 역사 속에서 복권될 수 있는 것이다. 이것은 그간 진보사관이 무시하고 차별하던 세계에까지 시야를 넓혀줄 수 있다. 이것이 경계인적 성격이 가진 함의이다.

또한 경계인적 성격은 앞서 보았던 국제적 성격과 같이 1국적 역사인식, 내셔널 히스토리 극복이라는 함의도 함께 갖는다. 경계인은 사실상 국적이 불분명할 수도 있기 때문이다. 비록 지배 권력은 이들에게 국적을 부여했을지라도 정작 이들 제주유민은 자신의 국적을 중요하게 생각하지 않았다. 단지 자신의 생활환경에 적합한 삶의 방식으로 일상을 살았을 뿐이다. 그 결과가 이중 소속의 주변인 즉 경계인으로 나타났던 것이다.

제8장

맺음말

 이 책은 조선시대 특히 15~17세기 기간 중에 제주인들이 배를 타고 제주도를 떠나 유랑하던 역사를 고찰한 것이다. 이들은 왜 제주도를 떠났을까, 떠난 이들은 바다에서 어떤 삶을 살았을까, 그리고 그들의 삶이 지금 우리에게 남기는 의미는 무엇일까 등의 문제를 고민했다.

 기존의 연구는 이들의 출륙 배경으로 척박한 토지, 자연재해, 지나친 수취, 지방관과 토호의 수탈 등에 주목했다. 그러나 이러한 요인은 비단 15~17세기만 국한되었던 것이 아니다. 전근대 제주사회 전체를 관통하던 역경이었다. 그런데도 대규모 출륙유랑은 15~17세기에만 집중적으로 일어났다. 그렇기에 위의 요인만으로 15~17세기 제주유민 현상을 설명할수는 없다. 이 책의 문제의식은 이것에서부터 시작되었다.

 이들의 삶을 고찰하기 위해 우선 아날학파 역사학자 페르낭 브로델의 '3층 구조'의 역사 틀을 활용했다. 역사는 거의 변하지 않는 지리적 시간과 천천히 변하는 콩종튀르(국면), 그리고 단기지속 시간의 결합으로 이뤄진다. 척박한 토지, 바다로 둘러싸인 섬이라는 조건은 오래전부터 해양교역의 장기지속 역사를 만들었다. 그 위에 목마 경제의 번성과 200년가량 지속된 출륙유랑의 중기지속의 역사가 형성되었다. 그리고 역사 흐름의 표면에서는 우마적 사건, 출륙금지령 등의 개별 사건이 존재했다.

어떠한 사회현상이 발생하는 것은 반드시 그 원인이 있기 마련이다. 15세기부터 대규모 출륙유랑이라는 현상이 발생했다면 원인은 반드시 그 앞의 시기에 있어야 한다. 그래서 14세기 말, 여말선초부터 배경을 추적했다.

제2장은 바로 그러한 배경 찾기였다. 여말선초 제주사회의 변동을 살핀 것이다. 여기에는 고려 말 원의 제주 지배기에 형성된 목마 경제의 번성이 있었다. 목마 경제의 번성은 인구의 급격한 증가를 가져왔다.

그러나 원이 쇠퇴하고 명이 중원을 장악한 이후, 명은 고려 정부에 제주의 말을 요구했다. 이때부터 제주의 목마 경제 그리고 말자유교역 경제는 활력을 잃기 시작했다. 게다가 조선 건국과 함께 중앙정부가 제주 말 경제에 대한 통제를 강화하면서 상황은 더욱 악화되었다. 특히 세종 이후 제주 말의 자유교역이 철저히 통제되면서부터 제주지역 경제는 결정적인 타격을 입게 되었다. 이때부터 제주인들은 살길을 찾아 바다로 나갈 수밖에 없었다.

중세 제주의 주력 경제가 농업이 아닌 해양교역이었기에 교역을 차단당한 제주인들은 바다로 나가 또 다른 삶의 길을 개척할 수밖에 없었다. 토인비의 표현을 빌자면 말자유교역 금지에 따른 경제기반 붕괴는 제주민에게 닥친 도전이었다. 이에 대해 제주민은 출륙유랑으로 응전했던 것이다. 만약 조선 전기 제주의 경제구조가 농업을 중심으로 구성되어 있었다면 응전의 방식은 달랐을 것이다. 유리걸식하거나 한라산 깊은 곳으로 숨어들어 관의 수취를 피하며 화전을 일구며 살았으리라 생각된다.

하지만 조선 전기의 제주 경제는 말교역 중심의 유통경제였다. 그래서 그들의 응전도 달랐다. 말자유교역이 통제를 받아 경제기반이 무너지긴 했지만, 그들에겐 배를 몰아 장사를 나다녔던 경험이 풍부했다. 응전의 방식이 출륙 해양유랑이라는 모습으로 나타난 건 그 때문이다.

제3장에서는 본격적으로 이들 제주유민의 발생을 다뤘다. 먼저 이들에 대한 명칭을 살폈다. 명칭은 크게 두 가지 계통이 있다. 두무악계 명칭과 포작계 명칭이 그것이다. 두 명칭 모두 본래는 한자어가 아니었다. 본래 토속의 민간 명칭에 그 의미를 살리며 발음이 가까운 한자어를 조합했던 것이다. 둥그런 모양을 뜻하는 '두무' 혹은 '두모', '두믜'가 두무악계 명칭의 본음이며, 해산물 채취를 주업으로 삼은 '보재기'가 포작계 명칭의 본음이다.

물론 포작과 두무악은 의미가 본래 다르다. 포작은 직능상의 명칭이며 두무악은 제주도민을 뜻했다. 그러나 『조선왕조실록』 속에 등장하는 이들은 사실상 같은 존재, 즉 출륙제주유민을 뜻했기에 이 책에서는 이들을 동일한 존재로 다뤘다.

이들의 출륙 요인은 자연환경적 배경과 사회구조적 배경으로 나누어 살폈다. 자연환경적 배경에서는 척박한 토지와 빈번한 자연재해가 유민 발생의 중요한 요인이었다. 사회구조적 배경으로는 수취 과다와 말교역 통제에 따른 제주 경제의 기반 붕괴라는 요인이 있었는데 특히 후자를 중심으로 고찰했다. 또한 그 연장선상에서 조선 세종 때 크게 사회문제가 되었던 우마적 사건을 다뤘다. 우마적은 단순한 말 도둑이 아니었다. 말교역 경제가 규제를 당한 뒤, 정부의 통제를 피해 몰래 말을 도살하고 밀교역을 하던 자들이었다. 이는 말자유교역 경제의 붕괴에 따른 일종의 자구책이었다. 그러나 정부는 이를 용납하지 않았고, 그 때문에 제주민들은 바다로 나갈 수밖에 없었다.

그리고 제주유민의 발생 시점과 소멸 시점을 고찰했다. 선행연구에서는 대부분 성종 연간을 제주유민 발생의 시점으로 삼았다. 그러나 이 책은 다른 견해를 폈다. 성종 연간은 나중에 크게 사회문제화되었던 시점이며, 발생은 그 이전 즉 세종 때부터였다고 논증했다. 소멸 시점은 선행연구와 일치한다. 인조 7년(1629년) 강력한 출륙금지령이 계기가 되었을 것이다.

제4장에서는 이들 제주유민의 삶을 추적했다. 우선 이들의 구성을 살폈다. 초기 유민은 제주도민 전반에 걸쳐 형성되었다. 말 경제 관련자들이 제주도민 전반에 걸쳐 형성되어 있었으므로 출륙유랑민 역시 마찬가지였다. 하지만 시간이 지나면서 하층민으로 집중되고 있음을 보았다.

제주유민이 섬을 벗어나 진출했던 지역은 실로 방대했다. 멀리 중국 요동반도 아래의 해랑도에서부터 한반도 전역의 해안에 걸쳐 이들의 발길이 닿지 않는 곳이 없었다. 물론 남해안이 이들의 집중적인 우거지였다. 기록으로는 확인되지 않지만 일본 열도로도 나갔을 것으로 추정했다.

이들 제주유민의 규모는 최소 1만 명인데, 이는 기록상에서 확인되는 출륙 공노비 숫자이다. 이 숫자를 근거로 추정하면 대략 2~3만 명으로 제주도민의 절반에 가까운 숫자가 밖으로 나갔던 것으로 보았다.

이들의 생업은 기본적으로 해산물 채취와 이의 교역이었다. 하지만 때에 따라서는 약탈도 병행하고 있었다.

제5장에서는 이들과 유사했던 집단, 즉 수적과 왜구와 중국인 수적과의 관계를 살폈다. 제주유민이 때로는 약탈을 자행했기 때문에 정부에서는 이들을 수적으로 의심하기도 했다. 그러나 수적은 좀 더 조직적으로 약탈을 일삼던 전문적인 집단이며, 제주유민은 우발적이고 일회적인 즉 비조직적인 단순 약탈자로서 수적과는 조금 달랐다. 물론 이들 중 일부가 수적에 편입되기도 했을 것이며 점차 수적으로 진화하기도 했을 것이다.

왜구와의 관계를 보면 일부 일본 학자들이 주장하는 것처럼 제주유민이 곧 왜구인 것은 아니었다. 당시 조선 정부에서는 이들을 분명하게 구분하고 있었다. 하지만 삶의 환경이 비슷했기에 이들 집단은 서로 상당한 교류를 진행하고 있었다. 그러면서 때로는 협력하고 때로는 갈등하던 관계라고 하겠다. 특히 후기 왜구의 활동기인 16세기에는 일본인, 중국인, 제주유민이 어느 정도 섞여 있을 가능성도 있었다. 그러나 사료상으로는 뚜렷하게 드러나지 않는다. 다만 바다 생활이라는 생태적 공통점 때문에 이들의 협력 관계는 가정해볼 수 있겠다.

제6장에서는 임진왜란 당시 제주유민의 삶을 다뤘다. 이들이 가진 물길 정보, 배 다루는 능력 때문에 이들은 일찌감치 수군의 주목을 받았다. 그것은 곧바로 임진왜란 전쟁이 터지자 효력을 발휘했다. 충무공 이순신의 기록에 이들의 활동상이 적지 않게 드러난다. 여러 전투에서의 사망, 부상자 현황을 보면 이들 제주유민의 비율이 10%를 넘었다. 그만큼 그 전쟁에서 맡았던 역할이 컸던 셈이다.

반면 왜병으로 편입되기도 했다. 조선 관료의 수탈이 심할 때 이들은 왜병의 일원이 되기도 했다. 이들에게 중요했던 건 근대의 민족의식이 아니라 생존 그 자체였기 때문이다. 이들의 배인 포작선도 전투에 동원되었다. 소규모 배로써 아주 빠른 장점이 있었기에 대형 전투선인 판옥선의 보조 역할을 담당했다.

제7장은 종합하는 정리의 장이다. 이들의 삶을 총화한 뒤 이들에 대한 성격 규정짓기를 시도했다. 그리고 성격 규정짓기를 통해 그 성격이 가진 함의, 당시 역사와 오늘날 역사 연구에 던지는 의미를 찾아보았다. 여기서는 이들의 성격을 해양적, 교역경제인적, 약탈적, 용병적, 국제적, 경계인적 성격으로 규정했다. 그리고 그 성격 규정을 통해서 1국적 역사인식 극복과 해양 역사에의 주목, 농업중심 중세사 극복 등을 제기했다. 국가주의적 시선으로는 변방의, 해양의, 비농업인의 중세사를 들여다 볼 수

없기 때문이었다.

이러한 과정을 거치면서 조선시대 제주를 떠나 바다로 나갔던 사람들의 삶을 살폈다. 그러나 이 책의 한계는 너무도 뚜렷하다. 무엇보다 사료 부족이었다. 특히 말 경제의 실상을 구체적 데이터를 가지고 실증하지 못한 것은 가장 큰 맹점이라고 하겠다. 말자유교역 경제의 붕괴를 제주유민 발생의 가장 직접적인 요인으로 설정했음에도 실상 그 말 경제의 규모조차 밝히지 못했다. 단지 앞뒤의 맥락으로 추정했을 뿐이다. 그러기에 이 책이 주장하는 말교역 경제의 붕괴 요인은 앞으로 더 많은 자료의 동원을 통해 보완할 필요가 절실하다.

또한 앞으로의 연구 과제도 많다. 우선 중국, 일본 측의 자료를 검토해야 한다. 중국과 일본으로 흘러들어간 제주유민이 적지 않았을 것이라 추정했다. 그러나 그쪽의 자료를 검토하지 못함으로 해서 하나의 가능성으로만 남겨 두었다. 향후 중국, 일본 등의 자료를 통해 이 책을 더욱 풍부히 할 필요가 있다.

게다가 남해안 정착민의 이후 삶을 추적하는 것도 과제로 남아 있다. 관찬 사료만이 아니라 남해안 여러 마을의 향토지(鄕土誌)나 개인 문집에서도 단서가 나올 것으로 생각한다. 이런 자료 보완을 통해 제주유민의 구체적 실상에 더욱 접근할 수 있을 것이다.

그리하여 육지가 아닌 바다, 농업이 아닌 교역에 중심을 두고 살았던 변방 제주인들의 중세사를 조금이라도 풍부하게 구성하고, 그동안 주목받지 못했던 변방인, 해양의 역사를 역사의 주 무대로 끌어 올리는 데 조금이라도 기여할 수 있다면 좋겠다.

참고문헌

[사료]

『삼국지(三國志)』, 『원사(元史)』, 『고려사(高麗史)』, 『고려사요절(高麗史節要)』, 『조선왕조실록(朝鮮王朝實錄)』, 『경국대전(經國大典)』, 『신증동국여지승람(新增東國輿地勝覽)』(1486/1530), 『제주풍토록(濟州風土錄)』(이중, 1520), 『동고유고(東皐遺稿)』(이준경, 1588), 『쇄미록』(오희문, 1591~1593), 『남사록(南槎錄)』(김상헌, 1602), 『제주풍토기(濟州風土記)』(이건, 1629), 『탐라지(耽羅志)』(이원진, 1653), 『남사일록(南槎日錄)』(이중, 1679), 『이충무공전서(李忠武公全書)』(1795), 『만기요람(萬機要覽)』(1808), 『대동지지(大東地志)』(김정호, 1866)

[단행본]

강봉룡. 2005. 『바다에 새겨진 한국사』. 한얼미디어.

고광민. 2004a. 『제주도 포구 연구』. 각.

_____. 2004b. 『제주도의 생산기술과 민속』. 대원사.

고용희. 2006. 『바다에서 본 탐라의 역사』. 각.

고유봉. 2011. 『제주도 해양수산사』. 각.

고창석 편. 1995. 『탐라국 사료집』. 신아문화사.

국립진주박물관 편. 2003. 『임진왜란과 도요토미 히데요시』. 오만·장원철 옮김. 부키.

그람시, 안토니오(Antonio Gramsci). 1987. 『그람시의 옥중수고』1. 이상훈 옮김. 거름.

김경동. 1985. 『현대의 사회학: 사회학적 관심』. 박영사.

김재근. 1980. 『배의 역사』. 정우사.

_____. 1989. 『우리 배의 역사』. 서울대학교출판부.

김태영. 1983. 『조선전기 토지제도사 연구: 과전법체제』. 지식산업사.

김상헌. 2008. 『남사록』. 홍기표 역주. 제주문화원.

김순자. 2007. 『한국 중세 한중관계사』. 혜안.

김용섭. 2000. 『한국중세농업사연구: 토지제도와 농업개발정책』. 지식산업사.

김응종. 1991. 『아날학파』. 민음사.

_____. 2006. 『페르낭 브로델』. 살림.

김일우. 2000. 『고려시대 탐라사 연구』. 신서원.

기든스, 앤서니(Anthony Giddens). 1992. 『현대 사회학』. 김미숙 외 옮김. 을유문
    화사.

기쿠치 요시오(菊池良生). 2011. 『용병 2000년의 역사』. 김숙이 옮김. 사과나무.

남도영. 1996. 『한국마정사』. 한국마사회 마사박물관.

_____. 2003. 『제주도 목장사』. 한국마사회 마사박물관.

머핸, 앨프리드 세이어(Alfred Thayer Mahan). 1999. 『해양력이 역사에 미치는 영
    향』1. 김주식 옮김. 책세상.

모리스-스즈키, 테사(Tessa Morris-Suzuki). 2006. 『변경에서 바라본 근대』. 임성
    모 옮김. 산처럼.

무라이 쇼스케(村井章介). 2003. 『중세 왜인의 세계』. 이영 옮김. 소화.

박종기. 2008. 『새로 쓴 5백년 고려사』. 푸른역사.

방상현. 1991. 『조선초기 수군제도』. 민족문화사.

브로델, 페르낭(Fernad Braudel). 1995. 『물질문명과 자본주의』 상. 주경철 옮김.
    까치.

_____. 2012. 『지중해의 기억』. 강주헌 옮김. 한길사.

삼인 편집부. 2002. 『기억과 역사의 투쟁: 2002년 당대비평 특집호』. 삼인.

송두율. 2002. 『경계인의 사색』. 한겨레신문사.

송성대. 1997. 『문화의 원류와 그 이해』. 파피루스.

스카치폴, 테다(Theda Skocpol). 1986. 『역사 사회학의 방법과 전망』. 박영신 외

옮김. 한국사회학연구소.

신용하. 1982.『사회사와 사회학』. 창작과비평사.

아미노 요시히꼬(網野善彦). 2003.『일본이란 무엇인가』. 박훈 옮김. 창작과비평사.

아브람즈, 필립(Philip Abrams). 1986.『역사사회학』. 신용하 외 옮김. 문학과지성사.

안병직 외. 1998.『오늘의 역사학』. 한겨레신문사.

알렉산더, 제프리(Jeffrey C. Alexander). 1993.『현대 사회이론의 흐름』. 이윤희 옮김. 민영사.

앤더슨, 베네딕트(Benedict Anderson). 2002.『상상의 공동체: 민족주의의 기원과 전파에 대한 성찰』. 윤형숙 옮김. 나남출판.

양승윤 외. 2003.『바다의 실크로드: 21세기 문명의 새로운 패러다임, 바다를 찾아서』. 청아출판사.

양진건. 2001.『제주교육행정사(濟州敎育行政史)』. 제주문화.

오붕근. 1991.『조선수군사』. 사회과학출판사.

오창명. 1998.『제주도 오름과 마을 이름』. 제주대학교출판부.

오희문.1990.『쇄미록(1591~1593)』. 탐구당.

요시노 마코토(吉野誠). 2005.『동아시아 속의 한일 2천년사』. 한철호 옮김. 책과함께.

윤국일 옮김. 1998.『신편 경국대전』. 신서원.

윤명철. 2000.『바닷길은 문화의 고속도로였다』. 사계절.

_____. 2002.『한민족의 해양활동과 동아지중해』. 학연문화사.

윤성익. 2007.『명대 왜구의 연구』. 경인문화사.

이경식. 1986.『조선전기 토지제도연구: 토지분급제와 농민지배(朝鮮前期 土地制度硏究: 土地分給制와 農民支配)』. 일조각.

이민웅. 2004.『임진왜란 해전사』. 청어람미디어.

이성시. 2001.『만들어진 고대』. 삼인.

이수건. 1984.『한국중세사회연구』. 일조각.

이순신. 1983.『임진장초』. 조성도 옮김. 연경문화사.

_____. 1989.『영인 이충무공전서(影印 李忠武公全書)』. 성문각.

_____. 2004a.『난중일기: 임진년 아침이 밝아오다』. 송찬섭 엮어옮김. 서해문집.

_____. 2004b.『평역 난중일기』. 김경수 편저. 행복한책읽기.

이순신·이충무공문헌편찬위원회. 1977.『난중일기』. 대학서림.

이순신역사연구회. 2005a.『이순신과 임진왜란』1. 비봉출판사.

_____. 2005b.『이순신과 임진왜란』2. 비봉출판사.

_____. 2006a.『이순신과 임진왜란』3. 비봉출판사.

_____. 2006b.『이순신과 임진왜란』4. 비봉출판사.

이영권. 2005a.『새로 쓰는 제주사』. 휴머니스트.

_____. 2005b.『왜곡과 미화를 넘어 제주역사 다시 보기』. 신서원.

이원진. 2002.『역주 탐라지』. 김찬흡 외역. 푸른역사.

이은상. 1968.『난중일기』. 현암사.

_____. 1989.『완역 이충공전서』상, 하. 성문각.

이청규. 1995.『제주도 고고학 연구』. 학연문화사.

이태신. 2002.『체육학대사전』. 민중서관

임영일 편저. 1985.『국가 계급 헤게모니: 그람씨 사상 연구』. 풀빛.

임지현. 1999.『민족주의는 반역이다』. 소나무.

장덕지 외. 2002.『제주도 제주마』. 제주도.

장덕지. 2007.『제주마 이야기』. 제주문화.

정상수웅(井上秀雄) 외. 1994.『고대한일관계사의 이해: 왜』. 이론과실천.

정운경. 2008.『탐라문견록, 바다 밖의 넓은 세상』. 정민 옮김. 휴머니스트.

제주시. 2005.『조선왕조실록을 통해 본 제주목사』.

조영록 외.1997.『중국의 강남사회와 한중교섭』. 집문당.

조항래 등. 1994.『강좌 한일관계사』. 현음사.

좌승훈. 1996.『포구』. 나라출판.

주강현. 2005.『제국의 바다 식민의 바다』. 웅진씽크빅.

_____. 2006.『관해기』1. 웅진지식하우스.

주경철. 2009.『문명과 바다: 바다에서 만들어진 근대』. 산처럼.

주희춘. 2008.『제주 고대항로를 추적한다』. 주류성출판사.

진영일. 2008.『고대 중세 제주 역사 탐색』. 보고사.

짐멜, 게오르그(Georg Simmel). 2005.『짐멜의 모더니티 읽기』. 김덕영·윤미애 옮김. 새물결.

최근식. 2005. 『신라해양사 연구』. 고려대학교출판부.

최완기. 1989. 『조선후기 선운업사 연구』. 일조각.

컨스텀, 앵거스(Angus Konstam). 2002. 『해적의 역사』. 이종인 옮김. 가람기획.

피오라반조, 기우셉 (Giuseppe Fioravanzo). 2006. 『세계사 속의 해전』. 조덕현 옮김. 신서원.

한국정신문화연구원 편집부. 1991. 『한국민족문화대백과사전』. 한국정신문화연구원.

한일공통역사교재 제작팀. 2005. 『조선통신사: 도요토미 히데요시의 조선 침략과 우호의 조선통신사』. 한길사.

홉스봄, E. J(E. J. Hobsbawm). 1978. 『의적의 사회사』. 황의방 옮김. 한길사.

[연구논문]

강은경. 1998. 「고려후기 호장층의 변화와 『세종실록지리지』의 토성·망성」. ≪동방학지≫, 99집.

고창석. 1986. 「고려조시 제주민란의 성격」. ≪제주도연구≫, 3집.

권인혁·김동전. 1998. 「조선후기 제주지역의 수취체제와 주민의 경제생활」. 제주대학교탐라문화연구소. ≪탐라문화≫, 19호.

김나영. 2008. 「조선후기 제주지역 포작의 존재양태」. 제주대학교탐라문화연구소. ≪탐라문화≫, 32호.

김동전. 1991. 「조선시대 제주도의 군현구조와 지배체제(朝鮮時代 濟州島의 郡縣構造와 支配體制)」. ≪제주도사연구≫, 창간호.

_____. 1993. 「18·19세기 답한의 신분적 지위와 그 변동」. ≪역사민속학≫, 3호.

김병하. 1989. 「을묘왜변고」. 제주대학교탐라문화연구소. ≪탐라문화≫, 8호.

김순자. 1999. 「여말선초 대원·명관계 연구」. 연세대학교 박사학위논문.

김창현. 2010. 「탐라의 지배층」. 제주사정립사업추진협의회. ≪탐라사≫ II.

김태능. 1964. 「제주의 우마적 소고: 사실을 중심으로」. ≪제주도≫, 14호.

김태영. 2003. 「토지제도와 농업」. 『한국사』24. 탐구당.

나가모리 미쯔노부(長森美信). 2003. 「조선후기 제주 진상물 조달과 수송」. 제주
　　대학교탐라문화연구소. ≪탐라문화≫, 23호.

나종일. 1992. 「17세기 위기론과 한국사」. 『세계사를 보는 시각과 방법』. 창작과
　　비평사.

남도영. 1975. 「선초의 우마도적」. ≪동국대학교대학원논문집≫, 14집.

남영우. 1996. 「고지명 '두모' 연구: 특히 형정운영을 중심으로」. ≪지리교육논집≫,
　　36호.

다카하시 기미아키(高橋公明). 1989. 「중세동아세아해역에서의 해민과 교류: 제
　　주도를 중심으로」. 제주대학교 탐라문화연구소. ≪탐라문화≫, 8호.

＿＿＿. 2002. 「해역세계 가운데 제주도와 고려」. 목포대학교도서문화연구소.
　　≪도서문화≫, 20집.

문경현. 2010. 「탐라국 성주·왕자」. 제주사정립사업추진협의회. ≪탐라사≫ II.

박성래·소광섭·김연옥. 1996. 「이태진 교수의 '소빙기 연구'에 관한 논의」. 역사
　　학회. ≪역사학보≫, 149집.

박성주. 2002. 「15세기 조·명 간 유민의 발생과 송환」. ≪경주사학≫, 21집.

박찬식. 1995. 「제주해녀의 항일운동」. 『제주해녀항일투쟁실록』.

＿＿＿. 1996. 「19세기 제주지역 진상의 실태」. 탐라문화연구소. ≪탐라문화≫,
　　16호.

＿＿＿. 2000. 「『탐라순력도』에 보이는 제주진상의 실태」. 탐라순력도연구회.
　　≪탐라순력도연구논총≫. 제주시.

＿＿＿. 2004. 「제주해녀의 역사적 고찰」. ≪역사민속학≫, 19호.

배항섭. 1986. 「임술민란 전후 명화적의 활동과 그 성격」. 고려대학교 석사학위
　　논문.

변주승. 1992. 「19세기 유민의 실태와 그 성격: 부유집단을 중심으로」. ≪사총≫,
　　40·41집.

＿＿＿. 1995. 「18세기 유민의 실태와 그 성격」. ≪전주사학≫, 3집.

서인범. 2011. 「조선시대 서해 북단 해역의 경계와 도서 문제: 해랑도와 신도를
　　중심으로」. 명청사학회. ≪명청사연구≫, 36집.

신정희. 1981. 「조선전기의 유민문제」. ≪역사교육논집≫, 2집.

신행철. 1995. 「서장-제주사회의 기본적 성격」. 신행철 외. 『제주사회론』. 한울.

양원석. 1956. 「려말의 유민문제: 특히 대몽관계를 중심으로」. 『이병도박사화갑기념논총』. 일조각.

양진석. 2004. 「18·19세기 제주의 수취제도와 특징」. 제주대학교탐라문화연구소. ≪탐라문화≫, 24호.

오창명. 1997. 「지명의 차자 표기에 대한 해독: 제주지역 '오름'이름(산악명)의 어학적 분석을 중심으로」. 제주대학교 탐라문화연구소. ≪탐라문화≫, 17호.

오창훈. 1984. 「조선초기 유민연구」. 숭전대학교 석사학위논문.

오카 야스마사(岡 泰正). 2003. 「네덜란드 동인도회사의 도자기 교역과 동아시아」. 국립제주박물관 편. 『항해와 표류의 역사』. 솔.

원창애. 1995. 「조선시대 제주도 마정에 대한 소고」. 제주도사연구회. ≪제주도사연구≫, 4집.

유승원. 2003. 「양인」. 국사편찬위원회. 『한국사』25. 탐구당.

윤성익. 1997. 「16세기 왜구에 대한 연구」. 경희대학교 석사학위논문.

_____. 1999. 「원대 왜구에 대한 고찰」. ≪동양학연구≫, 5집.

_____. 2001. 「명대 왜구론에 대한 재고찰」. ≪명청사연구≫, 14집.

이수건. 2003. 「지방 통치체제」. 국사편찬위원회. 『한국사』23. 탐구당.

이영. 1996. 「고려말기 왜구구성원에 관한 고찰: '고려·일본인련합'론, 또는 '고려·조선인주체'론의 비판적 검토」. 한일관계사학회. ≪한일관계사연구≫, 5호.

_____. 1999. 「일본인이 보는 왜구의 정체」. 역사문제연구소. ≪역사비평≫, 46호.

_____. 2005. 「왜구의 주체」. 한일관계사연구논집 편찬위원회. 『왜구·위사문제와 한일관계』. 경인문화사.

이영권. 2012. 「여말선초 제주사회의 변동과 해양유민의 발생」. 제주대학교 탐라문화연구소. 『바라로 열린 세계. 제주의 해양문화』. 2012탐라대전 국제학술대회 자료집.

이영훈. 1989. 「일제하 제주도의 인구변동에 관한 연구」. 고려대학교대학원 경제학과 석사학위논문.

이재룡. 1966. 「조선초기의 토관에 대하여」. ≪진단학보≫, 29·30합본호.

_____. 2003. 「국가재정」. 국사편찬위원회. 『한국사』24. 탐구당.

이재범. 2003. 「고려 후기 왜구의 성격에 대하여」. ≪사림≫, 19호.

이재정. 1996. 「가정 후기 복건 연해지역의 왜구·해구와 지역지배구조」. ≪전통문화연구≫, 4권.

_____. 1997. 「16~17세기 복건의 왜변에 관한 연구: 지역지배구조와 관련하여」. 고려대학교 박사학위논문.

이창억. 2000. 「『탐라순력도』고선의 선박사적 의의」. 탐라순력도연구회. ≪탐라순력도연구논총≫. 제주시.

이태진. 1996. 「소빙기(1500~1750) 천변재이 연구와『조선왕조실록』: global history 의 한 장」. 역사학회. ≪역사학보≫, 149집.

이훈. 2003. 「조선인의 표류와 기록물」. 국립제주박물관 편. 『항해와 표류의 역사』. 솔.

장혜련. 2006. 「조선중기 제주유민의 발생과 대책」. 제주대학교 석사논문.

정영석. 1994. 「조선전기 호남의 왜변에 대하여: 을묘왜변을 중심으로」. ≪조선대전통문화연구≫.

정형지. 1989. 「조선시대 제주도 지방의 양반」. ≪제주도≫, 87호.

_____. 1996. 「19세기 전반 유민에 관한 연구」. ≪국사관논총≫, 72집.

조성윤. 1992. 「조선 후기 제주도 지배세력에 관한 연구」. 제주도사연구회. ≪제주도사연구≫, 2집.

_____. 2001. 「조선후기 제주도 부자 이야기: 김만일 집안과 산마감목관」. 제주도사연구회. ≪제주도사연구≫, 10집.

_____. 2005. 「조선시대 제주도 인구의 변화 추이」. 제주대학교탐라문화연구소. ≪탐라문화≫, 26호.

조원래. 2003. 「수군의 승첩」. 국사편찬위원회. 『한국사』29. 탐구당.

좌혜경. 2005. 「제주 출가 해녀의 현지적응」. 『제주해녀와 일본의 아마』. 민속원.

진영일. 1994. 「고대탐라의 교역과 '國'형성고」. 제주도사연구회. ≪제주도사연구≫, 3집.

차문섭. 2003. 「진관체제의 확립과 지방군제」. 국사편찬위원회. 『한국사』23. 탐구당.

_____. 2003. 「초기 군사제도의 정비」. 국사편찬위원회. 『한국사』23. 탐구당.

최병문. 2004. 「조선시대 선박의 선형특성에 관한 연구」. 부경대학교 대학원 조선해양시스템공학과 박사학위논문.

최병옥. 1993. 「왜구의 어의」. 『왜구토벌사』. 국방군사연구소.

최완기. 1980. 「조선전기의 곡물임운고」. ≪사총≫, 23집.

_____. 1983. 「조선중기의 무곡선상: 곡물의 매집활동을 중심으로」. ≪한국학보≫, 30호.

_____. 1992. 「조선중기의 곡물거래와 그 유형: 매출활동을 중심으로」. ≪한국사연구≫, 76호.

_____. 2003. 「수상교통과 조운」. 국사편찬위원회 『한국사』24. 탐구당.

한영국. 1981. 「두모악 고(豆毛岳 考)」. 『한우근박사정년기념사학논총』. 지식산업사.

허남린. 2007. 「제주도의 역사적 토포스: 페리퍼리 그리고 프론티어」. 제주대학교탐라문화연구소. ≪탐라문화≫, 31호.

[국외문헌]

Braudel, Fernand. 1949. "The Mediterranean: and the Mediterranean World in the Age of Philip II", trans. Reynolds, Sian(1992). New York: Harper Collins Publishers.

Braudel, Fernand. 2004. 『地中海』. 浜名優美 譯. 東京: 藤原書店.

Becker, Howard. 1963. *Outsiders: Studies in the Sociology of Devince*. New York: Free Press.

Martinelli, Alberto. 1968. "In Defense of the Dialectic: Antonio Gramsci's Theory of Revolution." *Berkeley of Sociology*, 13.

Rex, John. 1973. *Discovering sociology: Studies in the Sociological theory and method*. London and Boston: Routledge and Kegan Paul.

高橋公明. 2001. 「海域世界の交流と境界人」. 大石直正・高良倉吉・高橋公明. 『周縁から見た中世日本』. 講談社.

綱野善彦. 1995. 『惡黨と海賊』. 法政大學出版社.

綱野善彦. 1997. 『海の國の中世』. 平凡社.

金谷匡人. 1998. 『海賊たちの中世』. 吉川弘文館.

大石直正・高良倉吉・高橋公明. 2001. 『周緣から見た中世日本』. 講談社.

山內 讓. 1997. 『海賊と海城』. 平凡社.

松浦章. 1995. 『中國の海賊』. 東方書店.

李領. 1999. 『倭寇と日麗關係史』. 東京大學出版會.

長沼賢海. 1996. 『日本海事史研究』. 九州大學出版會.

田中健夫. 1982. 『倭寇-海の歷史-』. 教育史歷史新書.

田中健夫. 1987. 『日本の社會史』. 岩波書店.

池上裕子. 1979. 「倭寇-その戰力源は何か」. 佐藤和彦 編. 『日本史の謎と發見』. 南
    朝と北朝. 每日新聞社.

川添昭二. 1988. 『鎖國日本と國際交流』. 吉川弘文館.

村井章介. 1993. 『中世倭人伝』. 岩波書店.

太田弘毅. 2002. 『倭寇-商業・軍事史的研究』. 春風社.

太田弘毅. 2004. 『倭寇-日本あふれ活動』. 文藝社.

荒野泰典・石井正敏・村井章介. 1992. 『アジアのなかの日本史III 海上の道』. 東京
    大學出版會.

지은이 **이영권**

고려대학교 문과대학 사학과 졸업

제주대학교 대학원 사회학과 석사 졸업

제주대학교 대학원 사회학과 박사 졸업(문학 박사: 역사사회학 전공)

주요 저서:

『제주역사기행』(한겨레신문사, 2004)

『새로 쓰는 제주사』(휴머니스트, 2005)

『제주역사 다시 보기: 왜곡과 미화를 넘어』(신서원, 2007) 등

한울아카데미 1633

조선시대 해양유민의 사회사 15~17세기 섬을 떠난 제주사람들
ⓒ 이영권, 2013

지은이 ｜ 이영권
펴낸이 ｜ 김종수
펴낸곳 ｜ 도서출판 한울

편집책임 ｜ 염정원
편집 ｜ 김정현

초판 1쇄 인쇄 ｜ 2013년 11월 14일
초판 1쇄 발행 ｜ 2013년 11월 28일

주소 ｜ 413-756 경기도 파주시 광인사길 153 한울시소빌딩 3층
전화 ｜ 031-955-0655
팩스 ｜ 031-955-0656
홈페이지 ｜ www.hanulbooks.co.kr
등록 ｜ 제406-2003-000051호

Printed in Korea.
ISBN 978-89-460-5633-6 93900